运筹人生

——王长钰传

丰 湘 著

山东大学出版社
SHANDONG UNIVERSITY PRESS
·济南·

图书在版编目(CIP)数据

运筹人生:王长钰传/丰湘著.—济南:山东大学出版社,2023.12

ISBN 978-7-5607-8011-5

Ⅰ.①运… Ⅱ.①丰… Ⅲ.①王长钰—传记 Ⅳ.①K826.11

中国国家版本馆 CIP 数据核字(2023)第 254836 号

责任编辑 肖淑辉
封面设计 蓝海设计

运筹人生——王长钰传

YUNCHOU RENSHENG:WANG CHANGYU ZHUAN

出版发行 山东大学出版社
社　　址 山东省济南市山大南路 20 号
邮政编码 250100
发行热线 (0531)88363008
经　　销 新华书店
印　　刷 山东蓝海文化科技有限公司
规　　格 720 毫米×1000 毫米 1/16
16.5 印张 8 插页 266 千字
版　　次 2023 年 12 月第 1 版
印　　次 2023 年 12 月第 1 次印刷
定　　价 68.00 元

王长钰(1937～2018)

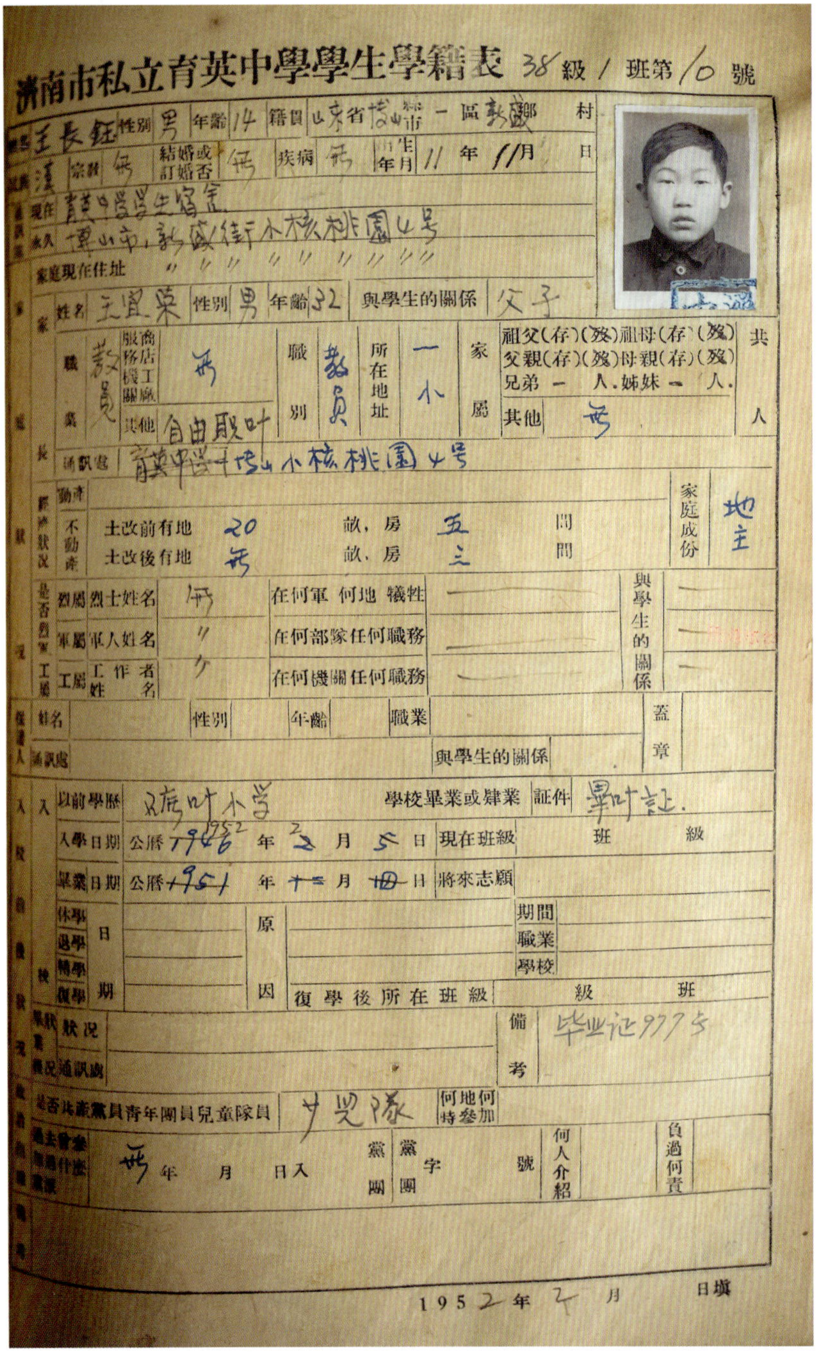

济南市私立育英中學學生學籍表 38級 1 班第 10 號

姓名 王長鈺 性別 男 年齡 14 籍貫 山東省博山市 一區 鄉 村

民族 漢 宗教 無 結婚或訂婚否 無 疾病 無 出生年月 11 年 11 月 日

通訊處 現在 育英中學學生宿舍

永久 博山市，新盛街小核桃園4号

家庭現在住址 〃 〃 〃 〃 〃 〃 〃

家長 姓名 王賓榮 性別 男 年齡 32 與學生的關係 父子

職業 教員 服務商店機關工廠 無 其他 自由職業 職別 教員 所在地址 一小

家屬 祖父（存）（歿）祖母（存）（歿） 父親（存）（歿）母親（存）（歿） 兄弟 一 人，姊妹 一 人。 其他 無 共 人

通訊處 育英中学 博山小核桃園4号

經濟狀況 動產

不動產 土改前有地 20 畝，房 五 間 土改後有地 無 畝，房 三 間

家庭成份 地主

是否烈軍工屬 烈屬 烈士姓名 無 在何軍 何地 犧牲

軍屬 軍人姓名 〃 在何部隊任何職務

工屬 工作者姓名 〃 在何機關任何職務 與學生的關係

保證人 姓名 性別 年齡 職業 蓋章

通訊處 與學生的關係

入校前後狀況 入 以前學歷 城中小学 學校畢業或肄業 證件 畢业証。

入學日期 公曆 1952 年 2 月 5 日 現在班級 班 級

畢業日期 公曆 1951 年 十二 月 卅 日 將來志願

休學 退學 轉學 復學 日期 原因 期間 職業 學校

復學後所在班級 級 班

畢業狀況 狀況 通訊處 備考 毕业证977号

是否共產黨員青年團員兒童隊員 少児隊 何地何時參加

過去曾參加過什麼黨派 無 年 月 日入 黨派 黨團 字 號 何人介紹 負過何責

1952 年 7 月 日填

1952 年济南市私立育英中学学生学籍表

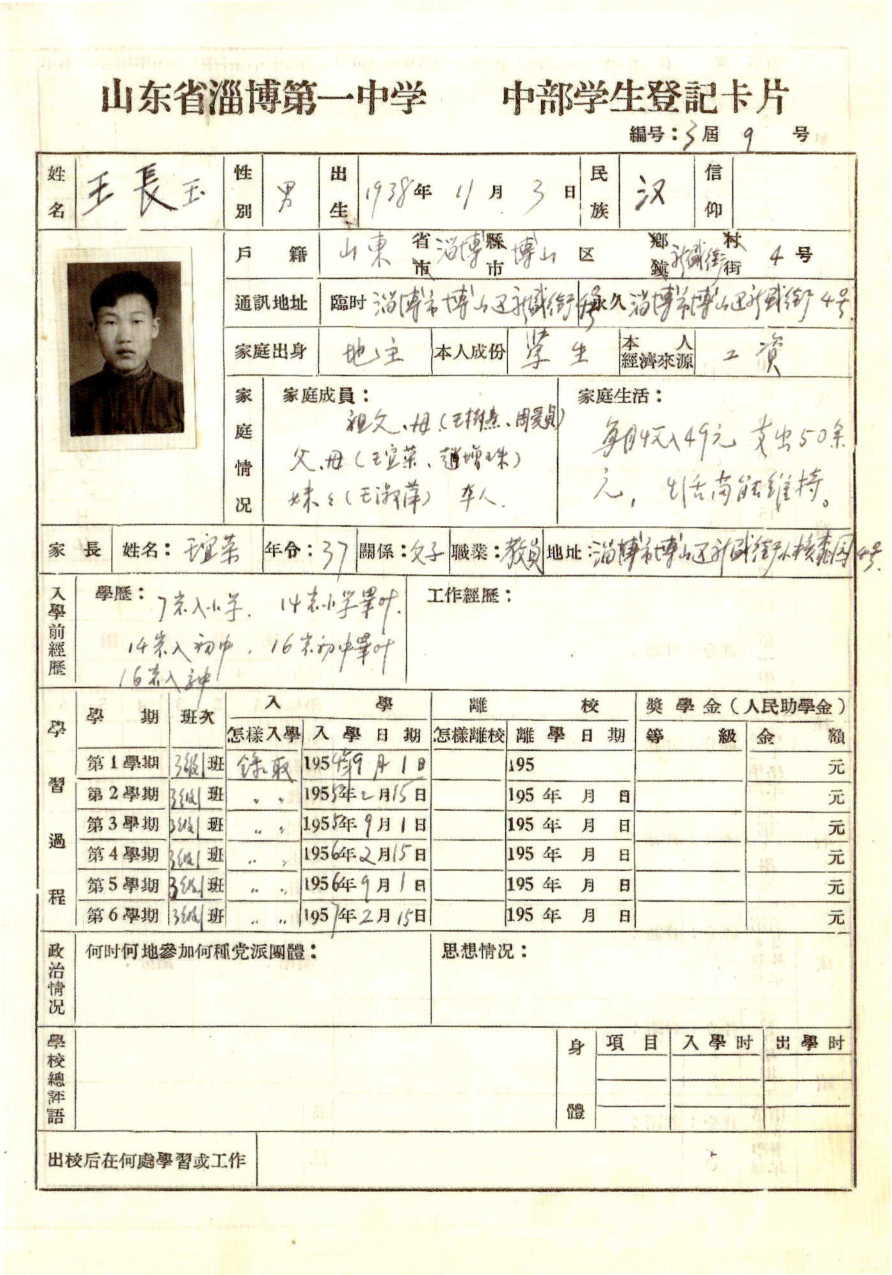

山东省淄博第一中学　中部学生登記卡片

編号：3届 9 号

姓名	王長玉	性别	男	出生	1938年11月3日	民族	汉	信仰	

戶籍	山東省 淄博市 博山区 新城街 4号
通訊地址	臨时 淄博市博山区新城街4号　永久 淄博市博山区新城街4号
家庭出身	地主　本人成份：学生　本人經濟來源：工資
家庭情况	家庭成員：祖父、母（王樹森、周爱贞）父、母（王宜荣、赵增珠）妹妹（王淑萍）本人。 家庭生活：每月收入49元 支出50余元，生活尚能維持。

家長 姓名：王宜荣 年令：37 關係：父子 職業：教员 地址：淄博市博山区新城街小核桃园4号

入學前經歷　學歷：7岁入小学，14岁小学毕业，14岁入初中，16岁初中毕业，16岁入高中　工作經歷：

學期	班次	怎樣入學	入學日期	怎樣離校	離學日期	等級	金額
第1學期	3級班	錄取	1954年9月1日		195		元
第2學期	3級班	〃	1955年2月15日		195 年 月 日		元
第3學期	3級班	〃	1955年9月1日		195 年 月 日		元
第4學期	3級班	〃	1956年2月15日		195 年 月 日		元
第5學期	3級班	〃	1956年9月1日		195 年 月 日		元
第6學期	3級班	〃	1957年2月15日		195 年 月 日		元

（入學、離校；獎學金（人民助學金））

政治情况　何时何地參加何種党派團體：　思想情况：

學校總評語　身體：項目　入學时　出學时

出校后在何處學習或工作

1954 年淄博第一中学高中部学生登记卡片

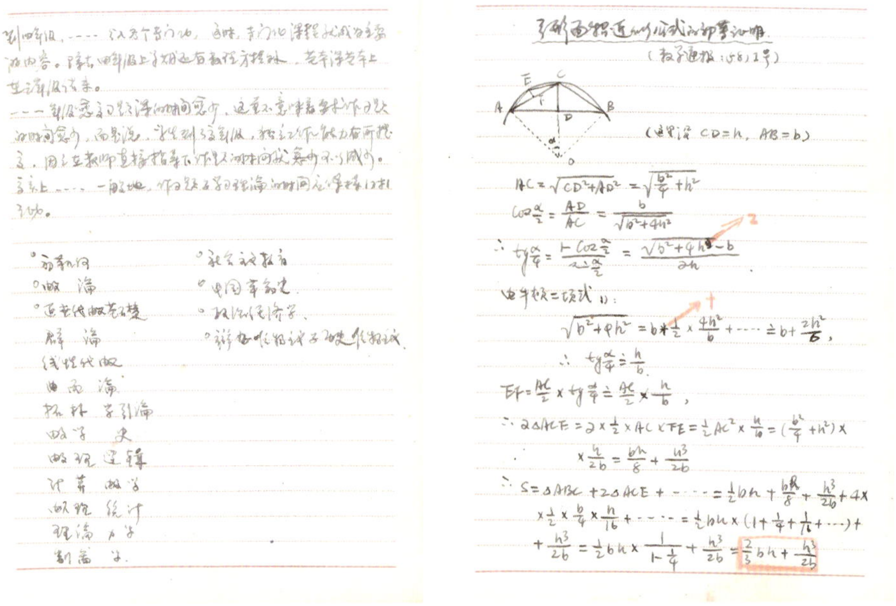

王长钰大学时期的学习笔记(1957 年)

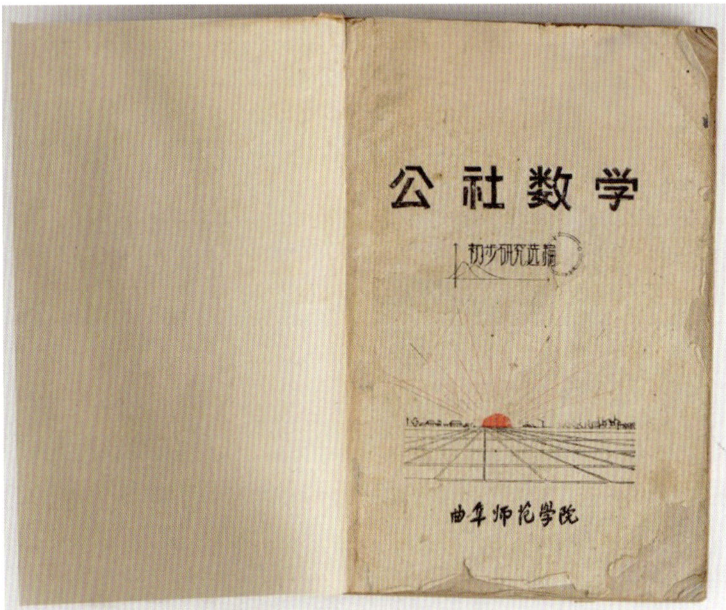

王长钰参与编写的《公社数学》(1960 年)

王长钰(后排左 8)本科毕业留念(1961 年)

王长钰(前排右 1)与曲阜师范学院首届研究生毕业留影(1981 年 12 月)

中国青年报

ZHONGGUO QINGNIAN BAO

周恩来论统战论教育的文选发行

胭脂厂长

长清县靠科学作决策效益惊人

应用系统工程花费一万五千元

调整农业结构增收九百六十万

《中国青年报》头版报道《长清县靠科学作决策效益惊人》(1985 年 1 月 8 日)

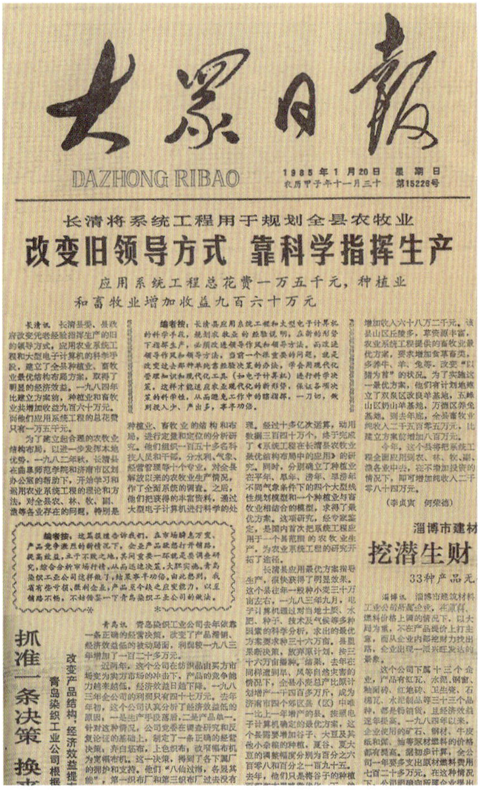

大众日报

DAZHONG RIBAO

1985年1月20日 星期日

第15226号

长清将系统工程用于规划全县农牧业

改变旧领导方式 靠科学指挥生产

应用系统工程总花费一万五千元，种植业和畜牧业增加收益九百六十万元

挖潜生财

《大众日报》头版报道《改变旧领导方式　靠科学指挥生产》(1985 年 1 月 20 日)

大众日报

DAZHONG RIBAO

1986年8月9日 星期六 第15792号

国家经委负责人今天强调

工业企业亏损增加 扭亏增盈刻不容缓

积极参与经济改革 男夺"七五"功勋杯

我省七百万青工为振兴经济大显身手

新汶矿务局面对高温多雨挖潜增收

生产淡季不淡 一月超产五万

长清县应用系统工程优化农牧业结构

《大众日报》头版报道《长清县应用系统工程优化农牧业结构》(1986 年 8 月 9 日)

人民日报

山东长清县运用软科学指挥农业生产尝到甜头

不凭经验办事 要靠科学决策

本报讯 记者贾建舟报道：运用系统工程原理和电子计算机选择最优的结构布局方案，从宏观上科学地指导农牧业生产，在山东省长清县收到了事半功倍的最佳经济效果。

这项研究成果是由曲阜师范大学运筹学研究所与长清县农业资源区划办公室、济南市农业区划办公室等单位联合完成的。8月上旬，省内外专家在鉴定中指出，该成果达到了国内先进水平，具有较高的学术价值和应用价值。

自1982年秋开始，长清县组织科技人员和干部，分水利、气象、经营管理等十个专业，对全县解放以来特别是1981年的农牧业生产情况进行了全面系统的调查，并通过大型电子计算机对获得的资料作了科学的处理。经过十多亿次运算，动用三百四十万个数据，终于在1983年10月完成了《系统工程在长清县农牧业最优结构布局中的应用》的研究。这一研究在全县划分三十七种土地类型，找出八十三种作物组合，为长清县分别确定了种植业在平年、旱年、涝年、旱涝年不同气象条件下的四个最优结构布局方案和一个种植业与畜牧业结合的最优结构布局方案。

按照这些方案，长清县改变了多年来传统的农牧业结构，在种植方面扩大了小麦、谷子、大豆等作物的种植面积；在畜牧业方面，充分利用本地草木丰富的资源，增养了牛、羊、兔等食草畜类，改变了饲养业"以猪为首"的状况。

长清县运用系统工程指导农牧业生产两年来，尝到了很大的甜头。拿气象条件相似的1985年与1981年相比，全县种植业净产值增加五百六十四点八九万元（扣除气候、种子、肥料、政策等各项增产因素），增长14.09%，畜牧业纯收入增加九百一十六点七八万元，增长53.77%。两项合计共增加收入一千四百八十一点六七万元，占种植业和畜牧业两项收入总值的30%以上，而他们这几年用于农业系统工程的总花费也不过七万余元。与此同时，这项研究还在生态效益、社会效益方面起到了不可低估的作用。

重新学习当领导

叶伴

《人民日报》报道《不凭经验办事　要靠科学决策》(1986 年 8 月 17 日)

光明日報

GUANGMING DAILY　2003年1月31日　星期五　今日12版

世界已知最古老脊椎动物被证实为海口鱼

我国南方很可能是脊椎动物演化大树发祥地

『小书屋』大作为

——湖北襄樊市鼓励农村发展文化科技屋

李瑞环将访问非洲三国

温家宝慰问南极考察队员

勉励大家为南极考察事业再立新功

李岚清看望著名学者和科学家

向全国教育和科技工作者祝贺新春佳节

王长钰将最优化理论用于产业模式

运筹学帮助长清县增收一亿元

今日导读

●中国民乐新春登陆美利坚	（A2版）
●春节消费谨防上当	（A4版）
●《院士论坛》2003年春节特辑	（B1版）
●今年过个科技年	（B1版）
●区域发展"盲点"不容忽视	（A3版）
●"苏联英雄"的故事	（C1版）
●"文物捐赠"捐出的官司	（C3版）

《光明日报》头版报道《运筹学帮助长清县增收一亿元》（2003年1月31日）

王长钰（前2排右8）参加运筹学会成立大会暨学术交流会合影（1980年4月）

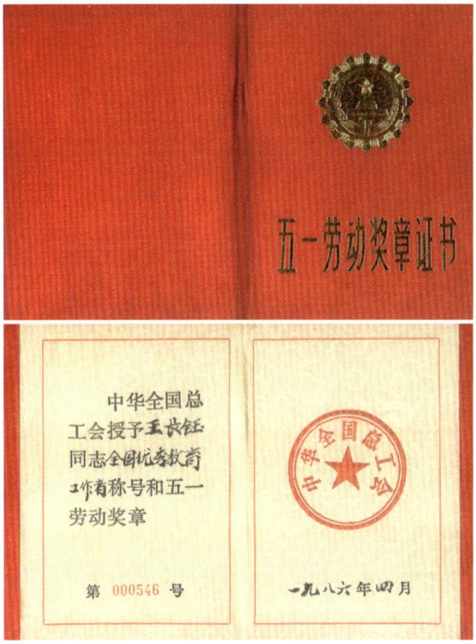

1986 年荣获“全国优秀教育工作者”称号和“五一”劳动奖章证书

1991 年荣获国务院政府特殊津贴证书

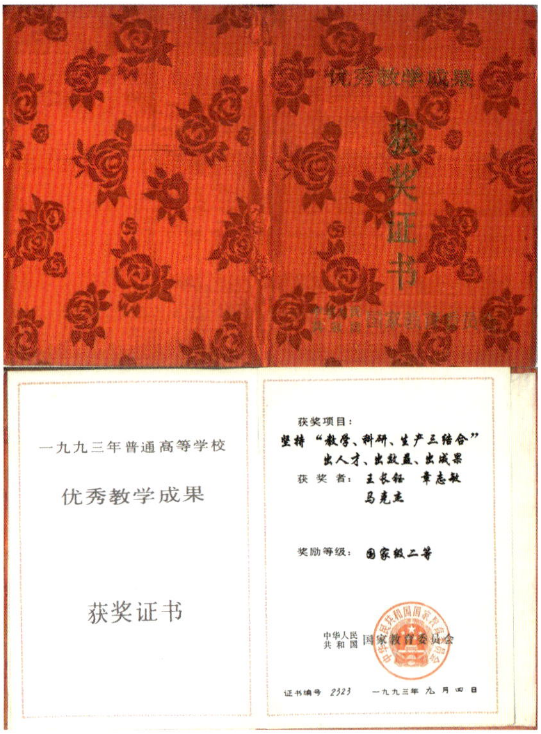

1993年荣获国家教委优秀教学成果二等奖证书

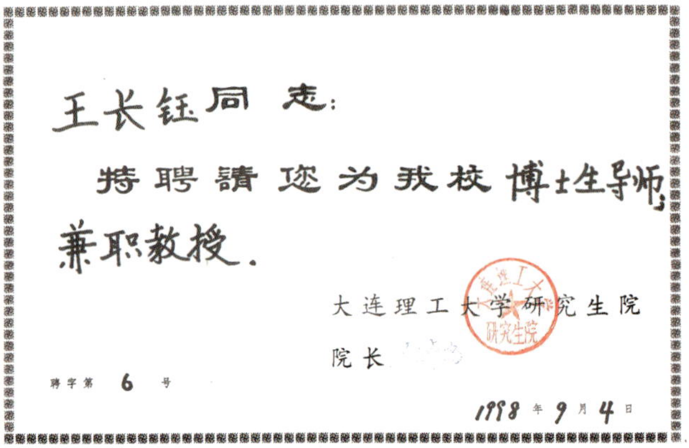

大连理工大学博士生导师、兼职教授聘书（1998年9月）

1999 年荣获教育部科技进步二等奖证书

王长钰(中)与张玉忠(右)、李荣生(左)在曲师大数学系前合影(2004 年)

王长钰(右)在家中与妻子李遂华老师合影

目　录

引　言

一、传主简介

王长钰(1937～2018),山东博山(今淄博市博山区)人,著名运筹学家。1957年9月,王长钰就读于曲阜师范学院数学系数学教育专业。1961年8月,王长钰以优异成绩毕业并留校任教,此后五十余年,王长钰一直学习、工作、生活于曲阜师范大学,历任运筹学研究所副所长、所长,中国运筹学会理事、常务理事,山东省运筹学会理事长等。1996年3月,王长钰被中国科学院应用数学研究所聘为兼职研究员;同年7月,被中国科学院应用数学研究所聘为博士生导师。1998年9月,被大连理工大学研究生院聘为博士生导师、兼职教授。

王长钰在运筹学应用方面成就非凡,尤其是在系统工程应用于农业领域作出了突出贡献。早在读大学期间,王长钰便根据在济宁交通局实践的数据完成了第一篇学术论文,首创性地应用线性规划方法解决非线性规划问题,引起了广泛关注,开始在运筹学界崭露头角。20世纪70年代,王长钰潜心研究,经常前往曲阜周边农村应用运筹学指导农业生产。1972年,王长钰与他人合作,首次利用二元循环优选方法,对水库溢洪道挑流鼻坎的尺寸进行最优选择,创造性地完成了“水库溢洪道挑流鼻坎的最优尺寸”的设计,成功地解决了溢洪道对大堤的冲力过大问题,设计方案被山东省一些大中型水库采用，效果良好。1982年，王长钰率领研究团队与济南市长清县人民政府合作，创造性地综合应用线性规划、对策论与决策分析和模糊聚类分析等方法，借助大型计算机，通过建立简明实用的数学模型以确立最优方案，来指导全县的农牧业生产，并取得了明显的社会经济效益和农业生态效益，长清县农牧业产值均有了大幅度增加。这一方法被业内专家誉为“长清模式”，很快在山东省内外一百多个县市得到推广，在当时推动国家农业经济发展方面作出了重要贡献。20世纪90年代，王长钰又带领运筹所先后与山东省七五生建煤矿、兖州矿务局兴隆庄煤矿等开展项目合作，进一步扩展了运筹学应用领域。

王长钰在运筹学理论研究方面同样成就突出。1975年，王长钰证明了E. 维斯菲尔德（E. Wieszfeld）关于最优场址算法的收敛性，并首次估算了收敛速度，第一次解决了S. 钱德拉塞卡（S. Chandrasekhar）和C. 塔米尔（C. Thamire）关于场址算法收敛性的猜想，被国际权威性刊物多次引用，在国内外产生了广泛影响。1978年，首次解决了D. J. 伍德（D. J. Wood）与C. O. A. 查尔斯（C. O. A. Charles）等人对非线性管网算法的收敛性问题，引起国内许多专家的注意，结论先后被应用到天然气、井下通风网络的压力平衡计算以及管道网络的最优化设计中。20世纪80年代，王长钰针对非线性规划设计出了一个具有全局收敛的算法，该算法于1991年被著名数学家堵丁柱编入其运筹学专著中，并将该算法与美国运筹学家D. G. 龙伯格（D. G. Luenberger）的算法并称为“L-W算法”。1998年，王长钰与他人合作建立的在Armijo搜索下的非线性共轭梯度法的收敛性定理被编入戴彧虹、袁亚湘主编的《非线性共轭梯度法》一书中，并获得了首创性的评价。2003年，王长钰与人合作建立的增广拉格朗日零对偶间隙定理被编入专著*Lagrangian-type Functions in Constrained Non-convex Optimization*中。2013年，王长钰与杨晓琪、杨新民合作建立非线性增广拉格朗日函数与对偶理论并发表论文，该年*Mathematics of Operations Research*的评审专家评价：该文章中的证明方法“非常具有独创性”，并且断言“它将必然为增广拉格朗日和精确罚理论开辟多种应用途径”。2017

年，王长钰与刘茜、屈彪在合作的论文“Global Saddle Points of Nonlinear Augmented Lagrangian Functions”利用这种新颖方法建立了非线性增广拉格朗日全局鞍点存在的充分与必要条件，是自 1974 年 R. T. 洛克菲勒(R. T. Rockafellar)对增广拉格朗日给出全局鞍点存在的充分条件以来，第一次给出了它的充分与必要条件。同年，王长钰与屈彪、修乃华建立了基于分裂可行性问题(SFP)的新的牛顿投影算法，评审专家对该文的评价为：自非光滑 SFP 提出以来的 30 年间，首次给出了求解 SFP 的具有超线性收敛的有效算法，是 SFP 研究的一项重大进展。

王长钰著述颇丰，发表论文 150 余篇，主编参编著作 6 部。王长钰主持或参与的多项教学、科研课题获得国际、国家或省部级奖励。1985 年，《系统工程在长清县农牧业最优结构布局中的应用》一文获全国农业区划委员会科研成果二等奖以及山东省农业区划委员会科研成果一等奖，“系统工程在农业结构布局中的应用”获山东省教育厅科技进步一等奖；1993 年 9 月，“坚持‘教学、科研、生产三结合’，出人才、出效益、出成果”获国家教育委员会高等学校优秀教学成果二等奖；1999 年 1 月，“最优化理论算法及其应用研究”获教育部科技进步二等奖；1999 年 8 月，“运筹学在农业管理中的应用”获第十五届国际运筹学会联合会大会运筹学进展二等奖；2000 年 6～7 月，论文《农村产业结构布局优化的数学模型及其稳定性分析》获第三届山东省统计科研优秀成果一等奖以及第五届全国统计科研优秀成果二等奖；2002 年 2 月，“最优化方法及其应用研究”获 2001 年度中国高校科学技术奖二等奖。

王长钰奖掖后学、无私育人，从教五十余年，始终工作在教学第一线，培养了一大批运筹学方面的硕士、博士等优秀人才，为我国运筹学领域的发展作出了重要贡献。

“数学规划常青树，德艺双馨誉满园”，这是学界对王长钰一生突出成就和高尚品德的崇高评价。王长钰以其在科研与教育方面的突出贡献，多次获得国家或省部级荣誉。1986 年 4 月，他被授予“五一”劳动奖章及“全国优秀教育工作者”荣誉称号。1988 年 5 月，他被山东省人民政府授予

“山东省劳动模范”称号。1991 年与 1997 年，他先后两次获“山东省专业技术拔尖人才”荣誉称号。1991 年 7 月，他开始享受国务院政府特殊津贴；9 月，他荣获“山东省高等学校先进科技工作者”称号。1993 年 12 月，王长钰荣获曾宪梓教育基金会高等师范院校教师奖二等奖。1995 年 9 月，王长钰受邀参加在北京人民大会堂召开的教师节表彰大会；同月，王长钰一家因在教育方面的突出贡献被山东省教育厅授予“山东省优秀教育世家”称号。

二、采集过程与采集成果

王长钰学术成长资料采集工程于 2019 年 6 月立项通过后，采集小组便立即着手开展各项工作。采集小组首先查找收集了与王长钰先生有关的传记资料，遗憾的是，所找到的资料多是一些报纸或期刊的人物介绍、名人词典中的人物简介之类，比较重要的仅有胡长春的《闪光的轨迹》（收录于 1989 年 8 月青岛海洋大学出版社出版的《师魂》一书）、郭辰夫的《矢志“运筹”无穷期——记王长钰教授》（收录于 1994 年 9 月中国文联出版公司出版的《华夏师魂》一书）、宋广新的《矢志“运筹” 优化人生——记王长钰教授》（《曲阜师大报》2002 年 10 月 16 日）以及张玉忠的《洙泗泱泱 先圣之乡 黉宫巍巍 后学之标——庆祝王长钰教授八十华诞》（《运筹学学报》2017 年第 2 期）四篇文章。其中前三篇文章写作年代较早，不能完整地体现王长钰教授的学术成长历程，只有最后一篇写于他去世前一年，比较完整地反映了他的成长经历与重要学术成就，可予借鉴。我们即以此为基础确立了研究框架并开始收集资料。

课题立项时，王长钰先生已经离开我们一年多了，他留给我们的资料也并不多，加之其他客观因素影响，采集工作进展较慢。庆幸的是，他自留校以来，一直工作生活于曲阜师范大学，各种资料相对集中，又为采集工作带来了一定便利。采集小组通过深挖档案资料、细致分析文献资料、多方走访采集以及实地调研等多种途径收集资料，运用历史学的研究方法分析研究，力求多角度、全方位、准确、真实、立体地展现王长钰学术成长过程与学术贡献。

口述访谈工作开始于2019年12月，由于王长钰先生已经去世，访谈工作只能以间接访谈的形式开展。采集小组多次开会讨论并多方收集信息，最终确定了包括王长钰教授的同学、同事、同行、朋友、学生、家属在内的被访谈人员名单。在每次访谈进行之前，采集小组都会制定访谈提纲。由于许多访谈人员身处外地，采集小组尽量做到将访谈提纲提前送达被访谈人手中，以做好准备。采集小组努力克服困难，多次奔赴北京、济南、博山、威海、日照等地，努力做好口述访谈的采集工作。截至成稿，采集小组共计访谈22人，采集音频11小时、视频11小时，访谈整理文字稿近10万字。通过访谈，我们获得了一些关于王长钰学术成长的重要信息。在与王长钰首届硕士生赵庆祯访谈时，我们发掘到王长钰在读大学期间独自完成那汤松《实变函数》课后习题的事迹，这在后来发现的他的学习手稿以及档案资料中进一步得到了证实。我们幸运地访谈到了王长钰的初中同学及好友王焕新，了解到王长钰早期家庭情况及其在济南读初中时的许多生活细节。通过对其学生连淑君、屈彪、王宜举、张玉忠的访谈，我们对王长钰培养学生的特点和典型事迹有了更详细的了解。通过对修乃华教授的访谈，我们知道了王长钰奖掖后学、无私育人的事迹。

在访谈工作进行的同时，采集小组进行了档案查询、文献资料收集等工作。在王长钰家人及多家单位的帮助下，我们多方采集了王长钰生前的资料。

一是从王长钰家中采集的资料。采集小组先后于2019年10月29日、2021年1月8日和3月18日三次前往王长钰家中，采集到大量王长钰生前的资料，包括照片、证书、信件、著作、手稿、发表论文单行本、教材、研究相关书籍和成果报道等。其中，王长钰1961年的本科毕业照、1982年与丹麦詹森教授的合影、1984年在长清县农牧业结构布局的优化调整会上作学术报告的照片、1994年在兖州矿务局兴隆庄煤矿的合影等非常珍贵；王长钰在加拿大访学期间与家人往来的书信，为研究他在这一时期的活动提供了重要资料；被多次学习翻阅、已非常破旧不堪的《实变函数》、1960年两次获得学校奖励颁发的笔记本奖品、大学期间的学习笔记手稿、多篇论文的手稿草稿、为研究生上课时做的幻灯片教案等，是研究王长钰学术成长的非常重要及珍贵的资料。在对这些资料进行整理过程中，采集小组发现他生前曾对自己的资料进行了简单的梳理，虽不系统，但分门别类，很有针对性，为采集小组的研究工作提供了很大帮助。

二是从曲阜师范大学人事处采集到的资料。2019 年 11 月 27 日，采集小组在曲阜师范大学人事处采集到王长钰完整的人事档案资料。

三是从曲阜师范大学档案馆采集到的资料。采集小组于 2020 年 1 月 9 日、10 月 28 日、12 月 30 日和 2021 年 1 月 18 日四次在学校档案馆相继采集到王长钰本科时期的入学档案、成绩单和毕业档案，以及部分科研项目的相关档案。其中，科研档案《运筹学在中国农业管理中的应用》对研究王长钰开创“长清模式”及推广有重要作用；《洗煤厂矿浆密度计算机控制系统》《设备状态预测与综合管理计算机网络系统》对研究王长钰在 20 世纪90 年代进一步扩展运筹学应用领域起到了重要作用。

四是从曲阜师范大学图书馆采集到的资料。采集小组先后于 2020 年 10 月 8 日和 2021 年 5 月 21 日两次在曲阜师范大学图书馆采集到《大众日报》《中国青年报》和《曲阜师大报》中对王长钰的报道，及其运用系统工程指导农业生产取得良好经济效益的相关报道。

五是从济南育英中学和淄博一中采集到的资料。2020 年 10 月 29～30 日，采集小组先后在济南育英中学档案室工作人员和博山市淄博一中教务处老师的帮助下，采集到王长钰初中和高中时期的学籍资料，查到了王长钰初、高中时期的各科成绩，并进行了拍照或扫描存档。

另外，采集小组还通过期刊数据库采集了从 1978 年到 2018 年王长钰发表的期刊论文 15 篇。

本次采集工作中还存在许多不足之处，部分资料需要持续进行搜集。具体来说，一是受客观因素限制，无法前往加拿大西蒙大学进行实地调研及资料采集；二是王长钰的许多初、高中同学已过世，在世人员中受限于年龄及记忆力衰退等，没有采集到王长钰中学时代对他有重要影响的教师的资料；三是“文化大革命”期间留存的资料较少，收集到的这一时期的相关资料不够充分，还需要进一步充实。

三、写作思路与结构

王长钰是我国运筹学发展史上极其重要的人物。本传记以王长钰人生经历为主线，同时注意将他的学术贡献与社会时代背景及从事学科的发展情况相结合，深入挖掘其学术成长的关键节点，尤其注重他的学科特点、学术成就、学术交往中的关键人物、重大事件，梳理、勾勒出王长钰学术思想的形成发展过程，并进一步提炼总结出其学术成长的特点。

除引言、结语和附录外，全书分为十章。第一章，叙述王长钰的家庭背景，展现王长钰在家庭遭遇巨变的情况下立志求学以自立的经过。第二章，叙述王长钰中学时期的求学经历，以及济南育英中学和淄博一中的校风、校训与办学宗旨对王长钰性格塑造起到的潜移默化的影响。第三章，叙述王长钰大学时代的求学经历，展现他立志运筹学研究的成长过程。第四章，记述王长钰在20世纪60～70年代艰苦、动荡的岁月里，坚持运筹学研究并取得了一系列成就的成长历程。第五章，记述王长钰带领科研团队开创“长清模式”，应用系统工程指导农业生产取得良好社会经济效益，并在国内外产生重要影响的经过。第六章，记述王长钰担任运筹学研究所所长期间的科研与学术交流经历，展现他带领运筹所开拓进取、锐意奋进新征程的精神。第七章，记述王长钰退休之后的科研、育人与学术交流情况。第八章，记述王长钰的重要学术成就。第九章，记述王长钰教学育人，培养运筹学科研人才的经过，以及通过亲友、学生、同事等的叙述，窥见王长钰勤奋严谨的工作作风与执着钻研的科研精神。第十章，记述王长钰的兴趣爱好、性格特点及其家庭生活情况。结语部分，重点梳理和总结了王长钰学术成长特点和重要学术贡献与学术成就。另外，本书还加了年表、主要论著目录等作为附录，为读者及研究者提供参考。

本传记坚持“论从史出”的原则，所有主题都以具体史料为基础展开研究，力求兼顾思想性、可读性与史料性。希望这部传记能够彰显王长钰教授执着运筹研究、敢为人先、勇于创新的精神，及其为中国运筹学发展作出的突出贡献，更能为后人继续研究王长钰的学术人生和运筹学史研究留下可供参考的资料。

第一章 书香门第 童蒙养正

王长钰出身于书香门第，幼年时家境优渥，后家道中落，家庭熏陶与家族环境的影响，让王长钰立志求学以自立。

博山，今山东省淄博市博山区，旧之博山县。博山旧称“颜神”，“周末齐国西南郊长城岭下之北鄙，有孝妇颜文姜居岭下，殁而有神，故后世目其地为颜神，宋代已著称”[①]。金时为淄川县所辖重镇，为颜神店。元代至元年间，从淄川县划入益都县后，改称颜神镇。清雍正十二年（1734）划淄川、莱芜两县以属之，改设新县，名曰“博山”。民国后建置几经变革，至1955年3月改为博山区，属淄博市。

博山位于山东省中部，东、西、南三面环山，淄河、孝妇河穿流其中，地势南高北低，山峦起伏，沟壑纵横，山川钟灵毓秀，人杰地灵，先后出现了岳含珍、孙廷荃、赵执信、欧阳中石、焦裕禄等名人。因博山全境尽山，几无平坦之地，故“博山”之名具有多山之意，又因县东南有博山，故以山名县。博山矿产资源丰富，制瓷业、琉璃产业发达，是山东省重要的工业地区。

1937年12月16日，王长钰出生于山东省博山县新盛街小核桃园4号一户书香之家，是家中长子长孙。家人为其取名“长钰”，赋予了美好的寓意。

王长钰家在博山县当地算得上书香门第、大户人家。祖父王树焘（又名王亚民）共有兄弟三人，他排行第二。抗日战争前，王树焘毕业于南京金

---

① （清）富申修，田士麟撰：乾隆《博山县志》卷一《建置》，清乾隆十八年（1753）刻本。

陵大学农林系，曾参加过中国同盟会，是中国同盟会会员。因所学专业为农林方面，毕业后王树焘便先后在安丘县和即墨县担任建设科技术员，前后大约有三年时间，直到抗日战争全面爆发才辞职返回家乡。其间，因读过大学，学问好，王树焘先后在博山考院小学任校长、淄博联中任事务员，后一直从事教育工作。1948 年，王树焘被推荐任颜山镇镇长，任职半年左右，博山迎来解放。随后，王树焘被捕入狱，判刑十年，后因生病，政府允许其保外就医，由街道人民委员会监管。1961 年，王树焘因病去世。

王长钰因是家中长孙，深受祖父喜爱，与祖父有着深厚的感情，在很多方面都受到祖父影响。祖父对王长钰也十分严格，经常教育他要好好读书，调皮的时候，祖父便板起脸来呵斥他。

父亲王宜荣，抗日战争全面爆发前在当地中学读书，日寇入侵博山后，无法继续学业，便从高中退学在家，干过店员。抗战胜利后，受父亲王树焘影响，他也在当地小学当教员。1946～1947 年，曾短暂参加过国民党（大约 3 个月），为国民党淄博矿区党部第六区分部组训委员。新中国成立后，王宜荣继续从事教育事业，先后在大柳杭小学、博山区二中教学。母亲赵增珠，出身当地大户人家，小学毕业，在家操持家务，是一位传统的家庭妇女。

良好家风的熏陶对王长钰的影响非常大。王长钰从小养成了认真读书、努力求学的好习惯，他对文学的兴趣也十分浓厚，书籍成为陪伴其一生的不可或缺的财富。

王长钰兄妹二人，妹妹王淑苹，小学毕业之后在当地干临时工。1957 年王长钰离家去曲阜师范学院读大学，妹妹便在家照顾一切。王淑苹从小患有皮肤病，去世较早。1962 年是家里最困难的时候，彼时王长钰刚参加工作不久，王淑苹曾向王长钰去信求助，请求多给家里寄点钱，好能随从京返家探亲的姑母一起去北京看病（当时姑母家表姐李醒华在北京学医），但直到两个月之后王长钰才多攒了些钱寄回家中。后来他每念及此便悔恨不已，他认为自己没能及时帮到妹妹，错过了治疗的关键期。

姑母王荣莘，曾任济南铁路局电务段会计。李昭华是王长钰姑母家的表哥，曾参加抗美援朝战争，回国后在周村职工业余学校（经与淄博市周村区教体局核实，该校成立于1958年，“文化大革命”期间停办）任教导主任。表姐李醒华曾任北京邮电医院内科支部书记兼主治医生，中国共产党党员。赵锦藩是王长钰舅父家的表哥，曾就读于山东工学院，后在浙江电力专科学校工作。这样的氛围使得王长钰父母也极为重视教育，认为只有用功读书，将来才能有个好前程。家中长辈也经常教育王长钰要认真读书、努力上进，学成报国。

在亲戚当中，二舅赵增祺应是对王长钰帮助较大的一位。赵增祺曾任山东省电力工业局材料科科长，中国共产党党员。1952年3月，王长钰在赵增祺的鼓励与支持下考入济南育英中学。后来因王长钰家庭经济条件较差，生活拮据，在济南就读期间，无论在生活还是在学习上，赵增祺都给了王长钰很大的帮助。

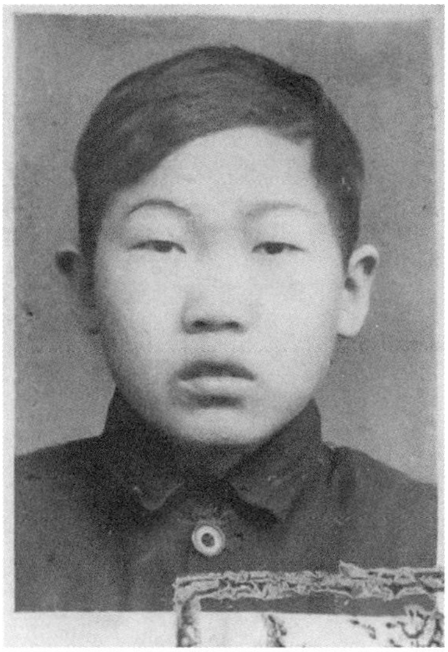

图1-1　王长钰小学毕业时的照片（1952年）

在战火纷飞的年代，王长钰小学阶段的学习环境并不稳定，他先后在多所学校就读。1946年7月至1947年6月，在淄博市博山区西专村进德小学读小学一年级；1947年7月至1949年2月，在淄博市博山区西冶街武庙小学读二、三年级；1949年3月至1950年6月，在淄博市博山区税务街北阁小学读四年级；1950年7月至1952年2月，在淄博市博山区赵家林矿业小学读五、六年级，直至小学毕业。

进德小学应为当时乡学，与北阁小学一样今已不可考。武庙小学始创于民国元年（1912）四月，是博山最早的“新学”之一，原名“模范初等小学”，因校址坐落于西冶街关帝庙，故又名“关帝庙小学”，后改为“第一初级小学”。民国二十三年（1934）一月，更名为“西冶街初级小学”，1994年定名为“博山区西冶街小学”。西冶街小学自建校以来秉承“博爱诚信、知行合一”的校训，形成了“崇德明礼、勤奋乐学”的校风，“精教细研、和谐共进”的教风，“静思乐学、求真悟新”的学风，培养出了欧阳中石等杰出俊彦，现已发展成为一所市级规范化学校。矿业小学创立时间已不可考，但应在中华人民共和国成立前就已建立，其后几经合并改建，今为博山区实验小学，秉行“博学砺品、实干创新”的校训，形成了“笃学力行、明责尚勤”的校风，“敬业修身、启智铸魂”的教风以及“乐学善思、求真上进”的学风，现已发展为省级教学示范学校。

初上小学时，王长钰学习非常努力。后虽因家庭变故，家中对其管教有所放松，但成绩尚可。四年级时，随着识字量的增加，王长钰喜欢上在课外阅读武侠小说，小说中侠客行侠仗义的故事、为国为民的武侠精神、直言不讳的豪爽性格，深深地影响了他。

第二章 少年立志 懵懂求学

青少年阶段是一个人意志、性格形成的关键时期，王长钰所就读的中学都有着良好的校风校训以及严格的校规校纪，这对他的学术成长起到了十分重要的作用。初中时期，济南育英中学的家国情怀、使命担当精神与爱国、民主、科学的传统精神对王长钰的学以致用、勤勉科研起到了启蒙作用；高中时期，淄博一中治学严谨、学习扎实的校风与求实、进取的教育精神对王长钰以后在工作中的勤奋求实、严谨治学产生了重要影响。

一、初中阶段 济南育英中学

1952 年 2 月，王长钰考入济南育英中学。

图 2-1 济南育英中学老校门（建于 1923 年前后）

育英中学始建于1913年，是山东省名校，在省外亦极负盛名，每年都会有不少省外学生报考。育英中学首任校长系孔子七十五代孙孔祥柯。孔祥柯，字则君，民国时期著名的教育家、政治家、社会活动家。孔祥柯一生热爱教育，以发展教育事业、为国造就人才为己任。民国初期，国家内忧外患，孔祥柯满怀一腔热忱，不仅兼任山东高等学校校长和山东商业学校教授等职，而且还创办了济南育英中学，并担任校长，培育了许多有志之士。第一次世界大战结束后，1919年召开的巴黎和会上提出将德国在山东的权益全部转交给日本，这一无理要求引起了国内民众的极大愤慨。为了维护中华民族的利益，表明山东人民对日本无理要求的强烈反对，早日废除“二十一条”，山东各界公推孔祥柯和许宗祥为民间代表，前往巴黎和会，“二君临行，颇抱坚决志愿，非达到废约目的不回”。他以极大的爱国热忱，积极组织旅法华侨集中演讲、上街游行请愿，伸张正义，抨击列强，据理力争，与国内如火如荼的五四爱国运动遥相呼应。孔祥柯先生“登台演讲，闻者动容，殊方绝域，报章传载”，在维护国家主权、收复青岛的历史上，留下了浓墨重彩的一笔。孔祥柯先生以亲身践行展现了强烈的家国情怀与使命担当精神。1922年，中国共产党创始人之一的王尽美在育英中学的青砖方楼里成立了山东省第一个社会主义青年团，建团遗址至今仍保存完好。

图2-2　济南育英中学青砖方楼（建于1904年）

深厚的革命传统、强烈的家国情怀与使命担当精神深深地融进了育英中学的办学宗旨之中。育英中学以“坚苦勤劳”为校训，赋予“自强不息、永不言败”的育英精神以丰富的内涵，秉承“得天下英才而教育之”的办学宗旨，以“促进学生全面发展，塑造学生健全人格”为办学理念，形成了爱国、民主、科学的传统精神和严谨务实的教风、学风。这都对王长钰日后学术成长过程中学以致用，将数学应用于社会发展实际，以及长期坚持钻研数学起到了潜移默化的引导作用。

王长钰自 1952 年 2 月考入育英中学，至 1954 年 7 月毕业，实际在校时间两年半。学校教育注重学生的全面发展，设有政治、语文、算术、代数、几何、外国语、物理、化学、历史、地理、植物、生理卫生、音乐、美术、体育等十余门课程。学校在课程设置全面的同时也注意学生的阶段性发展，根据学生年龄增长，在不同的年级设置不同的课程，循序渐进，逐步深入。例如，初中一年级时注重与小学教育衔接，设置了算术课，到了初二便取消了这门课；初一时设植物课，初二时便取消改为动物课；初二时增设政治、物理、化学三门课程；初三时增设生理卫生课。育英中学在教学管理方面非常严格，学生的每一次请假、旷课、迟到、早退都会被记录到学籍表中，作为每学期期末操行等级评定的参考。学校对考试毕业的要求很高。1952 年 2 月，王长钰与秦玉珠、崔金声、王焕新四位博山籍考生一起考入济南育英中学，王长钰、秦玉珠、崔金声 3 人被编入初中第 38 级 1 班，王焕新被编入另外一个班级。38 级 1 班共有学生 92 人，班主任为唐慧贞老师，到 1954 年 7 月毕业时，全班如期毕业人数为 65 人，另有 27 人未能正常毕业，约占班级总人数的三分之一。

济南育英中学时期的学习生活是非常艰苦的。1952 年，抗美援朝战争已经进行了一年多，山东省的土改已基本完成，国内经济形势虽有所好转，但人民生活仍相对困难。这一时期，王长钰家中经济也非常艰难，但他父亲还是克服种种困难，支持他继续求学。王长钰在学校吃的大多只有窝窝头、棒子面，偶尔会有小米面。当时餐厅里面是八个人一张餐桌，一盆菜每人分一份，只有蔬菜，基本上没肉，生活非常艰苦。“假期才回来，平常都不回来。那个时候博山通济南有趟火车，来回当时很慢，从这里到济南有三四个小时，沿途有二三十个站，走走停停。每年就是去一次回来一次，就是放假回来,平常过年过节没有回来的,经济条件也不允许。”[①]

初到济南,大约是由于第一次离开家乡以及生活环境的较大变化,王长钰的成绩并不是很好,尤其是数学,初一年级时,算术、代数、几何都只考了70多分,不过外语、历史与植物成绩很好,都在90分以上,王长钰总成绩平均分为80.5,操行等级乙。后来在老师的悉心教导下,加上王长钰勤奋好学、聪明又热爱读书,到了初二年级便逐渐把成绩追了上来。王长钰代数平均96.5分,几何平均80分,物理在初二下学期甚至考到了满分,总成绩平均分86,操行等级乙。初二时,王长钰在代数、物理、历史学科的优势日渐展现出来。待到初三年级,代数、几何已能考满分,除语文、化学、地理外,政治、外国语、历史、物理、生理卫生成绩都达到了90分以上,总成绩平均分92,操行等级乙。

王焕新是王长钰在育英中学时期的同学,1954年7月自育英中学毕业后考入武汉海军中学,1961年考入武汉海军工程学院,1991年退休。

育英中学时期,王长钰与王焕新都是博山人,虽然不在一个班级,但是由于性格相投,两人的关系反而比同班同学及其他同乡要好。王长钰家住在博山小核桃园,王焕新家住在博山大南北胡同,两地相距不远。每到放假,二人便一同坐火车返乡,假期里,两人也经常到彼此家中串门,关系非常亲密。即便是毕业后,两人分别考入不同的学校,但仍经常有书信联系。王焕新与王长钰这种真挚友谊保持了一生。

王长钰的父母身体不太好,恰巧王焕新的爱人是医务工作者,每每王长钰家里父母身体不适,便请王焕新爱人去帮忙。王焕新在部队服役,每次回家探亲都会到王长钰家去看望他的父母。王长钰每年寒暑假期回博山时也会去王焕新家探望。亲密无间的关系就是这样慢慢建立起来的。

在王焕新的印象中,从初中时起王长钰就喜欢晚上学习,白天睡觉。“对我的印象,他一个特点就是晚上学习,白天睡觉。为什么起得那么晚,就是他学习一般都在晚上十二点以后。而我喜欢早起读书,我们一般约好九点钟左右一块出去,每一次去他家里找他,他都是在睡觉,都得他母亲去把他叫起来,慌里慌张地洗漱完,也顾不上吃饭,我们两个人就出去了……

① 王焕新访谈,2020年10月31日,博山。资料存于采集工程数据库。

上初中期间，包括他上高中、大学，甚至他大学毕业以后去曲阜师大工作，都是这个状况。”[①]

王长钰家生活条件比较艰苦，每到假期王焕新都会请王长钰到家里吃饭，偶尔王长钰也会请王焕新到家里来简单吃点饭。这种艰苦的生活一直到 20 世纪 80 年代才有所改善。正是一直以来这种艰苦的生活，让王长钰一生都保持着勤俭节约的好习惯。

在学校里，每到周末，王焕新都会退伙[②]去学校外面听听书，改善一下生活。那个时候学校生活费是每月六块钱，平均一天只有两毛钱。退伙一天，便可退两毛钱。“两毛钱能干什么？想干啥干啥，那时候西红柿一分钱一斤，早上买上一二斤西红柿，两分钱就解决问题了。中午就可以吃个馒头啊，吃个拿手菜。”[③]而王长钰星期天基本上不出去，会在学校里温习功课，看一些文学书籍。据王焕新回忆，王长钰“记忆力相当好，看过的书籍能背出来，在一起时经常引经据典”[④]，会经常给他讲自己看过的书，很让人佩服。

育英中学时期，王长钰的思想也有了很大转变，开始在政治上积极要求进步。由于在外求学，一年里难得回家一两次，但是每次回家，王长钰都会发现家乡的巨大变化，这些变化在王长钰脑海中留下了很深的印象。据王长钰在 1959 年 10 月 4 日《入团申请书》中记述：

> 小学毕业之后，升入育英中学（济南），在这期间，几个事件（抗美援朝、“三反”“五反”）对我的教育很大。看到了在解放后，国家的确一日强似一日，建设在飞速地发展着。在解放前我根本没有听说过有什么建设，我们那里河滩向来不修整，河道也不挖深，结果造成一次大水灾，死伤许多人，相反，倒是苛捐杂税很多，整天拉民夫。在解放后，看不到这些，而尤其是回家一趟博山变一次，河道挖得很宽，还是洋灰堤岸，解放后从来没闹过水灾。这些明显的对比在我思想上留下很深的印象。

---

① 王焕新访谈，2020 年 10 月 31 日，博山。资料存于采集工程数据库。

② 退伙，即不在学校食堂吃饭。

③ 王焕新访谈，2020 年 10 月 31 日，博山。资料存于采集工程数据库。

④ 王焕新访谈，2020 年 10 月 31 日，博山。资料存于采集工程数据库。

思想认识的转变，让王长钰开始积极要求进步。初中毕业前夕，王长钰向学校团组织递交了入团申请书，但学校也许是考虑到王长钰的实际情况，最终没有批准他的申请，这对王长钰来说是个不小的打击。虽然初中时期王长钰的成绩并不是特别突出，但是经过努力，1954 年 8 月王长钰考入了山东省重点高中——山东省淄博第一中学。

二、高中阶段　淄博一中

山东省淄博第一中学，始建于 1924 年 1 月，时名“博山县私立颜山中学”，亦为百年名校。1936 年为纪念革命先驱蒋洗凡[①]，更名为“洗凡中学”。1953 年学校改称“山东省博山第一中学”，同年 11 月确定为省属重点中学。1955 年更名为“山东省淄博第一中学”。

1954 年 7 月，王长钰从济南育英中学毕业。8 月，考入淄博第一中学高中部，编入 3 级 1 班。时任校长为张陶村，他于 1946 年参加革命，同年加入中国共产党，1954 年到淄博一中工作，历任教导主任、副校长、党支部书记、校长。张陶村任淄博一中校长期间，传承“洗凡精神”，将革命战斗中形成的优良作风带进校园，融入工作。他严于律己，身体力行，治校有方，育人得法，经常深入课堂，促进教学质量的提高。他实事求是，不搞虚夸，不赶风头，一贯坚持严谨求实的优良作风，如今已成为学校的宝贵传统。

---

① 蒋洗凡即蒋衍升(1882～1915)，字锡蕃，又字洗凡，出生于山东省淄博市博山区报恩寺村。蒋洗凡自幼聪明好学，废科举后，肄业于山东省师范学堂。求学期间，他即与徐宝田、张季元等在博山考院旧址创办高等小学堂，开创了博山办学堂的历史，培养了数百名新人才。1905 年秋，蒋洗凡留学日本，成绩优异。赴日不久，他刺指血书：“不清中原，有如此血！”并咏“意气塞两间，肝胆照千古”，众同学为之激励。1905 年，孙中山在日本东京创立中国同盟会，蒋洗凡首批入会，成为中国同盟会山东支部的重要负责人。同时，他还同丁惟汾等创办《晨钟报》，自任总编辑。1911 年 3 月，留日学生组建“中国国民会”，蒋洗凡第一个入选，并被推举为全国总代表。回国后，蒋洗凡即在上海组织了“模范体操团”作为联络各省、互相策应的革命机关。1912 年山东成立军政府，蒋洗凡任秘书长。1912 年 8 月，中国同盟会改组为中国国民党，蒋洗凡被推举为理事，任山东稽勋局局长。1913 年 11 月 4 日，袁世凯下令解散中国国民党，各省支部一律解散。之后，蒋洗凡回到故乡，因受博山县长丁惟椽的保护，免遭袁世凯毒害，后以参与续修《博山县志》之事躲于山林，以避搜捕。1915 年 2 月 10 日，因患猩红热未及时治疗辞世，年仅 34 岁。

在长期办校过程中，淄博一中以“为学生发展负责”为教育理念，以“学会做人、学会求知、学会生活”为育人目标，以“博爱、博学、博雅”为校训，逐渐形成了“治学严谨、学习扎实、生活丰富、文明充盈”的校风与“严谨、求实、团结、进取”的学校精神。这些精神与学校传统对王长钰以后在研究工作中形成治学严谨、勤奋求实、严以律己的作风产生了潜移默化的影响。

淄博一中求学时期，学校实行 5 级分制计分法评定学生成绩。初入高中，王长钰的成绩水平中等，除化学在高一下学期得到 5 分外，其余科目成绩都为 3 分或 4 分。但王长钰坚持努力学习，到高二下学期，便把成绩追了上来，代数、三角、历史得到了 5 分，其余各科都拿到了 4 分。

高中时期王长钰学习勤奋刻苦，为人低调，性格随和安静、不张扬，日常的一些体育活动也积极参加，他经常和同学一起到篮球场打球。

读书依然是王长钰在高中时期最喜欢做的事情，除了读书和打篮球，他几乎不参加其他娱乐活动，总是在不停地学习，不停地看书，可以说是“两耳不闻窗外事，一心只读圣贤书”。但是在高中二年级时，由于家庭经济困难，为了补贴家用，王长钰经人介绍，曾利用暑假时间到南定的热电厂工地干过一个月的临时工。当时工地的劳作非常繁重，每天的工作时间也比较长，这让王长钰第一次体会到劳动的艰辛和不易。在南定热电厂工作期间，王长钰还不小心受过一次伤，当时热电厂的领导和团组织都向他表达了深切的关怀，这件事再次让王长钰亲身体会到了党和组织对人民群众的关心，感触很深，记忆深刻。

虽然高中时期王长钰学习成绩优异，但 1957 年全国高校招生人数相较于 1956 年大幅缩减(1956 年全国高校招生数为 18.5 万人，1957 年全国高校招生数为 10.6 万人)，这对王长钰的报考产生了很大影响。按照往年录取分数，王长钰的成绩原本可以考入北京的高校，但由于招生政策的变化，只能被山东省新成立两年的曲阜师范学院录取了。

总的来说，王长钰在中学时期对自己的未来并没有什么规划，只是单纯地希望通过读书找到一条出路，摆脱现状，为家里争气。从王长钰中学时期各科成绩看，其数学学科成绩明显高于其他各科，可见他数学方面的天分在中学时期已初露端倪。

第三章　大学时代　逐梦运筹

作为没有国外留学经历，并非名校出身，更没有名师指导的本土科学家，王长钰的学术成长受其求学阶段就读学校的育人思想及部分老师的影响很大。尤其是大学阶段，王长钰就读于一所新成立且设址于县城农村的大学，他醉心于一门新兴起的学科，学校设施简陋、信息闭塞，没有专家名师指导，很多东西只能靠自己摸索，其学术的成长与学校的发展相同步。曲阜师范学院培养了他勤奋朴实、自强不息的求学精神，严谨、求是、创新的科学素养与科学精神。

一、第一所农村大学

1957 年 9 月，王长钰考入曲阜师范学院数学系，被录取为四年制本科生。曲阜师范学院原名山东师范专科学校，是山东省于 1955 年成立的一所高等师范学院，校址初设于济南，1956 年迁至曲阜，是新中国成立后第一所也是当时唯一一所建设在农村的大学。1957 级是曲阜师范学院自成立以来招收的第二届本科学生。曲阜师范学院的成立颇具曲折。

曲阜，地处山东省西南部，是中国古代思想家、政治家、教育家，儒家学派创始人孔子的故乡，同时也是黄帝生地、神农故都、商殷故国、周汉鲁都，是东方文化的重要发祥地，被誉为“东方圣城”，亦被称为“东方耶路撒冷”。自近代以来，在曲阜建设一所大学，成为国人的一个梦想。

据唐志勇《旧中国曾四次拟在曲阜建大学》一文介绍，曲阜建大学的首倡者，是孔府第七十六代衍圣公孔令贻。1914年，孔令贻上书民国临时大总统袁世凯，建议在曲阜建大学。因经费无着，此事被搁置起来。1920年10月，孔教会等尊孔团体又提议在曲阜组建大同大学，最终也是由于经费难筹等问题作罢。第三次是1922年，靳云鹏[①]、王鸿一[②]、夏溥斋[③]和北京大学教授梁漱溟等人，拟创办曲阜大学。1923年，王鸿一还专程到曲阜来选校址。此后，亦因经费问题而停办。第四次是1930年，中原大战爆发，7月在曲阜交战，孔庙、孔林等处的建筑遭到严重破坏。战后，山东省政府主席韩复榘提议募捐修孔庙。1931年，山东省政府作出了修庙决议，并拟于修庙完工后创办曲阜学院。后因筹款不足和日本发动侵华战争，修庙和办学之事均未如愿。1935年，就在韩复榘拟办曲阜学院之时，社会知名人士章太炎、许世英，联合国民党军政要人韩复榘、刘峙及孔子奉祀官孔德成等数十人，发起组建曲阜研究院。1936年，章太炎逝世，研究院之事也因此而终止。上述在曲阜建大学的几次设想与活动，皆因经费问题和其他这样那样的情况，而未成现实。直到1956年9月，曲阜师范学院正式成立，这才圆了国人数十年来拟在孔子故里建大学的教育梦。[④]

---

① 靳云鹏(1877～1951)，山东省邹县人，曾任北洋政府国务总理。

② 王鸿一(1875～1930)，山东省郓城人，教育家，曾任山东省省长公署顾问、国民政府内政代次长。

③ 夏溥斋(1883～1966)，山东省郓城人，曾任职于山东省盐务司。

④ 参见张顺清:《说说我校从济南迁至曲阜的那件事》,《曲园往事》，金城出版社2020年版，第35页。

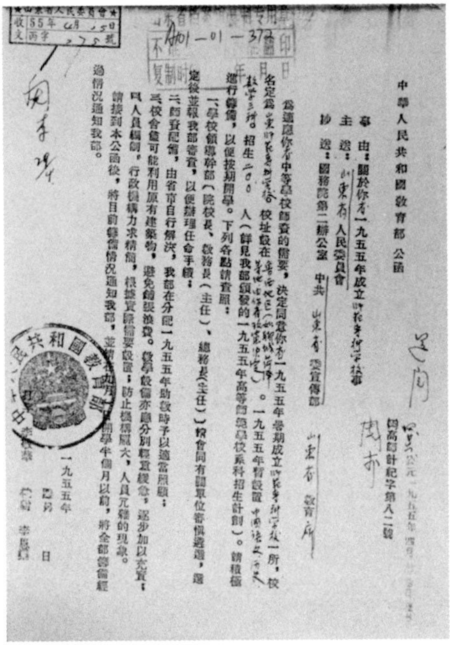

中華人民共和國教育部 公函

事由：關於你省一九五五年成立師範專科學校事

主送：山東省人民委員會

抄送：國務院第二辦公室 中共山東省委宣傳部

為適應你省中等學校師資的需要，決定同意你省一九五五年暑期成立師範專科學校一所，校名定為山東師範專科學校，校址設在魯西地區，一九五五年暫設置中國語文、歷史、數學三科，招生二〇〇人（詳見我部頒發的一九五五年高等師範學校系科招生計劃）。請積極進行籌備，以便按期開學。下列各點請查照：

一、學校領導幹部（院校長、教務長（主任）、總務長（主任））……選定後並報我部審查，以便辦理任命手續。

二、師資配備，由省市自行解決，我部在分配一九五五年助教時予以適當照顧。

三、校舍儘可能利用原有建築物，避免鋪張浪費。教學設備亦應分別輕重緩急，逐步加以充實；以人員編制，行政機構力求精簡，根據實際需要設置；防止機構龐大，人員冗雜的現象。

請接到本公函後，將目前籌備情況通知我部，並請於開學半個月以前，將全部籌備經過情況通知我部。

一九五五年 月 日

图 3-1 教育部关于成立山东师范专科学校的批文(1955 年)

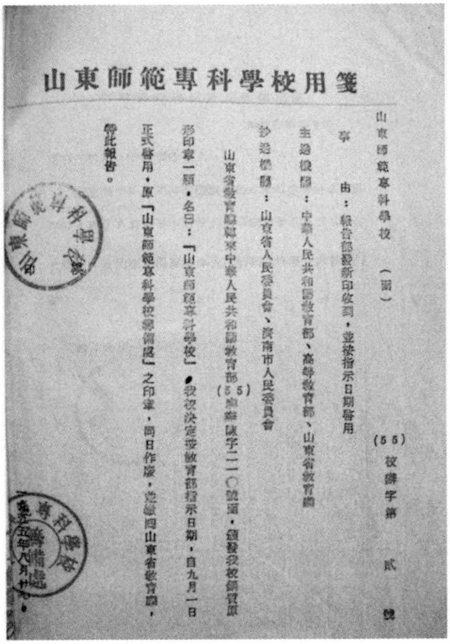

山東師範專科學校用箋

山東師範專科學校（函） (55)校辦字第 貳 號

事由：報告部發新印收到，並按指示日期啟用

主送機關：中華人民共和國教育部、高等教育部、山東省教育廳

抄送機關：山東省人民委員會、濟南市人民委員會

山東省教育廳轉來中華人民共和國教育部(55)……字二一〇號函，頒發我校銅質圓形印章一顆，名曰：「山東師範專科學校」。我校決定按教育部指示日期，自九月一日正式啟用，原「山東師範專科學校籌備處」之印章，同日作廢，並繳回山東省教育廳。

特此報告。

图 3-2 山东师范专科学校标志与印章(1955 年)

曲阜师范学院最初由山东师范专科学校而来。1954 年初，山东省教育厅根据山东中等教育发展的需要，拟于当年新建一所高等师范学校，并于 1 月 16 日向华东行政委员会教育局提出报告，华东教育局同意于 1955 年建校。1954 年 8 月 12 日，山东省教育厅以〔1954〕教高字第四号函正式向中华人民共和国教育部提出申请。9 月 4 日，教育部答复同意于 1955 年新建师专，但鉴于济南已有山东师范学院，建议校址改在青岛。其后，山东省教育厅提出在青岛新建困难较多，仍要求在济南建立。教育部于 1955 年 4 月致函山东省人民委员会正式批复："为适应你省中等学校师资的需要，决定同意你省 1955 年暑期成立师范专科学校一所，校名定为山东师范专科学校，校址设在鲁西地区（如聊城、菏泽等地，由你省致电决定），1955 年暂设置中国语文、历史、数学三科。招生 200 人。请积极进行筹备，以便按期开学。"遵照教育部批示，经省教育厅进一步研究并重报教育部批准，最后确定把学校建在孔子的故乡——曲阜。同时，决定在曲阜新校舍未建好前，暂借山东师范学院在济南经五路纬七路的原生物系校舍开学上课，1956 年暑假迁往曲阜。教育部批复之后，省教育厅调配了部分干部和教师，于 1955 年 6 月 22 日成立了由高赞非为主任，张达干、于介基、吴幸之、李果平、赵紫生、王天翼、王同为委员的山东师范专科学校筹备委员会。[①] 9 月 16 日，中共山东省委组织部正式下文公布："经中央政治局会议批准，高赞非任山东师范专科学校校长。"同时，经省教育厅批准，赵紫生任教务主任，王天翼任总务主任，王英斋任人事科长。[②]

自 1955 年 7 月 15 日经教育部批准设学曲阜之后，筹备委员会前后三次在曲阜勘察校址。1956 年 3 月第三次勘察后，经山东省人民委员会批准，确定将曲阜县城西关外、大庄村西南的一片农田作为校址。至 1956 年 8 月上旬，经过 5 个月紧张施工，淄博建筑工程公司保质保量地完成了两幢教学楼、两幢学生宿舍楼、一个学生大餐厅、一个教工小餐厅及部分教工宿舍等共 21069 平方米的校舍建设任务，为迁校曲阜奠定了基础。

1955 年 12 月 23 日，高赞非校长赴京参加全国教育计划会议。会上讨论了新形势下高等师范院校的发展问题，并提出了高等师范院校十二年发展规划。在这次会议上，确定学校发展规模为 4000 人。1956 年 1 月 7 日，在学校召开的第五次扩大校务会议上，一致提出将学校改名为曲阜师范学院的要求，并立即得到省教育厅的支持。随后，山东省人民委员会即以〔1956〕鲁教丁字第 1356 号函呈请教育部。1956 年 5 月 8 日，教育部下达〔1956〕高师计卯字第 51 号函作了批复，函称："鉴于山东师范专科学校今年改成师范学院，根据你省今后中等学校发展情况既属必要，而该校又在干部、师资方面具备了改院条件，因此，我部同意你省意见。请积极进行筹备，以便在新学年开学前完成改建工作。"1956 年 5 月 14 日，国务院任命高赞非为曲阜师范学院院长。6 月 1 日，山东师范专科学校正式更名为曲阜师范学院。9 月，学校师生先后到达曲阜新建校区。10 月 20 日，学校

---

① 参见《曲阜师范大学史》编写组编：《曲阜师范大学史（1955～2005）》，山东教育出版社 2005 年版，第 1～2 页。

② 参见《曲阜师范大学史》编写组编：《曲阜师范大学史（1955～2005）》，山东教育出版社 2005 年版，第 3 页。

举行“1956～1957学年度开学典礼”，高赞非院长致开幕词，其间他慷慨陈词：“我们是第一所走向农村的高等学府，对启迪民智、改造农村有着发端的意义；我们也是山东第一所靠我们党自己的力量办起的高校，我们要发扬革命传统，走自己的路，办出自己的特色来！”[①]至此，迁校任务胜利完成。

二、教、科、产三结合，教学育人有特色

学校建校一年来，由师专到师院，由济南到曲阜，各方面都发生了显著的变化。在专业设置方面，原来的数学科改建为数学系，增设了物理科，学校由三科发展成一系三科。在学校规模方面，在校生由201人发展到984人；教师队伍由31人增加到116人，其中教授1人、副教授2人、讲师44人、助教69人。全校教职工总人数由77人发展到285人，机构设置也相应地有所增加，学校中的工会和学生会组织，也都通过召开职工会和学代会相继建立。[②]

图3-3　曲阜师范学院校门（20世纪60年代）

① 安家正：《怀念最初的岁月》，张顺清主编：《曲园往事》，金城出版社2020年版，第390页。

② 参见《曲阜师范大学史》编写组编：《曲阜师范大学史（1955～2005）》，山东教育出版社2005年版，第5页。

建校曲阜后，学校较好地贯彻了全面发展的教育方针和以教学为中心的思想，在办学方面始终坚持以教学为主，狠抓教学质量的同时，注重结合自身特点，实现教学、科研、生产劳动三结合，同时着力加强学生"三个基本"即基本理论、基本知识和基本技能的培养。为此，学校在以"教学为主"的办学指导方针下，达成了三点共识："①必须有稳定的教学秩序；②必须有足够的并固定下来的教学周数、周学时数和上课与自习的比数；③在教学上要有明确的目的要求、各种教学形式（如课堂讲授、实验、实习、实习作业、自学辅导、课堂讨论、考试考查）的运用与配合、各种教学设备的供应和各项纪律制度的保证等。"[①]只有如此，才能突出教学工作，真正体现以教学为主，也才能真正加强"三个基本"，提高教学质量。

坚持以教学为主，课堂为首重。学校对课堂教学非常重视，坚持老教师上教学第一线，年轻教师不认真备课不能上讲台。范海风老师在1961年由山东师范学院毕业后分配至曲阜师范学院，但他真正走上讲台则是在1964年。他说："学校对教师上岗把握很严格，每一个年轻教师都由一个有教学经验的老教师进行指导，即使过了指导教师这一关，还必须通过教研室主任的考核。"当时学校领导也深入教学一线，高赞非、赵紫生等校领导经常到课堂听课，并做详细的听课笔记，有时还到教研室同老师们一起探讨教学，指导教师改进教学。据王怀让老师回忆，当时高赞非院长的日记中有如此记录："去兖州送走客人，回来听课两节。"[②]由此可见一斑。另外，学校还采取了一系列加强教学的措施，如"教务处把检查各科教学作为中心任务，定期向学校领导及各科教师通报检查情况，介绍成功经验，提出应注意的问题；各科主任也都按照学校的统一要求，选定一门主要课程，从研究分析教材到编写讲稿，从课堂讲授到课后辅导等各个教学环节，亲自参与，具体指导，取得经验后推动全科的教学；各教研室强调集体备课，加强集体研究，取长补短，集思广益；各任课教师经常召开学生座谈会，虚心

---

① 《曲阜师范大学史》编写组编：《曲阜师范大学史（1955～2005）》，山东教育出版社2005年版，第20页。

② 张建春、江秀芳：《昔我往矣　今我来思　当你走进西联》，张顺清主编：《曲园往事》，金城出版社2020年版，第324页。

听取他们对教学的意见，并指导学生如何搞好学习，师生互助，教学相长”[①]。全校上下对教学工作的重视，使教学质量逐步提高，一方面夯实了学生学习的知识基础，另一方面逐步形成教师认真教、学生勤奋学的良好学风。王长钰就是在这样严格的课堂教学下，用功学习，掌握知识，为以后的学术发展打下了坚实的基础。

图 3-4　建校初期师生一起学习讨论

学校重教学，学生重学习。学校初建时，教学条件有限，课桌严重不足，当时西联教室[②] 180 余人上课，没有课桌，全部用的是扶手椅，就是在每把椅子的右手位置设有一块窄木板，学生们在这个木板上记笔记、写作业。即使如此，每个学生无论寒来暑往都认真学习。学校的考风考纪很正，学生都以考试作弊为耻，考试时，有的老师将试卷发给学生后就离开教

① 《曲阜师范大学史》编写组编：《曲阜师范大学史（1955～2005）》，山东教育出版社 2005 年版，第 6 页。

② 西联教室，建于 1955 年，位于学校西部，为一座二层连体结构建筑，前面是一座二层长方形小楼，后面一字排开五间大平房教室，两排建筑的西侧由一条走廊连接为一体，房屋总体结构呈“工”字形，中间空地上种有两棵法国梧桐，2013 年作为曲阜师范学院旧址被定为山东省文物保护单位。

室，到收卷时再回来，其间学生们埋首做试题，无一人作弊。学校初创时尚未通电，上课用挂于教室中央的汽灯照明，宿舍里则用小煤油灯，就是在这样的艰苦条件下，同学们的学习积极性依然很高，在煤油灯下学习到深夜。学校苦读重学之气蔚然成风，传承至今。君不见西联教室前，萃华园亭下，自习室内外，校园处处有书声。

虽重学风，但学生的课余活动也是丰富多彩的。学校各种球赛成风；“每周末学生都可以看电影，学生会专门派人骑自行车到济宁拿片子”[①]；西联教室前的空地，有时作为会场，有时是“报告厅”、排球场，有时还被搭成演出的舞台；学生还自己举办舞会，组织剧团演出。

1958年初，学校在毛泽东主席“教育必须为无产阶级政治服务，必须同生产劳动相结合”的教育方针指引下，结合自身特点，对如何将教育、科研与生产劳动相结合进行了多种形式的探索。学校先后组织在校师生到曲阜、济宁、滋阳（兖州）、泗水、滕县、邹县、峄县、金乡、嘉祥、汶上等10个县市农村创办业余中学、农业中学，以早班、晚班、半日班以及少数整日班的形式，开设语文、算术、政治、农业常识、音乐、体育、卫生常识、农村应用文、珠算等课程，帮助农民学文化、学技术，受到农民的热情欢迎。在组织师生下乡创办农业中学的同时，校内师生还利用课余时间大力开展各种形式的勤工俭学活动，如在校内空隙地种植玉米、水稻、南瓜等粮食和蔬菜作物，与附近农业合作社建立参加生产劳动的稳定关系，“按农时需要帮助他们翻地、整地、抗旱、防涝、抢收、抢种等”[②]。此外，还开展了如整理图书、修路、植树、清理建筑垃圾，制作黑板擦、蝇拍、鸡毛掸子，参与理发、钉鞋、装订等各种公益劳动、建校劳动和自我服务性活动。上述活动改变了教育与生产劳动相脱离的局面，培养了学生的劳动习惯和艰苦朴素的思想作风，增强了学生体质，改善了学校办学条件，得到社会上的一致好评。新入学的王长钰也积极参与了这些活动，锻炼了自己。

---

① 张建春、江秀芳：《昔我往矣　今我来思　当你走进西联》，张顺清主编：《曲园往事》，金城出版社2020年版，第325页。

② 《曲阜师范大学史》编写组编：《曲阜师范大学史（1955～2005）》，山东教育出版社2005年版，第10页。

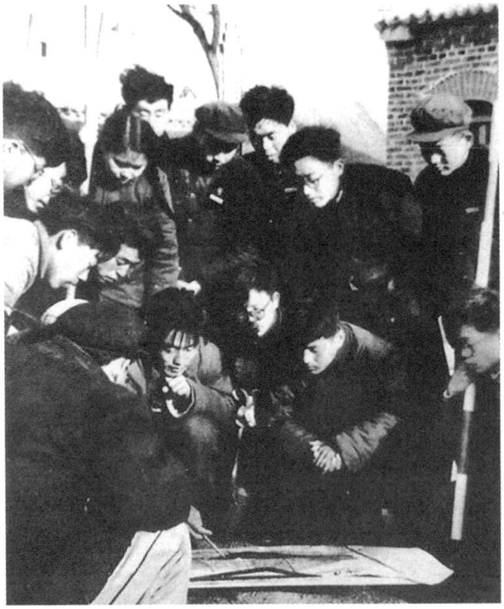

图 3-5 “公社数学”小组教师在曲阜陈庄公社现场教学(1960 年)

从 1959 年春天开始,学校在党中央和中共山东省委关于大搞技术革新和各行各业大力支援农业的号召以及总结办学经验的基础上,把教学、科研、生产劳动三结合作为学校的一项教育方针并进行了认真探索。1959 年下半年到 1960 年上半年,学校组织文、理科师生带着一定的教学科研任务下厂下乡,将教学任务与生产和科研课题紧密结合,合理安排,一面参加生产劳动,一面组织现场教学,同时大力开展科研和社会调查活动,获得了较好的效果。例如,1960 年春天,化学科带着有机化学“煤的综合利用”这一教学任务,下放到兖州焦化厂,研究出土蒸馏釜;数学系师生带着“运筹学的推广与应用”这一课题,下放到曲阜陈庄公社、吴村公社和国营广北农场,总结写成《公社数学》一书。这两项成果在 1960 年 5 月山东省首届科技展览会上得到毛主席的批阅和赞赏。数学系下放到济宁交通局、汽车队和汽车修配厂的师生,“运用线性规划中的‘图上作业法’和‘表上作业法’解决了空车对流、等装待卸、迂回运输等 30 多个运输中的问题,大幅度提高了运输车辆的里程利用率，节约了资金，增加了效益”[①]。在这一实践活动中，王长钰完成了自己的第一篇论文《一类极大、极小的问题》，并在1960年7月全国第一次运筹学现场交流会上宣读，引起广泛重视。“与此同时，物理系下放到济宁动力机械厂的师生，运用所学理论帮助该厂提高了铸工车间的自动化程度；下放到济宁农具厂的师生，研制成功了马拉收割机自动放铺器，获得省科委和厂职工的好评。文科各系师生在下乡实践过程中，编写了《新梁山英雄谱》《陈庄公社史》《吴村公社颂》《鲁西南人民革命斗争史》等十余种传记、史书，还采写了大量诗歌、散文、论文等。”[②]

在不断实践探索与总结经验的基础上，曲阜师范学院逐渐形成了教学、科研、生产劳动三结合的教学育人特色，并成为学校的办学指导方针之一，这一方针得到了一以贯之的执行。从王长钰以后的学术成长过程看，这一方针对他的学术发展影响颇大，20世纪80～90年代，王长钰开创“长清模式”，将运筹学应用于工农业生产，无不受这一思想的影响。

三、校训思想影响一生

曲阜师范大学校训为“学而不厌、诲人不倦”，取自《论语·述而》，意为学习而不觉满足，教诲别人而不知疲倦。这一求知育人思想深刻影响了王长钰的一生，从其后来的学术成长过程看，王长钰一直坚持科研不辍，桃李遍天下，都是对校训思想的践行。

“学而不厌、诲人不倦”的校训思想的形成离不开曲阜师范学院首任校长高赞非的努力。高赞非（1906～1969），原名佩纶，山东省郯城县马头镇人，当代教育家、著名儒家学者。高赞非出身书香门第，自幼广泛涉猎

① 《曲阜师范大学史》编写组编：《曲阜师范大学史（1955～2005）》，山东教育出版社2005年版，第14页。

② 《曲阜师范大学史》编写组编：《曲阜师范大学史（1955～2005）》，山东教育出版社2005年版，第14页。

经史子集，青年时立志儒门，曾先后师从熊十力①、梁漱溟②等大师，其一生热衷、投身于教育事业，1931 年至 1937 年，曾追随梁漱溟先生从事“乡村建设运动”③，从而积累了丰富的教育经验。1955 年，受山东省人民政府委托创办山东师范专科学校，并担任首任校长。1956 年山东师专改为曲阜师范学院，迁址曲阜，高赞非率领师生前往“东方圣城”，筚路蓝缕。担任曲阜师院校长期间，高赞非工作兢兢业业，做事身体力行，为缓解学校宿舍不足的困难，与其家属带头住在办公室，把宿舍让给有需要的教师。曲园创建伊始，困难重重，学校在高赞非的领导下，克服重重困难，采取非常措施，兴办各种事业，诸如科室合署办公、为学生腾作自习室，派专人四处采购图书资料，自建发电室、幼儿园、澡堂和医务室等改善师生物质文化生活条件，与驻军及地方医院建立医疗关系，主动联系兖州、济宁等县市中学建立实习基地，主持、参与制定学校一系列行之有效的规章制度和措施，等等。对于这种艰苦创业的精神，1957 年全国学联主席胡启立、山东省委第一书记舒同先后来学校视察时，都曾给予了充分肯定与鼓励。

---

① 熊十力(1885～1968)，原名继智、升恒、定中，号子真、逸翁，中国著名哲学家、思想家，新儒家研究开创者，国学大师，曾受邀参加首届全国政治协商会议，后被选为全国政协第二、三、四届委员。著有《新唯识论》《原儒》《体用论》《明心篇》等书。其哲学观点以佛教唯识学重建儒家形而上道德本体，学说影响深远，在哲学界自成一体。

② 梁漱溟(1893～1988)，原名焕鼎，字寿铭，中国著名思想家、哲学家、教育家、社会活动家、爱国人士，现代新儒家研究的早期代表人物之一。梁漱溟受泰州学派的影响，曾发起过乡村建设运动，其一生著述颇丰，著有《中国文化要义》《东西文化及其哲学》《唯识述义》《中国人》《梁漱溟读书与做人》《人心与人生》等。

③ “乡村建设运动”是 20 世纪 20～40 年代以梁漱溟、晏阳初等为代表的知识分子在民国政府的支持下，深入农村，面对社会底层的广大农民，以启迪民智、培植国本、振兴民族为主要任务，兴办试点建设，其理论基础既有传统的“民本思想”，也有外国的乡村运动。运动采用非激进的和平手段，属于社会改良运动，对农村建设作出了非常有益的探索，被认为是“中国农村社会发展史上一次十分重要的社会活动”。

图 3-6　高赞非(1906～1969)

就任曲阜师院创建校长时,高赞非已是一位通晓文史哲、孔子研究造诣很高、学养深厚的学者,其于 1962 年发表的论文《孔子思想的核心——仁》更是在当时的学术界引起很大的轰动。在曲阜师院建设过程中,高赞非将“学而不厌、诲人不倦”的儒家思想以及“勤奋、朴实、团结、进取”的精神融入办学之中,确立了学校的发展方向。教学方面,高赞非甫一就任,就明确提出“高等师范学院要面向中学,学校工作要以教学为中心”的思想,之后又在教学工作中狠抓基本理论、基本知识、基本技能,落实抓好学生基本功的培养。办学过程中,高赞非事必躬亲、真抓实干,深入教学第一线,给学生讲授哲学和政治经济学课,经常走进课堂对师生进行指导,深受师生的欢迎。在办学实践过程中,他为进一步指导大学生读书学习,又根据自己丰富的教育知识、理论修养和长期的实践经验,创作出版了教育专著《大学生的学习方法》(中国青年出版社 1957 年出版),帮助了几代学子成长成才。高赞非校长在学校的创建、发展和人才培养方面都作出了巨大的贡献。

高赞非校长执校时间虽然不长,但“学而不厌、诲人不倦”的思想始终贯穿其中,这一思想得到曲园人的普遍认同和一以贯之的坚持,对学校以后的发展及曲师学子产生了深刻影响,许多曲师学子秉承这一思想,认真读书,刻苦钻研,孜孜育人,由此曲阜师范大学培养出一批批深受中学欢迎和社会好评的毕业生。受高赞非思想的影响,“学而不厌、诲人不倦”的思想也深深植入了王长钰的心间。

四、艰苦岁月的师院生活

曲阜虽然是孔子的故乡，儒家文化的发源地，但在20世纪50年代，这里却依然是典型的农业县，没有任何现代化设施，城内市民不足万人，绝大多数居民以农耕为生计，全县没有电力供应，没有自来水，没有工业项目。在文化教育方面，只有一所中等师范学校、一所中学和一间简陋的新华书店，连个图书馆也没有。在交通方面，虽有津浦铁路过境，但学校距最近的兖州火车站有15公里，中间只通有一条泥土公路，主要交通工具是人力三轮车，汽车很少，每逢雨雪天气，道路泥泞难以通行。各种报刊、邮件总是迟到很多天才能收到，信息相对闭塞。在这样一个几乎没有现代化城市所必须具备的基础设施，且经济非常落后的小县城建设一所大学，虽是国人多年来的夙愿，但1957年王长钰考入曲阜师院之时正值学校创建初期，其艰难困苦可想而知。当时的学校设施，除几座楼房外，其他均与农村毫无二致，生活条件非常艰苦。

教职工宿舍东1～4排

1956年建造的文科楼

1956年建造的学生宿舍楼

1958年建造的图书馆楼

图3-7　建校初期的校舍

20世纪50年代，曲阜的电力工业还未起步，学校里未能通电，晚间照明只能用煤油灯。为照顾教师备课，每人每晚也只发二两煤油（行政人员不发），教室用的则是另外一种煤油灯。“这种小油灯做得很漂亮，由上、中、下三部分组成，底部是灯座，中部是储油罐，上部是灯头，灯头的中间是灯芯，用火柴点着就能照明。在灯头部分有一个玻璃罩把灯头罩起来，既防风吹又促进空气流通，使灯芯燃烧得更充分，从而提高亮度。学生教室则是另一种油灯，结构同小油灯差不多，但个头比较大，灯头部分又在顶部加了一个大罩子，能起到聚光的作用，增加亮度。还有一种灯叫气灯，结构与小油灯不同，它需要打气，把气打足之后，点燃起来亮度也大，一般在大教室（容纳100多人）和礼堂才用。这几种灯都是以煤油为燃料，亮度很低，而且对空气污染很严重，老师们备课一晚上，第二天鼻孔全是黑的。再者，用起来也很麻烦，各家各户每天晚上用火柴点灯，点灯之前需要先把熏黑的灯罩擦亮，而这种玻璃罩很难擦，常常让人头痛不已。学生教室的灯就更麻烦了。学校雇用几位工人专管灯具。白天把灯收拾好，包括给每个灯加油、擦灯罩，天黑后便用一根长长的棍子挑上一串油灯送到每个教室，挂上灯并点燃，最后调整好亮度。晚上10点学生下晚自习后，工人再到各个教室把油灯收起来。如此操作，日复一日，年复一年。”①

煤油灯的使用不仅影响了教学环境和教学质量，而且影响了师生的健康。为解决无电的问题，时任校长高赞非决定购买发电机，建立自己的发电系统。但受当时制造技术的限制，所购进的小型发电机电压并不稳定，电灯时亮时暗，且因为工人师傅要休息，晚上10点后发电机就关机了，老师们夜间看书备课又不得不点起小油灯。1958年曲阜修建发电厂，架设高压线路，电力工业开始起步，但供电并不可靠，时有故障发生，停电也就成了家常便饭。直到1978年，兖州小马青变电站至曲阜110千伏输电线路建成，用电才真正有了保障，学校用电的问题得到彻底解决。

学校的居住区是两个平房群，即东六排与西六排，每个平房群建有六

① 徐宝庆：《奋进的曲园人》，张顺清主编：《曲园往事》，金城出版社2020年版，第16页。

排平房，东、西两区之间是一片树林，相隔大约 60 米。平房群每户房间面积不等，最大的三间房约 12 平方米，中等的约 10 平方米，最小的一间约 6 平方米。各位老师住多大面积的房子，基本上按职务高低和人口数量分配，单身青年教师一般是两个人共住一间。1961 年王长钰留校任教时，就住在这样一间 6 平方米大小且背阴的小屋内。当时居住区没有自来水，学校便通过挖土井的方法解决生活用水问题。所挖土井深约3 米，井口上安装一个手摇的小水车，用水时便用水桶提水，由于井深只有 3 米，取出来的都是地表水，水质较差。曲园建校时征用的土地有一片坟场，由于建设时未对坟坑进行特殊处理，只在房间的地面铺上了一层青砖，所以每到阴雨天地下水位升高，下面有坟坑的房间里就会从地下往上冒水，青草也会从砖缝中长出来。坟坑鼠多，学校宿舍院内老鼠成灾，老鼠经常在房间内出没，有些大老鼠晚上亮了灯也不怕人，直看到有人起身拿棍子要打时才从桌上跳下，钻进洞中。

学校地处曲阜农村，对外交通极不便利。建校初期，对外联络的主要通道是兖州火车站，学校到兖州火车站之间“是一条 15 公里的泥土公路，这是与外界联系的最主要途径。当时这条公路上没有公共汽车，学生和老师到兖州火车站大部分靠步行。一到放假，家远的学生们便背着行李，三五成群地步行到火车站，然后搭火车回家”①。从学校到火车站必须要经过一条泗水河，“当时泗水河上没有大桥，只有一个很矮的小石桥，上游一下大雨便会发大水，小石桥就被淹没，交通也就被迫中断”②。

“当时曲阜医院的条件很差，全县没有一辆救护车，打急救电话更是不可能的事。师生生病了，只能步行去县医院。经济条件好一点的就去 15 公里外的兖州解放军 91 医院，这家医院在鲁南地区属于条件较好的。但从曲园到 15 公里外的医院，并非易事。要先从学校步行半个多小时到汽车站，往往等车就要一两个小时，到兖州后还要步行近 1 个小时才能到

---

① 张晔、陈科、李东方：《寻“根”曲园——一座城市和一所高校的神话》，张顺清主编：《曲园往事》，金城出版社 2020 年版，第 398 页。

② 徐宝庆：《奋进的曲园人》，张顺清主编：《曲园往事》，金城出版社 2020 年版，第 3 页。

医院。看一次病往返要一天，使人筋疲力尽，苦不堪言。如遇泗水河涨水，汽车停运，就更是难上加难了。"[①]

学校初建时，与农田为邻，后来学校在四周打上木桩，拉上铁丝网算作围墙。校门非常简陋，中间两扇大铁门，两边用石头砌成，上面刻着时任山东省委第一书记舒同题写的校名，直到1996年才拆除，换成了今天的新校门。学校建成后，校内没有沥青路，都是黄土路，"遇有大风天气满园尘土飞扬，师生们抱头掩鼻而行，遇到雨雪天，出门必定一脚泥，路滑摔跤很常见，特别是冬季大雪化冻之后，土路湿滑泥泞，行路更加艰难"[②]。直到1975年，校内才建成第一条柏油路。校内师生的伙食，"既无城市那样的副食供应，也无专门的蔬菜生产基地，一切全靠到乡间集市零星购买"[③]。

艰苦环境的锻炼，没有让王长钰知难而退，反而磨炼了他的意志，儒家思想的浸润，培养了他勤奋朴实的作风，此后的几十年里，王长钰在曲园学习、工作、生活，心无旁骛地潜心数学教学与研究，把自己的一生奉献给了这所学校。

五、运筹学研究领路人

王长钰之所以走上运筹学研究的道路，郑又樵和龚为邦二位老师功不可没，起到了重要的引领指导作用。

---

① 徐宝庆：《奋进的曲园人》，张顺清主编：《曲园往事》，金城出版社2020年版，第22页。

② 徐宝庆：《奋进的曲园人》，张顺清主编：《曲园往事》，金城出版社2020年版，第18页。

③ 《曲阜师范大学史》编写组编：《曲阜师范大学史（1955～2005）》，山东教育出版社2005年版，第8页。

图 3-8　郑又樵(1916～1999)

1956 年 6 月,山东师范专科学校正式更名为“曲阜师范学院”,原来的数学专修科因为师资力量较为雄厚而改建为数学系,成为曲阜师范学院成立后所设四个专业中第一个由科转系的专业。数学系初建时,教师主要是从中学调入,他们虽然具有丰富的中学教学经验,但不太胜任高校的教学工作。1958 年 3 月,济宁一中校长郑又樵调任曲阜师范学院数学系任系副主任并主持工作。为进一步扩充数学系师资力量,郑又樵与当时的教务长赵紫生积极利用自己在革命时期老战友、老首长的关系,多次到北京中国科学院数学研究所找到所长华罗庚、越民义、孙克定[①]、吴文俊[②]等专家,以“中国第一所农村大学急需求助”的名义,争取他们的支持帮助,同时奔走于北京大学、复旦大学、华东师范大学等名校之间,网罗人才,寻求支持。在郑又樵等人的积极协调下,1958 年初,先后从北京大学调来龚为邦、刘一鸣、赵嗣元,从山东大学调来王玲瑛、倪祖均、任治平,从华东师范大学调

---

① 孙克定(1909～2007),老红军,时任中国科学院数学研究所运筹学研究室主任。

② 吴文俊(1919～2017),著名数学家,中国科学院院士,中国科学院数学与系统科学研究院研究员,系统科学研究所名誉所长,获 2000 年度国家最高科学技术奖,2019 年被授予“人民科学家”国家荣誉称号。

来李国良、朱锦芳;20 世纪 60 年代初,又从北京大学、南京大学调来邵品琮、康连城等 4 人,并从武汉大学、中山大学等高校接纳毕业生多人。这些优秀人才的加入,极大地壮大了曲阜师范学院数学系的师资力量。为进一步提升教师水平,郑又樵还大量派出在职教师脱产进修,“仅在 1958 年就派出方逸仙、方朝臣、章志敏去中科院数学研究所学习运筹学、数理逻辑和概率统计,派赵素霞去山东大学学习微分方程,派高兰长去吉林大学进修计算方法,派张养民去东北师大学习计算机基础,派仵永先去华东师大学习偏微分方程。年过半百、满头银丝的老主任巩宪文 1963 年还脱产半年去中国科技大学进修”[①]。此外,郑又樵还举办了以龚为邦、朱锦芳为主讲老师的两个教师进修班,组织在职教师进修,系统学习积分论、实变函数论等。在郑又樵的一系列果断举措下,数学系的教师队伍状况得到了很大改善。

同时,出于数学系进一步发展的考虑,郑又樵还将一部分数学系培养的优秀学子留校任教,王长钰即为其中之一。1961 年 8 月,王长钰以优异的成绩完成学业,他在 1958 年至 1960 年被下放济宁交通局推广线性规划的活动中表现出色,总结出的论文《一类极大、极小的问题》也在当时的运筹学界产生了广泛影响,王长钰展现出的在运筹学研究方面的巨大潜力,引起了郑又樵的重视。郑又樵想将王长钰留校任教,进一步增强数学系师资力量,但遭到了学校和部分教师的反对。郑又樵顶着巨大的压力,最终克服困难,将王长钰留任。所以,郑又樵可谓是王长钰走上运筹学研究道路的“伯乐”,正是由于他慧眼识人,力排众议,留下了王长钰,才成就了日后的运筹学家。多年后,王长钰曾这样谈论郑又樵:“他给我的第一印象就是中山装加圆口黑布鞋,他给我的最深印象就是尊重人才,尊重知识。1960 年国家困难时期,数学系底子薄,他非常重视打基础,让龚为邦、刘一鸣老师给青年教师上课,朱锦芳、于英川都拼命地打基础。”

1958 年下半年《光明日报》刊登文章,首次介绍运筹学、线性规划,引起郑又樵的高度重视,“他立即向从北大请来的龚为邦老师请教‘什么是运

---

① 章志敏:《无法忘却的回忆》,张顺清主编:《曲园往事》,金城出版社 2020 年版,第 222～223 页。

筹学?'并邀他晚上到办公室谈北京的情况,从北大的人与教学,谈到中科院的人与教学,一连谈了好几个晚上,还请龚老师去北京时多买点这方面的书”。之后不久,郑又樵就联系中国科学院数学研究所,派遣方逸仙、方朝臣、章志敏前去学习运筹学、数理逻辑和概率统计。后来龚为邦从中国科学院数学研究所找到一本运筹学讲义,就这样,在郑又樵的支持下,仅靠着一本讲义,在1958年冬,由龚为邦首次在数学系1957级开设了“线性规划”课,这是最早在中国的大学里开设的运筹学专业课程之一,即使放眼全球,在当时也是属于较早开设的运筹学课程。

运筹学因其广泛的应用性,在我国一经引入,便受到极大的重视。1958年全国范围内掀起“大跃进”运动,在数学领域要求“理论联系实际”“数学直接为国民经济服务”,运筹学开始在交通运输、工业、农业、水利建设、邮电等方面发挥重要作用。时任曲阜师范学院数学系主任的郑又樵敏锐地觉察到这一点,积极将运筹学引入曲师数学系。可以说,他是曲师数学系运筹学发展的开创者,还培养出如王长钰、初学导等一批运筹学人才,为以后曲师运筹学研究的长期发展打下了坚实的基础。

图3-9　龚为邦(1933～2018)

如果说郑又樵是曲阜师范大学运筹学开创者的话，那么龚为邦[①]就是王长钰走上运筹学研究道路的领路人。龚为邦当时在数学系的主讲课程是数学分析。1958 年冬，龚为邦首先为 1957 级和 1958 级学生开设了“线性规划”课程，王长钰甫一接触这门课，便产生了浓厚的兴趣。由于运筹学是新兴学科，龚为邦虽然是老师，但也是首次接触，常常是老师在上课之前先自学，把问题学会弄懂了再到课堂上去讲授，师生对存有疑问的地方一起进行讨论。课堂上讨论的气氛非常热烈，王长钰思维敏捷，想法经常得到龚为邦老师的肯定。在这种浓厚的学习氛围下，王长钰对新开设的“线性规划”课学得是津津有味。龚为邦的这种“讨论班”的上课形式对以后王长钰指导研究生时的上课模式产生了很大影响。1978 年数学系运筹学与控制论专业开始招收硕士研究生，王长钰成为首届硕士研究生导师之一，此后王长钰给研究生上课一般便是采用这种“提出问题—共同讨论—解决问题”的模式，课堂地点有时候在教室，有时候在王长钰的家里。龚为邦老师的课堂内容丰富，常常能从一个问题延伸到许多其他问题，极大地开阔了学生的视野。在推导数学问题时，龚为邦推理清晰、逻辑严密，这对王长钰以后学术成长过程中形成严谨求实的科学态度产生了重要影响。

六、师范学院勤读书

1957 年 9 月，王长钰被曲阜师范学院数学系录取为四年制本科生。当他第一次来到曲阜看到这所学校时，可以说是大失所望：学校与农田为邻，设施简陋，只有几幢刚建起的二层小楼，完全不是自己想象中大学应有的模样。希望与现实的严重落差，一方面让王长钰有所沮丧；另一方面又

---

① 龚为邦（1933～2018），浙江杭州人。1955 年毕业于北京大学并留校任教，1958 年调入曲阜师范学院任教。历任曲阜师范大学数学系主任、名誉主任，教授，兼山东数学会副理事长。龚为邦自 1958 年开始筹建运筹学专业，先后开设线性规划、动态规划、排队论等主要专业课程，20 世纪 80 年代以后转入泛函分析。其科研成果相继发表在《布加勒斯特大学数学年刊》《科学通报》《美国数学会论文集》《美国数学会年刊》等国内外重要刊物上。1990 年被评为全国优秀教师，1992 年起享受国务院政府特殊津贴。

让他认识到只有继续努力求学，才有可能实现人生的转变。

大学期间，王长钰学习一丝不苟，极其用功努力。入学后，王长钰所用的第一本笔记本的扉页上写着“为实现你的理想而奋斗”，笔记本记录的第一项内容就是他完整清晰地写下的大学四年所需要学习的所有课程和每门课程的主要参考书目，以及学习阶段的侧重点。“到了四年级……这时，专门化课程就为主要的内容。除去四年级上学期还有数理方程外，基础、专业课基本在三年级结束……年级越高习题课的时间愈少，这并不意味着要求做习题的时间愈少，而是说，学生到了高年级，独立工作能力有所提高，因之在教师直接指导下做题的时间就可以减少。事实上……一般地，做习题与学习理论的时间应保持 1 对 1 之比。”[①]此后王长钰对所上的每一门课都认真做了笔记或批注，可惜在历次搬家过程中笔记大部分都遗失了。大学期间的学习让王长钰养成了研习数学专著时做批注的习惯，这一习惯伴随了他的一生。“文化大革命”期间，当大部分师生都在喊口号、“闹革命”时，王长钰却坚守本心，在自己的一方小天地里专研数学，专业书籍上密密麻麻地写满了学习的批注。

学校初建，图书资料相对匮乏，王长钰在独立完成课后习题之余，大量阅读所能找到的一切有关数学的图书、期刊。他读书涉猎广泛，既有大量的专业书籍、论文，也有自然辩证法方面的哲学书籍，甚至还有一些俄文书籍。虽未系统学习过俄文，但为了能看懂俄文书，王长钰找来俄文词典，一边对照一边学习，认真摘抄、批注。对于阅读中认为重要的内容，王长钰还进行了大量的摘抄，有些文章如《对于数 π 的瓦理斯公式、莱布尼兹公式和欧拉公式的初等推导》(《数学通报》1955 年第 2 期)、《用比例变形来解分式方程时，引进增根和失去应用根的问题》(《数学教学》1957 年第 7 期)、《数学概观》(《自然辩证法研究通讯》1957 年第 4 期)、《弓形面积近似值公式的初等证明》(《数学通报》1958 年第 1 期)、《连续概念在初等几何中的应用》(《数学教学》1958 年第 1 期)、《几个重要的初等不等式》(《数学教学》1958 年第 2 期)、《物资调运工作中的表上作业法》(《数学通报》1958 年第

① 王长钰学习笔记手稿，1957 年 8 月。资料存于采集工程数据库。

12 期)、《〈数学,它的内容、方法及意义〉一书的简要介绍》(《自然辩证法研究通讯》1957 年第 4 期)等,甚至进行全文摘抄。摘抄也并非单纯盲目地抄写,对其中的一些内容,王长钰还有详细的批注,写下自己的想法,可见王长钰非常善于思考。

这一点还体现在他常常能把自己接触的内容联系到所学的知识上,进行反思回想。有一次,王长钰听数学系主任巩宪文作《关于数学联系实际揭示之要点》的演讲报告,巩宪文在报告中提道:"一章或几章末应该归纳一下,不要只单单抓住某些细节。应该做到不但有全面系统的认识,亦要有细微深入的分析。"[①]王长钰非常认真地将这句话记了下来,并在旁边做了批注,写下了自己的理解:"关于这一点,自己以前做过,但进入高等数学领域之后,受了某种影响,他自己开始放弃了主流,而在某些个别显得特别细小的问题上努力,如单纯强调定理的推论、推广,孤立地研究一些定理,又非常机械地将某些定理强加在一些习题上,并且在一些习题上企图找出什么来。"[②]然后他还进行了举例说明:对"过三角形的一内点与一外点之直线必与三角形之边有一交点"[③],这个问题要比之前所讲的圆与圆的命题复杂些。经过巩主任的提示,他初步认识到这类命题的严密证明为什么必须引进连续概念。将报告内容密切联系所学知识,举一反三,活学活用,一方面说明了王长钰的思考深入透彻,另一方面也可看出他对数学基础知识掌握的熟练程度,及其严密的数学逻辑思维能力和综合运用能力。

读大学时期,王长钰家境困难,他生活十分节俭,节省下来的钱虽然不多,但都被他用来购买专业书籍。书买回后,王长钰如获至宝,认真研读。对大量专业书籍的研读一方面让王长钰积累了丰富的知识、拓展了专业视野,为以后的学术研究奠定了坚实的知识基础;另一方面也锻炼了他的数学逻辑思维能力和分析能力。在学习过程中,龚为邦给予了王长钰大量的指导。王长钰大学期间用功求学换来的是优异的成绩。据《曲阜师范学院

---

① 王长钰学习笔记手稿,1957 年 8 月。资料存于采集工程数据库。

② 王长钰学习笔记手稿,1957 年 8 月。资料存于采集工程数据库。

③ 王长钰学习笔记手稿,1957 年 8 月。资料存于采集工程数据库。

数学系1957年9月至1961年8月本科成绩册(第四学年)》记录,王长钰在大学四年级所学科目中需要考试的有函数分析(实函)、专门化(对策论)、高等代数、数学分析、排队论,考查科目有俄语、计算数学。所有的考试科目中王长钰的成绩都是5分(满分),考查科目都达到了及格。扎实的知识积累和优异的成绩为日后王长钰在运筹学研究方面取得成就奠定了牢固的基础。

七、第一篇科研论文

1958年12月,数学系给1957级和1958级开设"线性规划"课,由龚为邦执教。课程集中讲授一周左右,由龚为邦挑选出成绩好且对线性规划感兴趣的学生成立了线性规划小组,其中有王长钰、张庆水等。随后,龚为邦带领线性规划小组中的1957级学生去济宁交通局与运输公司推广应用线性规划,这是王长钰第一次响应国家号召,下放到济宁市交通局,将数学专业知识与工农业生产实践相结合。

搞好工农业生产中物资的合理调拨,有效提高运输能力,是一项十分重要的政治任务。当时的济宁地区,运输中的货物对流和车辆空驶现象比较严重,这大大影响了物资的周转。当时,车辆的里程利用率一般只有50%左右,不能发挥车辆运输的最高效率。如何提高车辆运输的里程利用率并使之最大化,成为王长钰所在的线性规划小组下放济宁后所要解决的最主要问题。

第一次下放到济宁交通局运务科后,一接触实际,各种各样的问题都来了。王长钰等人完全不知道从哪里入手,连什么叫"实载率""完好车日""车日行程""吨公里"等这些基本概念都不懂。在这种情况下,线性规划小组中有的组员光看参考书和地图,想要从中寻找门路;有的一味凭空假想,拟造问题;还有的组员认为这样下去还不如参加体力劳动。这时带队的龚为邦老师意识到如果不能真正深入实际进行调查研究,就无法解决问题。于是他召集组员一起讨论如何放下架子,深入车队,与工人、调度员密切结合,针对货场、装卸、路线等关键问题进行调研。经过热烈的讨论,最终决定将线性规划小组分成两队：一队到现场当发货员；另一队随车出行，考察货场、路线等情况。比较而言，第二队无疑是更为辛苦的。王长钰这时认为，要想提高车辆运输的里程利用率，收集第一手的货场路线资料是非常关键的，因此他主动要求分配到更为辛苦的第二队中。

图 3-10　王长钰(右 1)与老师和同学们在济宁运输公司制定地排车调度方案

当时济宁地区运输货物使用的最主要的交通工具是地排车。开始的几天，王长钰跟随工人师傅拉地排车运送货物、熟悉路线，后来就参与拉地排车。地排车装满货时最重可达半吨，王长钰为了能够准确获得第一手数据资料，同工人师傅一样，每天 6 点钟左右先到运输公司拿到地排车，然后拉着空车到货场，装满货物后再将车拉到目的地，以此来考察路线。为了使数据更准确，王长钰反复测量线路，几乎踏遍了整个济宁、菏泽地区。到了晚上，他就把白天拉车的货场情况、路线、里程等数据资料与组员一起进行详细归纳整理，做好笔记，常常要忙到凌晨才能睡觉，第二天一早还要赶到运输公司继续白天的工作，非常辛苦。下放过程中，王长钰话不多，总是闷头干活，但是整理出的数据资料却是最细致全面的。王长钰白天拉车时常常是一边拉货，一边思考如何将收集到的数据转化成数学问题，就这样，他白天拉车送货、跑路线、想问题，晚上统计数据、总结笔记，经过前后二十几个日夜不辞劳苦的工作，王长钰等人逐渐在实践中发现了空车对流、等装待卸、调度不周等30多个运输当中存在的问题。

发现问题不等于解决问题，面对这么烦琐的数据参数和实际问题，如何把它们归结成一个数学模型进行解决，这是在新的情况下遇到的第一个难关。由于问题又多又杂，大家接触线性规划的时间又很短，很多问题都不知道怎么解决。为此，线性规划小组在龚为邦老师的指导下进行了50余次讨论，讨论过程中，王长钰在运筹学方面的天赋逐渐显现出来。据当时同在济宁交通局下放的同学张庆水回忆，整个归纳过程中，起最主要作用的就是王长钰，他的思维非常活跃，再加上大家集思广益，最终利用“图上作业法”，归纳出了一个新型的非线性规划问题，这是当时大家在国内外文献上都没有看到过的。

如何解决这一个数学问题，成为当时遇到的第二个难关。包括龚为邦、王长钰在内的所有线性规划小组的师生开始对仅有的一本线性规划讲义反复地进行钻研，寻求解决方法。经过一系列的分析研究后，王长钰大胆地提出了将这个非线性规划问题化成一组线性规划问题来逐个进行解决，然后从中选出最优解的思路。这个思路一开始遭到部分老师的反对，但是王长钰经过进一步的验证后，最终通过这个思路解决了问题。为了增强说服力，龚为邦让王长钰把解决问题的方法写成书面材料寄到了中国科学院数学研究所去征求意见。研究所的同志经过仔细研究论证后，认为这个问题很有理论价值，这对王长钰和整个线性规划小组来说都是一个莫大的鼓舞。最终，线性规划小组利用“图上作业法”，提出了合理运输方案，减少了货物对流和车辆空驶现象，大大提高了里程利用率。

1959年冬，原线性规划小组在龚为邦老师的带领下，第二次下放到济宁交通局。第一次下放济宁时，虽然线性规划小组给出了较为合理的运输方案，但方案步骤烦琐、计算麻烦，如何简化步骤、精简计算，成为线性规划小组第二次下放济宁的一个重要任务。在第二次下放济宁的20天中，王长钰在白天继续拉车考察路线，进一步完善数据资料，到了晚上，就思考如何简化计算步骤，完善方案。经过刻苦钻研，王长钰最终将原先异常繁复的非线性规划问题转化为一个线性规划问题，从而使问题得到解决。在这次下放过程中，线性规划小组应用“图上作业法”，针对交通运输行业中的问题，最后归纳出了5个定理，依据这些定理提出派车方案，可使运输效率普遍提高到75%，大大减轻了运输压力，对生产建设、物资交流起到巨大的促进作用。

方法的简化更便于其在实际应用中的推广。线性规划小组第二次下放济宁交通局的另一个重要任务就是将应用“图上作业法”提高运输里程利用率进行大力推广。推广在刚开始时遇到了不小的阻力。有一些工人老师傅认为一群小青年只通过二十几天的实习，就能大大提高运输效率是不可能的。为此，线性规划小组成员专门同工人师傅进行了一场比赛。线性规划小组按照“图上作业法”给出的路线运输货物，工人组按照旧有的习惯路线运输货物，一天内，看哪个组运输货物的里程短且运输的货物多。结果，线性规划小组单日运货量比工人组高24%，里程节约10%。比赛的胜利大大提高了“图上作业法”的知名度，为以后的推广工作起到了极大的促进作用。

在推广过程中还发生了一件有趣的事情。有一次，王长钰和几位线性规划小组的同学一起跟随拉地排车的师傅运货，路上就向他们讲解如何利用“图上作业法”找到最佳里程，提高运货效率，工人师傅们听了后非常高兴，他们正因为街道狭窄、行人拥挤，每天难以完成运输定额而苦恼。他们听到线性规划有如此好处后非常高兴，就在地排车前后挂上醒目的牌子，上书“先行（应为‘线性’）规划就是开路先锋”，路人见了不明就里，纷纷让路。这件事被济宁玉堂酱园的经理知道后，就把王长钰等人叫去了酱园的后院，指着一排排的咸菜酱缸说，酱园经常要把不同的酱菜送到不同的门店，能不能运用王长钰等人所说的“先行（线性）规划”给设计一个省时又省力的最佳运送方案。王长钰二话没说，向经理询问了门店、酱菜种类等相关资料后，就利用总结出的定理，很快为玉堂酱园设计出了最佳运货方案。为了表达谢意，经理向王长钰等每人赠送了几罐酱菜。

经过王长钰等线性规划小组成员的大力推广，“图上作业法”逐步在济宁交通系统应用开来，取得了很好的效果。看到线性规划应用取得了实效，济宁交通局开始通过举办培训班、举行现场会等多种形式大力宣传推广应用线性规划。

从济宁交通局回到曲阜后，王长钰感到这次下放实习有很多收获，除了已完成的运输方案，王长钰觉得自己还有一些想法，并第一次萌生了想写点什么的欲望，他把自己的这一想法告诉了龚为邦老师。在龚为邦老师的鼓励与指导下，王长钰依据实习期间获取的数据，以“初生牛犊不怕虎”的精神，一鼓作气地写出了论文《一类极大、极小的问题》。这篇论文主要针对需要派车到不同地点运货，争取在最短时间内运完的实际问题，提出了最大最小的对偶性理论问题，即“多个函数最大最小问题与其算法”，首创性地应用线性规划方法解决非线性规划问题，具有相当的理论价值。论文完成后，先后在中国科学院数学研究所和全国第二届数学代表大会上作了介绍，并在全国第二届数学代表大会上被选为“国内在运筹学理论发展方面有较大成果”的四篇论文之一，论文中的个别内容已被国家用于重大工业项目建设。1960 年 7 月，在济南召开的第一届全国运筹学现场会上，这篇论文也作为优秀论文之一进行了宣读，引起了广泛重视。1960 年 7 月 29 日，《人民日报》第四版刊发的文章《数学研究联系生产实际直接为生产服务　山东广泛应用运筹学挖掘生产潜力》中，专门提道：“曲阜师范学院探索出的‘多个函数的最大最小问题’，创造性地应用线性规划方法解决非线性规划问题，具有相当理论价值。”另外，该论文还曾被美国海军运筹学杂志引用。

1960 年 2 月，曲阜师范学院根据山东省科委、高教局和济宁地委的指示，担负起在济宁地区推广线性规划的任务，王长钰等人在龚为邦老师的带领下第三次下放到济宁交通局和运输公司。在这次下放过程中，王长钰进一步发展了之前的理论。在最大最小对偶的理论问题上，由过去的 5 个定理发展为 10 个定理，形成了比较完整的体系，并逐步与线性规划联系起来。在这一研究基础上，相应地在动态规划方面对“一个多重分配过程方程”有了进一步的推广，如通过产销不平衡的问题发展了“图上作业法”的理论，通过“表上作业法”的运用对“给定初始方案的最小元素法”的理论提出了改进，并从生产中总结出高指标里程利用率的理论。此时，王长钰已不单是从提高车辆的里程利用率着眼，而是能从时间、货源、道路、车辆类型等方面着眼，全面考虑，从中寻求最优方案，增进了选择方案的机动灵活性，进一步发展了“图上作业法”的理论。

经过王长钰等线性规划小组成员的大力推广，“图上作业法”已广泛应用到济宁各个运输部门。“里程利用率已由原来的50%左右，普遍的上升到70%以上，一般的稳定在73%，较高的稳定在75%，个别的达80%以上。这样，全专区有6265辆地排车，每天可多运10763吨，相当于每天增加运力971个人和车辆。利用这种办法，全年可节约运费310万元。具体到工人来说，过去每天完成10.8吨公里，需要跑59公里，现在只跑36公里。同时，工人的收入也增加了，如济宁工人赵来利同志，2月份收入96元，3月份改进运输方案后收入110元，4月份根据前10天的情况估算，全月可收入124元。”①

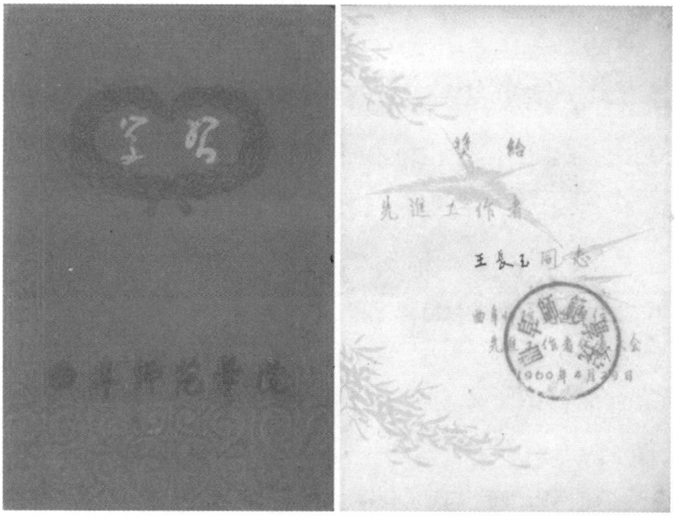

图3-11　王长钰获“先进工作者”奖励的笔记本封面及扉页(1960年)

此外，曲阜师院还派出两个分队到菏泽、临沂等地区，通过在各级各类学校开办训练班培训人员以及召开大型现场会做宣传，大力推广线性规

① 刘健行:《曲阜师范学院数学系运筹学研究室助教刘健行群英会发言稿》,1960年。资料存于曲阜师范大学档案馆。

划。由于王长钰在推广线性规划过程中的优异表现，1960 年 4 月，他被曲阜师范学院党委评为“先进工作者”；同年 11 月，又被曲阜师范学院数学系党总支评为“三结合[①]积极分子”。

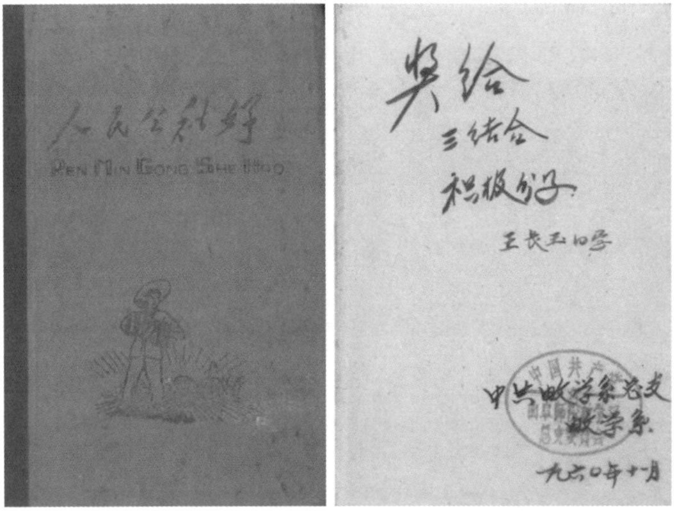

图 3-12　王长钰获“三结合积极分子”奖励的笔记本封面及扉页（1960 年）

八、参加编写《公社数学》

1958 年，全国农村普遍建立起人民公社。在加快社会主义建设大背景下，1959 年 9 月的科技工作会议上，山东省委书记刘季平提出，在山东要大搞线性规划，强调理论应用于实际。曲阜师范学院数学系即根据党的“教育为无产阶级政治服务，教育与生产劳动相结合”的方针，带着“运筹学的推广与应用”这一课题，提出了“公社数学”问题，并作为一个研究项目，在附近公社展开了一般的调查工作。“公社数学”问题主要是通过在公社农业生产过程中应用运筹学原理解决实际问题以提高产量。1960 年 2 月，山东省“三结合”经验交流会和中国科学院全国数学会都对这个问题予以有力肯定。

1960 年，经山东省科委批准，曲阜师范学院数学系在原线性规划小组

① “三结合”，即教学、科研、生产三结合。

的基础上，师生结合，成立了数学系运筹学研究室，龚为邦任研究室主任。

1960 年 3 月 19 日至 4 月 22 日，为响应“以农业为基础，各行各业都来支援农业”的号召，以及曲阜师院党委“数学要为工农业生产服务，大力开展公社数学研究”的指示，数学系再次组织了 1958 级部分师生，有初学导、谭树茂、曲敬久、牛家骥、常持恩、王玉学等共 53 人，在教师周有权、马立森的带领下，分别下放到曲阜县陈庄人民公社、吴村人民公社及国营广北农场，运用已有的线性规划知识开展了较大规模的“公社数学”研究工作。

下放过程中，师生分成了“劳力组合”“作物布局”“物资调运”“水利规划”“园田规划”“计算统计”等几个小组，分头深入到公社的各有关业务部门进行细致认真的调查研究，得到了大量资料。经过整理，从中确定了应该解决的对公社事业发展有重大意义的数学问题，如麦忙时节劳力的调配及与之有关的麦场设置地点选择问题、根据土壤分布情况制定作物合理布局方案的问题、麦收后公余粮的合理调运问题、制作简易计算工具及大面积估产问题等，并提出了 12 个解决方案，分别涉及作物合理布局、作物种植经营、农林牧副渔综合发展、劳力组合、麦场设置、面粉厂设置、粮食调运、公社运输站计划、拖拉机大修阵容、拖拉机修配厂计划、拖拉机调配、水量调配。在此基础上，归纳总结出麦场设置、劳力安排和作物布局三大数学模型。

首先来看麦场设置模型。麦子收获时，集中在麦场，如何用数学方法找到一个麦场的最优位置以节省运力？两堆同样的东西，一堆大、一堆小，要把它们集中起来，显然是把小的一堆搬到大的一堆更省力，进而有了“小往大靠”的口诀。“劳力小组”经过深入探讨，终于在道路不成圈的情况下，总结出“小往大靠，外往里靠，支往干靠”“大半是麦场，小半进一站”的寻找最优麦场位置的口诀。根据口诀，“劳力小组”和社员一起，“评估每块麦子的重量，画出麦田的道路连接图，在陈庄人民公社八个村庄分段、划片，分别找到了麦场的最优位置，从而节省了麦收的运力，缩短了麦收时间”①。曲阜师院总结出的麦场设置口诀很快传到了北京，著名数学家、时任中国科学院数学研究所所长的华罗庚教授对这些具有乡土气息的数学模型很重视，1960 年北京郊区麦收时，他组织中国科学技术大学、北京师范学院等高校师生推广这一方法，并总结出“道路无回环，抓各端，最小进一站”的

---

① 初学导：《毛主席审阅〈公社数学〉》，《曲阜师大报》2015 年 10 月 8 日。

口诀，后来由华罗庚撰写成论文《数学方法在麦收中的应用》，于 1960 年发表在《数学学报》第 1 期上，文中多次引用曲阜师院的成果。

其次来看劳力安排模型。“公社的劳力有男劳力、女劳力、青壮年劳力、弱劳力等，在只有一种重点农活的情况下，不同劳力干不同农活的效率不同。”[①]根据效率的比较，需要总结出效率比定理，提出最佳劳力组合，从而提高劳动力效率。

最后来看作物布局模型。公社的土地归集体所有，大面积耕种，不同的土质种植的同一种农作物的产量不同。能不能根据不同土质，提出农作物耕种的最佳方案，使粮食总产量达到最大？“作物布局”小组根据当地的农作物种植两年一个轮作周期，将一个轮作周期内不同作物每亩的产量加在一起，作为一种“作物”，这样就使得播种面积和土地面积相等，从而应用线性规划的方法得出了农作物的最佳种植方案。[②]

1960 年 4 月 23 日，“公社数学”小组回到学校，在济宁交通局推广线性规划的王长钰等同学也回到了学校。这样，在周有权老师的带领下，“公社小组”的部分同学，以及 1957 级的王长钰、刘庆润同学在东联一教室里，“将麦场设置、劳力安排、作物布局等数学在人民公社生产劳动中的应用问题，整理、提高、油印，汇编成册”[③]，最后由巩宪文定名为《公社数学》。据张庆水后来回忆，因为要参加 5 月 4 日在济南举行的山东省教育革命成果展览会，时间非常紧迫，当时参加汇编《公社数学》的同学，每天都工作到凌晨才回宿舍休息，非常辛苦。

5 月 2～5 日，毛泽东主席来济南视察工作。4 日，在山东省委书记舒同陪同下参观了在济南珍珠泉礼堂举办的山东省教育革命成果展览会，展览会上《公社数学》被摆在展厅的显要位置，毛主席看到后仔细翻阅并赞扬曲阜师院数学系师生编著的《公社数学》是“数学为生产服务的好书”，并指示“要通俗”。曲阜师范学院中文系毕业生安家正，于 2009 年写了《曲阜师大校史上光辉的一页——毛主席翻阅〈公社数学〉》一文，发表在 2009 年 5 月 6 日的《曲阜师大报》上，详细回忆记录了当时的情形：

---

① 初学导：《毛主席审阅〈公社数学〉》，《曲阜师大报》2015 年 10 月 8 日。

② 参见初学导：《毛主席审阅〈公社数学〉》，《曲阜师大报》2015 年 10 月 8 日。

③ 初学导：《毛主席审阅〈公社数学〉》，《曲阜师大报》2015 年 10 月 8 日。

毛主席走到展台前，一下子就被《公社数学》所吸引，停下来观看。当时的工作人员、我院办公室的秘书李传曾同志立即搬过一把椅子。毛主席欣然坐下，聚精会神地一页一页翻阅，并且不断地向李传曾同志问一些具体问题。有些问题李传曾知道，就恭恭敬敬地回答；有些涉及高等数学理论，他就老老实实地说“不知道”，心里却十分后悔，“事前一点没有准备，没能回答好主席的提问”。

《公社数学》的汇编成册以及毛主席翻阅《公社数学》在国内引起了很大反响。1960 年 5 月 15 日《大众日报》第三版刊登专门文章《曲阜师院创建公社数学》，对曲阜师院数学系将线性规划应用于农业生产，提高工作效率和粮食产量进行了宣传报道；同日同版还发表了《线性规划在我省大放光彩》一文，对山东省在工农业生产中广泛应用线性规划提高效率、提高产量，进行了宣传报道。1960 年 7 月 29 日《人民日报》第四版刊发了《数学研究联系生产实际直接为生产服务　山东广泛应用运筹学挖掘生产潜力》《数学的启示》《广阔的路：山东曲阜师范学院对运筹学的实际应用和理论探讨》3 篇文章，对山东省部分高校尤其是曲阜师院将运筹学广泛应用于工农业生产，让数学研究联系生产实际并直接为生产服务进行了宣传报道，特别是《数学的启示》《广阔的路：山东曲阜师范学院对运筹学的实际应用和理论探讨》两篇文章，全文报道了曲阜师院数学系对运筹学的理论探讨和实际应用。另外，美国的数学杂志也曾报道过曲阜师院的《公社数学》。

之后，中国科学院运筹学研究所的科研工作者、国内有关高校的数学教师，纷纷到曲阜师院参观、学习。《公社数学》的研究、推广，毛主席翻阅《公社数学》后的宣传报道，一方面在山东省乃至全国推动掀起了一个应用线性规划的小高潮，另一方面也大大提高了曲阜师范学院数学系乃至曲阜师范学院在全国的知名度。曲阜师范学院数学系被评为山东省和全国社会主义建设先进单位，荣获山东省和国务院授予的锦旗；马立森代表数学系出席了全国社会主义建设积极分子代表大会，受到毛主席的亲切接见。正是由于曲阜师院数学系在线性规划方面取得的成绩，1965 年华罗庚特地从曲阜师院抽调初学导、苏孝业二人进入成昆铁路统筹规划课题组，参加大西南成昆铁路建设工作。

九、参加全国第一届运筹学大会

运筹学是20世纪三四十年代发展起来的一门新兴交叉学科，英文名为Operational Research，又名Operations Research，简称OR，“主要研究人类对各种资源的运用及筹划活动，以期通过了解和发展这种运用及筹划活动的基本规律，发挥有限资源的最大效益，达到总体最优的目标。从问题的形成开始，到构造模型、提出方案、进行检验、建立控制，直至付诸实施为止的所有环节构成了运筹学研究的全过程。运筹学研究对象的客观普遍性，以及强调研究过程完整性的重要特点，决定了运筹学应用的广泛性，它的应用范围遍及工农业生产、经济管理、工程技术、国防安全、自然科学等各个方面和领域”①。

经过多年的发展，运筹学已经形成了相对完善的学科理论体系，如下图所示。

- 运筹学
  - 搜索论
  - 数学规则
    - 线性规划
    - 非线性规划
    - 无约束优化方法
    - 约束优化方法
    - 几何规划
    - 整数规划
    - 多目标规划
    - 不动点算法
    - 组合最优化
    - 投入产出分析
  - 排队论
  - 库存论
  - 决策分析
  - 对策论
  - 计算机模拟
  - 可靠性数学理论
  - 马尔可夫决策过程
  - 军事运筹学
    - 对抗模拟
    - 兰彻斯特理论
    - 火力运用理论
    - 指挥控制模型
  - ……

图3-13　运筹学的学科体系

资料来源：樊飞、刘启华：《运筹学发展的历史回顾》，《南京工业大学学报》(社会科学版)2003年第1期。

① 胡晓东、袁亚湘、章祥荪：《运筹学发展的回顾与展望》，《中国科学院院刊》2012年第2期。

运筹思想古已有之，中国古代运用对策论思想解决问题的典型范例即为大家所熟知的“田忌赛马”。现代运筹学思想萌芽于第一次世界大战，兴起于二战。1938年，在波德塞（Bowdsey），英国为了有效地运用新研制的雷达系统来定位敌方飞机，由罗伊（A. P. Rowe）负责组建了一个研究机构，以进行新战术试验和战术效率研究，该研究机构的建立标志着现代运筹学的开端。20世纪50年代后期，现代运筹学被引入中国。1956年，在钱学森、许国志先生的推动下，中国第一个运筹学小组在中国科学院力学研究所成立。

1959年，山东省开始大力推广应用运筹学，主要是线性规划的工作。当时承担这项工作的主要是三所院校数学系的师生，即山东大学、山东师范学院（今山东师范大学）、曲阜师范学院（今曲阜师范大学），具体分工情况为：山东大学、山东师范学院负责在泰安西北地区推广应用，曲阜师范学院负责在泰安以南及鲁西南地区推广应用。在推广应用线性规划过程中，山东省搞出了几项具有创新性的成果，典型的有山师管梅谷①的“邮路问题”以及曲师数学系总结出的“麦场设置问题”，前者发表在《中国科学》上，被国际运筹学界誉为“中国邮递员问题”（Chinese Postman Problem）；后者针对麦场设置模型给出了通俗易懂的求解最优值的口诀，并受到华罗庚教授的欣赏。到1960年春，中国科学院数学所认为山东是推广应用运筹学效果最好的省份之一，决定于当年7月份在济南召开首届运筹学现场会，会议由中科院数学所主办，山东省政府承办。这次会议是中国最早的一次全国性运筹学应用成果与经验交流会，会址设在山东省政府的珍珠泉招待所。

会议召开前一个月左右成立了会议筹备组，筹备人员主要由山东大学、山东师范学院与曲阜师范学院的师生组成，中科院数学所也派来一些

---

① 管梅谷，1934年出生，上海人，教授。1957年毕业于华东师范大学数学系。曾任山东师范大学校长，中国运筹学会第一、二届常务理事，山东省数学学会第四届副理事长，山东省运筹学会第一届副理事长，山东省世界语协会理事长，第六届全国政协委员。从事运筹学及其应用的研究，对最短投递路线问题的研究取得重要成果，所提模型在国外被称为“中国邮递员问题”，编有《线性规划》一书。

青年人,其中有许多是各地院校在数学所进修的教师。曲阜师院数学系派出3人参加,其中就有王长钰和徐本顺,王长钰也因此结识了同为筹备组成员的、在数学所进修的河南新乡师院青年教师杜子卿。1960年上半年,王长钰正跟随龚为邦老师在济宁交通局和运输公司推广应用线性规划,接到让自己参加全国运筹学会议筹备组的通知,便欣然前往。时隔多年,王长钰每每回忆起在会议筹备组工作的点点滴滴,仍记忆犹新。

王长钰在筹备组的任务主要是在谢力同和管梅谷的领导下,对提交现场会的论文(大都是应用文)进行审查与筛选,这项工作也极大地开阔了他在运筹学研究领域的视野。此次现场会共有来自全国各高校的370多名代表参加,华罗庚亲临会议指导,并在会上报告了他对运筹学的研究心得和成果。会议正式召开的那天,王长钰被派到现场会的展览厅担任讲解员,讲解各省推广应用运筹学取得的成绩,并随与会代表们在餐厅吃饭。时隔多年,王长钰这样回忆当时就餐的情形:"偌大的餐厅里摆满了几十张大圆桌,迎门的两张圆桌的座位都空着,桌上摆着一把很大的锡酒壶,很明显这是为华罗庚及省领导们准备的。"①不久,就见到华罗庚带领一群人走进了会场,许多人都站了起来。对于华罗庚,王长钰久闻其名,并在报刊上多次见过他的照片,但亲睹其容颜,这是第一次。除华罗庚外,其余人王长钰并不认识,幸好所结识的杜子卿因在中科院数学所进修,很多人都认识,就向他一一指点介绍:一位胖胖的与华罗庚一样高的先生是当时国家科委的一位领导,一位是吴文俊先生,还有一位身体敦壮如双杠运动员一样的中年人就是越民义先生了。

这是王长钰第一次见到越民义,当时王长钰还是曲阜师院数学系的一名三年级学生,两人并没有交谈,自然越民义也并不认识王长钰。半个世纪后,2010年7月23日,在曲阜师范大学日照校区庆祝越先生九十大寿时,王长钰与越民义先生谈到这件往事,先生立刻说:"哎呀,只怨我当时有眼不识泰山啊!"引得座中人哈哈大笑。

越民义,数学家,贵州贵阳人,1921年出生,1945年毕业于浙江大学数

① 王长钰:《越民义先生九十大寿祝寿稿》(草稿手稿)。资料存于采集工程数据库。

学系，曾师从陈建功①和苏步青②两位数学大师。新中国成立后，历任中国科学院数学研究所副研究员、研究员，应用数学研究所研究员。我国运筹学研究的先驱之一和学术带头人，主要从事数论、排队论、排序理论、数学规划等方面的研究工作。他在排队论、非线性最优化和组合优化方面取得了多项国际领先水平的重要研究成果；在数论方面，解决了美国数学家格罗斯·沃尔德提出的新问题，对三维除数问题作了较显著的改进。1951年春，越民义来到中国科学院数学研究所，跟随华罗庚从事数论研究，成为华罗庚的主要助手。1956年运筹学引进我国后，越民义以国家建设大局为重，毅然从已深入前沿的数论研究转向新兴学科运筹学，几番拼搏，成为中国运筹学研究的带头人。

图 3-14 越民义(左 1)教授来曲阜师大讲学(1986 年)(右 2 为王长钰)

① 陈建功(1893～1971)，字业成，浙江绍兴人，著名数学家、数学教育家，中国科学院学部委员，中国函数论研究的开拓者之一。曾任浙江大学教授，复旦大学教授，杭州大学教授、副校长。主要从事实变函数论、复变函数论和微分方程等方面的研究工作，在函数论特别是三角级数方面卓有成就，创立了具有特色的函数论学派(陈苏学派)，享有国际声誉，是中国函数论方面的学科带头人和许多分支研究领域的开拓者。

② 苏步青(1902～2003)，浙江温州平阳人，著名数学家、教育家，中国科学院院士，中国微分几何学派创始人。历任复旦大学校长、数学研究所所长，复旦大学名誉校长。苏步青主要从事微分几何学和计算几何学等方面的研究，在仿射微分几何学和射影微分几何学研究方面取得出色成果，在一般空间微分几何学、高维空间共轭理论、几何外形设计、计算机辅助几何设计等方面取得突出成就，发展了“K 展空间”的理论，晚年创建并开拓了计算几何新的研究方向。

在王长钰学术成长过程中，越民义是具有重要影响的人物。直到1974年越民义第二次到访曲阜师院时，二人才再次见面，有了初步的接触了解。在以后几十年的交往过程中，越先生颇为看重、照顾与培养王长钰，待他如自己亲传弟子一般，二人虽无师徒之名，胜似师徒之情。从学术研究指导、论文的修改发表，到曲阜师范学院运筹学研究所的成立、发展，王长钰的个人学术成长与运筹学研究所的发展，无不倾注了越先生的心血与帮助。

在生活方面，越先生对王长钰也非常关心。王长钰喜欢喝酒，但酒量不大，容易过量，他的爱人李遂华有一次见到越先生，便向他诉苦，请他帮忙劝劝王长钰，让他少喝点酒。于是越先生便找到王长钰，与他促膝长谈，大谈喝酒过量的坏处，果然此后王长钰在喝酒上控制了不少。

在长久的交往过程中，越先生科学严谨的治学态度、严格要求的育人方法与谦和待人的处事方式，无不对王长钰产生了重要影响。

另一位对王长钰学术成长有重要影响的是韩继业先生。韩继业，1935年生于天津，中国科学院数学研究所研究员，博士生导师。1957年毕业于北京大学数学力学系，先后在中国科学院数学研究所和应用数学研究所工作。1958年开始从事运筹学研究，研究方向最初是排队论，主要研究最优化的理论与算法，涉及线性规划、非线性规划、变分不等式和互补问题、双层规划、离散优化与随机方法和时间表理论等，晚年主要研究互补问题和半定规划的理论与应用等。韩继业曾与越民义进行长期合作，参加越民义的研究组并获得1978年全国科学大会奖，1987年获国家自然科学三等奖，曾两次获中国科学院自然科学一等奖，在国内外相关的重要学术刊物上发表了120篇论文，著有《非线性互补理论与算法》，是《应用数学学报》副主编、《数学学报》（中文版）编委、《运筹学学报》编委、中国运筹学会数学规划分学会理事长。

由于地理位置的封闭性，曲阜师范大学有很多时候无法接触到学科最前沿的资料。韩继业经常将他在北京接触到的国际上最新或者有研究价值的资料、问题拿来与王长钰交流，这帮助王长钰第一时间了解到相关方面的国际学术动向。二人经常通过书信进行学术探讨与合作，并在这一过程中互相促进、成长。20 世纪 90 年代末，王长钰曾到中科院进行过一段时间的学术交流，其间与韩先生进行了很好的合作，成果发表在国外著名杂志上。

另外，越、韩二位先生还经常每隔一段时间便一起到曲阜师范大学，或者开讨论会，或者讲课，王长钰将自己算作越先生的学生辈，每每相见，总以敬师之礼待越先生。

没有留学经历，非名校毕业，更没有拜于名师门下，虽然王长钰的学术成长更多靠的是个人刻苦努力与潜心专研，但在这个过程中，若无越、韩两位“贵人”的指导与帮助，王长钰的成就或许达不到如此的高度。

在这次运筹学交流大会上，曲阜师范学院的周有权在会上作了名为《麦场设置》《作物布局》《劳力安排》的报告，王长钰的论文《一类极大、极小的问题》作为少数几篇优秀论文之一在大会上进行了宣读，引起广泛重视。与会的著名专家学者普遍认为，在运筹学引进我国这么短的时间里，刚建校不久又地处农村的曲阜师院就取得了这么多的成果，实属难能可贵。王长钰的论文也在会上被评为在运筹学理论发展上富有成果的论文之一。王长钰的首篇论文便得到首届全国运筹学大会的肯定，这对他以后继续深入运筹学研究起到了巨大的鼓舞作用。

会议结束后，郑又樵邀请吴文俊、越民义、孙克定三位先生到曲阜师院数学系讲学及指导工作。三位先生均是第一次到访曲阜，在曲阜师院主要介绍了运筹学的发展和应用，尤其是介绍了当时国内外运筹学研究状况。越先生还专门讲授了运筹学中的排队论，表扬了师生们的工作热情，并提议数学系成立运筹学研究室。他们肯定了曲阜师范学院师生们在运筹学及其应用方面取得的成绩，对当时曲阜师院数学系的专业建设也提出了许多指导性意见。

时值暑假，王长钰会后便从济南直接回淄博老家了。开学后才得知吴文俊、越民义、孙克定三位先生曾到曲阜师院数学系讲学，非常后悔自己错失了同这三位先生当面请教的机会。后来在 1965 年春，王长钰在新华书店见到由越民义先生翻译的英国数学家哈代[①]的著作《不等式》，大喜过望，立即买下。此后几十年，哈代的《不等式》一书一直是王长钰不断翻阅的参考书。

秋季开学后不久，数学系教务委员会根据吴、越、孙三位先生的建议，在大三年级成立了三个专门化学科：运筹学、微分方程和概率统计，要求每个学生选择一门，从大四开始进入专门化学习。王长钰选的是运筹学，主讲教师是龚为邦。大四一整年的专门化学习，为王长钰以后从事运筹学研究奠定了扎实的知识基础。

---

① 戈弗雷·哈罗德·哈代（Godfrey Harold Hardy，1877～1947），英国数学家，被誉为20世纪杰出的分析学家。哈代于1900年在剑桥大学获得职位，同年获得史密斯奖，先后在英国牛津大学、剑桥大学任教授。他和J. E. 李特尔伍德长期进行合作，写出了近百篇论文。哈代的数学贡献涉及解析数论、调和分析、函数论等方面，在丢番图逼近、堆垒数论、黎曼函数、三角级数、不等式、级数与积分等领域作出了很大贡献。同时，哈代是回归数现象的发现者，在20世纪上半叶，他建立了具有世界水平的英国分析学派。哈代一生著述颇丰，计有著作《纯粹数学教程》《不等式》《一个数学家的辩白》等8部专业书籍和大约350篇论文。

第四章　排除干扰　矢志科研

坚持自学、走自己的路是王长钰成长过程中一个非常重要的特点。从毕业留校到改革开放的一段时期，学校的发展遇到了严重的困难，王长钰在教学科研方面也受到很大干扰，处于低谷阶段。即便如此，王长钰仍坚守本心，一方面抓住各种机会坚持自学各种运筹学理论知识，提高自身理论水平；另一方面加强科学研究，发表了具有国际领先水平的数学论文，并在“文化大革命”结束后成为全国首批硕士研究生导师之一。

一、崭露头角

1961 年，王长钰进入本科学习的最后一学期。因曾多次下放到济宁进行推广线性规划活动，5 月 1～28 日，王长钰被安排到济宁一中实习，教授科目为高一代数，并担任实习班级的班主任。实习工作期间，王长钰认真备课，细心管理学生，得到了学生们的一致好评。实习结束后，王长钰的课堂教学成绩为 4 分，班主任实习成绩为 4 分，总成绩为 4 分。

8 月，王长钰以优异的成绩从曲阜师范学院数学系本科毕业并留校任教，担任数学系助教，同时也因其在运筹学方面的研究成果，被安排在数学系的运筹学研究室从事研究工作。此时的运筹学研究室，龚为邦和王长钰二人是最主要的研究人员。这样，王长钰一边从事教学工作，一边开始进行非线性规划理论与算法及其应用的研究工作，同时积极进修学习充实自己。1961 年，郑又樵安排龚为邦开办函数论讨论班、朱锦芳开办积分论讨论班，组织在职年轻教师进修学习，王长钰考虑到一来自己与龚为邦老师比较熟悉，二来实变函数论是运筹学研究的基础学科，便参加了龚为邦的函数论讨论班学习。留校后，根据学校的教学要求，王长钰要先跟随一位有丰富教学经验的老教师听课学习一段时间，通过系教研室的考核后才能正式给学生上课，因而在 1961 年至 1963 年间，他的主要工作是辅导本科生基础课。王长钰很好地抓住了这个机会，开始对那汤松①的《实变函数论》进行独立钻研。在该书序言中，那汤松明确指出："这些习题一般说来是相当难的，有时需要经过很大的努力才能解决。但是对于要想切实地通晓这门知识的读者，我仍然建议他们务必尽最大的努力至少解决其中一部分的问题。"②由此可见书中习题的难度。王长钰凭借自己勇于钻研的精神将《实变函数论》中的全部习题反复做了两遍。另外，在 1960 年 4 月至 1962 年间，王长钰还翻译、阅读、学习了大量的俄文数学资料，并做了详细的学习笔记，内容包括博弈论、对策论、矩阵对策的转换定理、约束对策矩阵迭代法、线性不等式约束下的对策、可测近似连续的等价性、周期函数及广义函数等。这些运筹学基础理论知识的学习为他后来所从事的学术研究打下了坚实的基础。

1962 年 3 月 2 日，经郭明宗、高乘云介绍，王长钰加入中国共产主义青年团。

1964 年，中科院的许国志先生受邀到济南讲学推广运筹学。许国志是最早将运筹学介绍入中国的数学家之一，在当时能请他到山东讲学是非常不容易的，因而山东省内的许多高校都派出了优秀年轻教师前去学习。王长钰因为要继续编写完善《公社数学》之事未能前往，遗憾之余便拜托曲阜师院前去听讲的数学教师徐本顺等人将许先生的讲稿《非线性规划》带回。讲稿主要包含三部分内容，即鞍点理论、对偶理论、简单计算，王长钰

---

① 伊西多尔·保罗维奇·那汤松(1906～1964)，出生于瑞士，俄罗斯(苏联时期)杰出的数学家。1929 年毕业于列宁格勒大学(今圣彼得堡大学)数学力学系，是分析学中列宁格勒学派的代表人物，主要研究领域是实变函数论和函数构造论，其专著《实变函数论》和《函数构造论》影响非常广泛。

② [苏联]那汤松：《实变函数论》，徐瑞云译，人民教育出版社 1960 年版，"序言"。

拿到讲稿后如获至宝，随即进行了认真学习，讲稿上面写满了批注。经过对讲稿的学习，王长钰在非线性规划方面的专业知识又有了进一步的提高。

1964年1月15日，王长钰与朱锦芳合作的论文《求二元凸函数极值的一种迭代法》发表在《曲阜师范学院学报》(自然版)1964年第1期(王长钰为第二作者)。这是王长钰留校后发表的第一篇论文，该论文对可微的二元凸函数证明了循环寻优方法的收敛性，并举例说明了当二元凸函数具有不可微点时，循环寻优方法的收敛性不能保证成立，论文的证明方法完全适用于可微多元凸函数的情形。另外，王长钰还有《求连续对策的一种迭代法》《一类非线性规划的对偶定理》和与王儒正合作的《关于近似连续函数》三篇文章，刊载于曲阜师院的内部刊物《1964年曲师院数学论文选编》。

留校工作以后，王长钰在生活方面是非常清苦的。一方面，他要将一部分工资寄往淄博家中供养父母和为妹妹治病；另一方面，学校条件非常有限，徐宝庆曾在《奋进的曲园人》一文中记述过当时王长钰在艰苦环境下钻研数学的情形：

> 生活在困难年代，冬天虽冷，但曲园人的奋斗精神始终是相当高昂的。在严寒的冬季，人们的工作并未受到影响。数学系有一位王老师，他单身一人住在一间背阴的6平方米的小屋内，住在前屋的邻居在寒冷的夜里还听到王老师的手摇计算机吱吱作响。天气冷的时候，伸手都抓不住东西，王老师就准备一个热水袋，手冷了就在热水袋上暖和一会儿再工作。就在这个冷似冰窟的小房子里，诞生了一位著名的数学家。他的研究成果得到了国内外同行的充分肯定，20世纪80年代末，他和同事曾经代表中国科学界与丹麦科学家举行学术交流。他也获得了"五一"劳动奖章和"国家中青年优秀人才"的称号。[①]

文中的"王老师"就是王长钰。为了抵御冬夜严寒，王长钰经常喝点酒来暖暖身子，继续完成论文。也正是从这一时期开始，王长钰逐渐迷上了喝酒，虽然酒量不大，但酒瘾却越来越大。

---

① 徐宝庆：《奋进的曲园人》，张顺清主编：《曲园往事》，金城出版社2020年版，第14页。

二、坚守科研

1970 年,曲阜师院和全国其他高校一样,“连续五年未能招生,而在校学生一直处于‘停课闹革命’的状态”[①]。

1970 年 7 月,按照《山东省高等学校布局和专业调整方案》,山东大学被一拆为三,文科要“向师靠”,南迁曲阜,与“曲阜师范学院合并组建山东大学”。因此,曲阜师院在调整中虽然被完整地保存下来,却被改变了学校名称,取消了建制。[②] 11 月 22 日,新组建的山东大学召开成立大会,至此,曲阜师范学院改称“山东大学”。

山东大学文科与曲阜师院合并后,在学术风气和科学研究方面对原曲师教师尤其是青年教师产生了深远影响。曲阜师院作为培养教师的师范学院,一直注重教学基本功的训练,在这之前,教课是曲师最主要甚至唯一的方向,很少有人写学术论文,学校既不看重也不提倡。而山东大学的学术风气积淀数十年,在学术氛围和对专业课题的深入钻研上都比曲师要浓厚很多,“青年教师仍愿探讨问题和写文章。可以看到一个现象,合校之初的夏天傍晚,在青年教师宿舍旁的操场上,乘凉打牌的基本都是原曲师的,而原山大的青年教师大都在宿舍里读书”[③]。

与山东大学的合并,带动了原曲阜师院的学术风气,很多青年教师开始注重学术研究,王长钰也深受影响。他从不参加任何政治活动,只是默默地搜集着各种运筹学资料,利用闲暇时光悄悄地学习。教学之余,王长钰更加刻苦地自学运筹学各种理论知识,无论是铅印的、油印的,还是手抄的,只要是能搜集到的,抓着什么学什么,一律“来者不拒”。王长钰自学的运筹学知识内容繁杂,主要有离散函数、最优储存方程、排队论、正态分布

---

① 《曲阜师范大学史》编写组编:《曲阜师范大学史(1955～2005)》,山东教育出版社 2005 年版,第 45 页。

② 参见《曲阜师范大学史》编写组编:《曲阜师范大学史(1955～2005)》,山东教育出版社 2005 年版,第 45、46 页。

③ 张顺清主编:《曲园往事》,金城出版社 2020 年版,第 14 页。

律、概率论、希尔伯特空间、实数连续性的几种形式、函数列可积的一个充分条件、隐函数定理、凸集及一些拓扑性质、线性与非线性规划、朱永津最新的《网络最大流的极流的标号法》及《图上作业法的推广》、度量空间、次序统计量、非线性网络的线性逼近法、非负线性方程组的最小非负解、数学规划的稳定性理论等。所有这些内容，王长钰或做了详细的笔记、摘录，或做了细致的批注，可见其学习之用心。1970 年，王长钰的初中好友王焕新曾到曲阜公干，便顺道探望了他，多年后王焕新回忆当时的情景："他住在二楼一个非常小的、七八平方米的房子，那里边堆满了稿纸啊、书籍啊。那个时候，跟别人不一样，他基本上是在这里自学，把全部的心思都用在了学术研究上。"①这一时期，王长钰对运筹学基础理论的研究与学习，对他以后开创"长清模式"，进行非线性规划的理论与算法、最优化理论等方面的研究工作并取得一系列丰硕的科研成果，打下了坚实的理论基础。

功夫不负苦心人，多年潜心钻研，使得王长钰在运筹学方面的研究有了相当的深度，同时他的成果也得到了业内专家的认可。据韩继业回忆："我当时跟王老师第一次见面，他提出这个问题跟我们讨论，我当时是非常吃惊的。因为当时很多地方都没有什么研究了。这个时候山东曲阜师范学院的老师对运筹学的一些问题，还做出了很好的研究，这个是真没想到，因为我们在北京，像越先生跟我在北京，在中科院数学研究所，我们工作都非常困难。我没有想到曲阜师范学院有个别的老师还在一直坚持着做研究工作，而且做的工作很好，这是我当时很吃惊的一个地方。"②

1971 年，学校开始招收工农兵学员，数学系应用运筹学知识为农业服务的工作在中断几年后，也逐步恢复开展起来。王长钰为又能从事自己心爱的运筹学研究而欣喜万分。1971 年下半年，他和邵品琮等人被派到泗水县泉林公社贺庄水库工地协助施工，开展了挑流鼻坎的最优设计、坝坡的稳定分析等课题研究。之后，王长钰、邵品琮等人又与山东省水利科学研究所合作，在山东省水利科学研究所做了 3 个月的实验，首次利用二元循环优选方法，对水库溢洪道的挑流鼻坎的尺寸（反弧半径与抛射角）进行

---

① 王焕新访谈，2020 年 10 月 31 日，博山。资料存于采集工程数据库。

② 韩继业访谈，2020 年 1 月 15 日，北京。资料存于采集工程数据库。

了最优的选择，这种选择是在水工实验室中通过反复模拟试验进行的，其目的是减轻溢洪对大坝下游地基的破坏程度(以下游冲坑的深度与挑流的抛射距离之比为目标函数)，最后得出最优解，创造性地完成了“水库溢洪道挑流鼻坎的最优尺寸”的设计，成功地解决了溢洪道对大堤的冲力过大问题。设计方案被山东省滕县岩马水库等一些大、中型水库采用，效果良好。

该项目的技术报告《用“优选法”选择连续挑流鼻坎的最优尺寸》在《数学的实践与认识》1972 年第 2 期上发表后，即被《力学》《桥梁建筑》等杂志转载，产生了不小的影响，被许多专家认为是为优选法开辟了新的应用途径。1976 年，我国运筹学代表团到日本参加国际运筹学会议，中科院的桂湘云教授把此项成果向国际同行作了专题介绍，受到同行专家的肯定，这同时也表明曲阜师院在运筹学研究方面已处于国际研究前沿。

这一时期，王长钰还多次被派往曲阜农村，甚至远赴黄县下丁家大队，应用线性规划方法解决农作物优化布局等问题。王长钰在泗水县贺庄水库、黄县下丁家大队、滕县岩马水库等地应用运筹学的实践活动，使他积累了经验，为 20 世纪 80 年代其与赵庆祯、章志敏能利用运筹学方法为长清县农牧业结构布局构造创新性优化模型，并且成功实施方案，提供了经验和技术借鉴，也奠定了实践基础。

1974 年 2 月，经中央批准，同意中共山东省委的意见，恢复原山东大学和曲阜师范学院，“山东大学、曲阜师范学院恢复以后，仍面向本省，由省领导”[①]。至此，曲阜师范学院建制在被取消三年半之后又正式恢复。

学校建制恢复后，如何恢复并进一步发展壮大数学系成为已是数学系主任的郑又樵所面临的一大问题。1974 年秋，中科院的越民义、徐光煇二人到合肥中国科技大学讲学，郑又樵获知后，极力邀请二人从合肥返程途中顺道来曲阜师院。这是越民义第二次到访曲阜，受到了曲阜师院数学系师生的热情接待。这也是王长钰第二次见到越民义，自 1960 年全国首届运筹学大会匆匆一瞥，已时隔十余年。越民义的此次到访，是王长钰与越民义真正接触的开端，也是二人亦师亦友情谊的开始。

---

① 《曲阜师范大学史》编写组编：《曲阜师范大学史(1955～2005)》，山东教育出版社 2005 年版，第 53 页。

三、成为首届硕士研究生导师

1976年10月，“四人帮”被粉碎，“文化大革命”结束。曲阜师院数学系逐步恢复正常教学，并谋求进一步的发展。这一年，王长钰40岁，正当壮年，此时的王长钰已经成长为曲阜师院数学系的骨干教师。自1974年越民义先生到曲阜讲学后，王长钰便与越先生建立起了长期的亦师亦友的关系，经常有书信往来，或请教学术问题，或商讨运筹学专业的发展问题。1977年6月左右，王长钰写信给越先生，邀请他再次到曲阜“讲个专题”。后经曲阜师院数学系与中科院沟通，越先生安排于10月下旬到曲阜讲学一星期，他于9月14日回信王长钰，一方面告知他到访曲阜的时间，另一方面确定讲授内容：

> 九月一号来信今天才收到，据邮戳看，该信在邮局里待了十多天。前几天，高朝德同志桌谈了去曲阜的事，现所里和室里已同意我们在十月下旬到曲阜，时间一星期。老韩（韩继业）同志和我一道来。在这之前，即10月上、中旬，刘振宏同志将顺道到曲阜交流关于网络的情况。我和老韩所讲的内容大致为下：
>
> （1）既约梯度法（交流，2～3次）
>
> （2）大范围分解法
>
> （3）Zanguice方法与互补性讲课（共3～4次）
>
> 关于讲义过几天再寄给你。[①]

此后，越民义经常受邀到曲阜师院讲学，虽无具体数据统计，但从其日后受聘为曲阜师院运筹学研究所首届所长，以及其与王长钰的书信往来密切中，可见一斑。越民义先生是中国运筹学界的领军人物，他的经常到访及指导对王长钰的运筹学研究起到了很大的帮助作用，同时对曲阜师院运筹学专业的发展也起到了巨大的促进作用。

1977年10月，由于在运筹学研究方面的成就，王长钰获由中共曲阜

---

① 越民义来信，1977年9月14日。资料存于采集工程数据库。

师范学院核心小组、曲阜师范学院革命委员会颁发的“先进工作者”荣誉称号。

学校中断多年的职称晋升工作也重新恢复。1977 年 5 月，经各系评审推荐，学校党的核心小组研究决定，晋升 89 名同志为讲师，5 人重新恢复和确定为讲师，王长钰名列晋升讲师名单之中。1978 年 5 月，经上级批准公布后，王长钰正式由助教晋升为数学系讲师。重新恢复职称晋升工作给了广大教师很大的鼓舞。

1978 年 3 月 18～31 日，中共中央在北京人民大会堂召开了全国科学大会。邓小平主持了此次大会，并提出了“科学技术是第一生产力”的重要论断。在会上，邓小平还宣布“知识分子是工人阶级的一部分”，使广大知识分子扬眉吐气。曲阜师院数学系的初学导被山东省科委推荐为参加全国科学大会的代表，与山东文教战线的另外 20 名代表参加了此次盛会。在这次大会上，著名物理学家胡宁等向国家提交了一份提案，建议开始学位研究生的培养，并提出研究生报考年龄由 35 岁放宽到 40 岁，这样就使一批优秀人才获得了深造的机会。

就此，我国于 1978 年恢复研究生制度。早在 1951 年，我国已经开始招收研究生。当时，主要是由苏联援助中国的专家培养，统称“师资研究生”。1957 年，国务院批转了《关于今年招收 4 年制研究生的几点意见》，准备培养少量质量较高的相当于苏联副博士水平的研究生。1961 年至 1965 年，我国共培养近 5000 名研究生，均未授学位，后来研究生教育一度中断。① 1978 年，曲阜师院开始招收研究生，是全国首批为数不多的获准招收研究生的学校之一。学校共有两个专业获得招生资格，一个是数学系的运筹学与控制论专业，另一个则是历史系的世界古代史专业。运筹学与控制论专业设置两个研究方向：数学规划论和图论，学制 3 年，共招收研究生 5 名，他们是周惠山（毕业于北京大学）、赵庆祯（毕业于曲阜师院）、杨世辉（毕业于四川大学）、戴宏图（毕业于复旦大学）、张存铨（技校毕业，上海知青，原报考华罗庚的研究生，后调剂到曲阜师院），世界古代史专业则招

① 参见章志敏：《忆数学系首届研究生》，张顺清主编：《曲园往事》，金城出版社 2020 年版，第 92 页。

收了田德全、何芳济2名研究生，两个专业共招收了7名研究生。

远在北京的越民义先生非常关心曲阜师院运筹学专业的研究生招生工作，他曾专门写信给王长钰询问招生工作情况。“谈到你们已决定招研究生，很为你们高兴。你们近来工作如何，有何打算，来信望告。”[①]同时，越先生在以后运筹学与控制论专业硕士研究生的培养过程中也给予了很多的帮助和支持。例如，越先生亲自修订硕士研究生的培养方案，提出将组合最优化课程列为学位课程，教材是帕帕迪米特留（Papadimitriu）的著作《组合优化》（*Combinatorial Optimization*），指定凸分析的教材以R. T. 洛克菲勒（R. T. Rockafellar）的《凸分析》（*Convex Analysis*）为参考书，后来他又亲自编写《凸分析》研究生用教材，提出让研究生参加教师的应用课题，锻炼学生提出问题、解决实际问题的能力等。

王长钰因其在运筹学领域中的研究成就，成为曲阜师院首批研究生导师之一。这段时间，王长钰空前地忙碌，也无比兴奋。他以极大的热情投入工作，以此报效国家。如何才能尽可能快、尽可能好地培养学生，王长钰的心情非常急迫。但是王长钰等人都没有过带研究生的经历，学生招来了，应该开什么课？学生要如何培养？很多方面都要靠自己摸索前行，就像摸着石头过河一样。在摸索办学的过程中，中国科学院数学研究所对曲阜师院数学系研究生的培养工作给予了非常大的帮助。很多时候，王长钰先向他们请教取经，然后再根据自己的具体情况制定培养方案。例如，在导师设置方面，实行了联合培养的方法，即成立导师组，根据研究生选择的研究方向确定由一位或几位导师联合培养指导。如赵庆祯和周惠山选择了数学规划论方向，就由王长钰一人进行专门指导；杨世辉选择图论方向，由王建方、王长钰、邵品琮三人联合指导；戴宏图选择图论方向，由邵品琮、王长钰二人共同指导。

课程设置方面，经过中科院专家的指导后，设置如下表所示：

① 越民义来信，1978年4月5日。资料存于采集工程数据库。

表 4-1　曲阜师范学院数学系首批研究生课程

第一学年上学期		第二学年上学期		第三学年上学期	
课程	任课教师	课程	任课教师	课程	任课教师
线性代数	于英川	实变函数	王长钰	线性规划	管梅谷 王长钰
多元函数	龚为邦	概率统计	章志敏	非线性规划	越民义 王长钰
英语	丁绍宇	图论	邵品琮	法语	段常珠
政治经济学	孔庆亮	拓扑学	王长钰		
		英语	郑福和		
		俄语	李国良		
第一学年下学期		**第二学年下学期**		**第三学年下学期**	
课程	任课教师	课程	任课教师	课程	任课教师
多元函数	龚为邦	实变函数	王长钰	毕业论文	
微分方程	邵品琮	拓扑学	王长钰		
自然辩证法	李琼瑶	泛函分析	王长钰		
图论	李念祖 王建方	法语	段常珠		
英语	郑福和	俄语	李国良		

由上表可见，王长钰的研究生授课工作非常繁忙，承担了二年级与三年级的主要课程。另外，课程设置中非常重视外语的学习，由于运筹学研究要与国际接轨，经越民义先生指导后增加了法语与英语课程。

在摸索如何培养学生的过程中，数学系师生达成了一个共识，那就是“硕士研究生在学科中应该有所创新，其论文也应在学术上有一定的水平”①。为此，王长钰等导师采取了一系列措施。一是加强基础，专业课程

① 章志敏：《忆数学系首届研究生》，张顺清主编：《曲园往事》，金城出版社 2020 年版，第 93 页。

设置尽量全面,让术有专长的教师授课,鼓励学生创新。如安排于英川讲授线性代数课,让龚为邦讲授多元函数课,作为导师的王长钰则主要给研究生讲授实变函数、拓扑学、泛函分析、线性规划、非线性规划等运筹学方面的课程。二是充分借助校外资源,定期邀请国内顶级专家来校讲学,也邀请一些具有特殊专长的教师来校上课。如邀请山东师院的管梅谷教授讲授线性规划课,邀请中科院的越民义先生讲授非线性规划课。后来王长钰了解到上海业余工大李念祖老师等翻译了美国学者 J. A. 邦迪著的《图论及其应用》,便邀请他来给研究生系统地讲授该课程。同时,他还大力支持研究生参加国内各种学术会议,开阔视野,了解学科发展前沿。三是严把质量关,强化了严格考试考查,特别是学位论文答辩。如 5 名硕士研究生学位论文答辩时,组成两组答辩委员会,成员阵容"超豪华",也超严格。数学规划论方向的答辩主席请了中国科学院的越民义先生,图论方向的答辩主席则请了中科院的许国志学部委员,曲阜师院的教师均回避。在首届 5 名研究生中,只有 3 人正常毕业并获得学位,有一人没有被授予学位,一人推迟一年后被授予学位。授予学位的论文分别发表在《中国科学》《科学通报》《应用数学学报》等顶级学术刊物上。

1980 年 2 月,第五届全国人大常委会十三次会议通过了《中华人民共和国学位条例》,规定了我国学位分为博士、硕士、学士三级。

1981 年 5 月,由王长钰指导的两名学生周惠山和赵庆祯均以优异的成绩按时毕业。周惠山的毕业论文为《既约拟牛顿法》和《关于一个改进的既约梯度法的收敛速度》,答辩委员会对文章的审查意见为:"周惠山同志的《既约拟牛顿法》将原有的既约梯度法的思想和拟牛顿法的思想结合在一起,得出了一种新的算法,并在适当条件下,证明了算法的收敛性,并研究了它的收敛速度问题。另外,《关于一个改进的既约梯度法的收敛速度》一文,对于原有的既约梯度法作了某些改进,而且估计了收敛速度。我们认为这些结果是好的,方法上也有一定的创造性,具有相当于硕士学位论文的水平。"[①]赵庆祯的毕业论文为《一个改进的超记忆梯度法的收敛性及

① 《七八级运筹学专业研究生周惠山论文及答辩审查意见》。资料存于曲阜师范大学档案馆。

其敛速估计》和《 $\min\sum_{i=1}^{n}c_i\|x-a_i\|$ 型最优场址问题的一种快速算法》，答辩委员会对文章的审查意见为："赵庆祯同志的毕业论文《一个改进的超记忆梯度法的收敛性及其敛速估计》将 A. Miele、E. E. Cragg、M. A. Woefe 等人的记忆梯度法作了改进(从高维最优搜索改为一维近似最优搜索)，并从理论上证明了此类方法的收敛性，估计了方法的收敛速度。我们认为该文结果是好的，有一定创造性，具备相当于硕士学位论文的水平。另一篇《 $\min\sum_{i=1}^{n}c_i\|x-a_i\|$ 型最优场址问题的一种快速算法》一文，将前一篇文章的方法用于'最优场址'选择问题，也得出了富有意义的结果。"[①]之后，赵庆祯的学位论文发表在《应用数学学报》。如今，周惠山已成为加拿大西蒙大学的教授，赵庆祯则是山东师范大学的教授、博士生导师。

1981 年 11 月 25 日，国务院学位委员会下达文件《关于下达首批博士和硕士学位授予单位的通知》(学位字〔1981〕018 号)，公布了首批博士和硕士学位授予单位，曲阜师院基础数学、运筹学与控制论以及中国古代文学专业获得硕士学位授予权，曲阜师院也由此成为首批获得硕士学位授予权的单位之一。1982 年 1 月 3 日，经山东省批复，曲阜师院建立了学位评定委员会，巩宪文为主席，徐宝庆、刘乃昌为副主席。自此，曲阜师院的学位研究生教育进入了一个崭新的阶段。

1982 年 4 月 29 日，曲阜师范学院学位委员会召开会议，经过 15 位委员投票表决，授予张存铨、赵庆祯、周惠山三位研究生硕士学位。

大美无言，丰碑有语。王长钰等人悉心培养的运筹学专业首届 5 名研究生毕业后，经过自身的努力奋斗与勤奋专研，都成为术业有专攻的知名专家教授，为我国的高等教育事业作出了重要贡献。另外 3 名首届研究生中，杨世辉现为重庆涪陵师院数学系主任、教授，重庆涪陵区政协副主席；戴宏图是上海电视大学教授；曾经学历最低(技校毕业)、靠自学成才的张存铨则成就最高，毕业后分配到中国科学院系统科学研究所工作，今已成

① 《七八级运筹学专业研究生赵庆祯毕业论文、答辩审查意见》。资料存于曲阜师范大学档案馆。

为美国西弗吉尼亚大学的终身教授，是享誉盛名的国际图论专家。

学位教育是我国教育走向现代化的第一步，曲阜师院首届硕士研究生培养成功，探索出了培养研究生的成功经验，为以后学校的人才培养提供了借鉴，也是曲阜师院在人才培养方面的一个新突破、新飞跃，为学校以后培养出更多优秀的人才奠定了坚实基础。王长钰作为学校首届硕士研究生导师，在培育人才、积累经验等方面作出了突出贡献。

第五章 长清模式 运筹帷“沃”

凭经验指导农业生产，是长期以来我国大多数地区在农业生产领域的做法。如何通过对一个地区的农牧业结构进行宏观调整而取得最优系统效益？1982年，王长钰与济南市农业区划办公室、长清县人民政府合作，将运筹学系统工程应用在长清县农牧业结构调整中，取得了良好的社会经济效益，被专家誉为“长清模式”。这项研究先后在北到内蒙古巴盟的“长胜”实验区，西至青海互助土族自治县，南到贵州铜仁地区的54个市县推广，赢得了社会广泛关注。王长钰开创的“长清模式”在20世纪80年代推动国家农业经济发展方面作出了突出贡献。

1979年6月，曲阜师范学院成立了运筹学研究室。该研究室以数学系下属研究机构原运筹学研究室为基础，升格成为校级研究机构。此时的王长钰已经是运筹学研究室的骨干人员，而当时全国范围内专门以运筹学为方向的研究机构，除了曲阜师院的运筹学研究室外，仅有中国科学院运筹室以及复旦大学统计运筹系等少数几个机构。

1979年10月，王长钰晋升讲师一年多后，因其在运筹学方面取得的突出成就，被破格提升为曲阜师范学院数学系副教授。这一年，曲阜师范学院共有17位老师被提升为副教授，除王长钰外，还有龚为邦、邵品琮、任治平、刘一鸣、赵素霞、许毓峰等人。这是曲阜师院自1978年恢复职称评审制度之后评选出的第一批副教授。在这17人中，刘一鸣、任治平、邵品琮、赵素霞、龚为邦为数学系教师，且均曾教授过王长钰。

1978年党的十一届三中全会召开，改革开放的春风迅速吹遍了大江南北，国家的工农业生产焕发出蓬勃生机。在农业生产领域，长期以来，许多地方都是只凭经验指导生产，种植业、林业、畜牧业、副业、水产业等农业资源的开发利用缺乏总体性与综合性的科学合理的论证、安排，往往导致产业发展的单一性和局部性，各产业间的发展顾此失彼，达不到预期的效果。以大豆扩种为例，在什么地方扩种、扩种多少，如果没有科学的指导，就会有很大的盲目性。再比如，大豆与其他农作物，与林业、畜牧业、渔业、副业，要如何进行科学的安排才能达到合理的数量关系，以取得最佳的经济效益，乃至于要在一个地区、县的农牧业结构中取得最优系统效益，就只有运用现代化的研究和计算手段，加强宏观调整，才能实现。

改革开放之初，为促进经济发展，国家积极引进外资援助国家建设。当时世界银行设立了一批软贷款(利息很低的贷款)，用以支持第三世界国家的农业发展。我国获得了世界银行3000万美元的软贷款支援，用于“黄淮海盐碱地治理开发”项目，由中国农业工程设计研究院负责申报到世界银行进行审议。由于没有经验，所报数据虚高，所做规划的可行性、科学性论证不足，申报书被退回，面临撤销贷款的可能。为了重新修整报告，他们求助于中国科学院数学研究所。由于20世纪60年代曲阜师院《公社数学》的知名度很高，中科院数学所便推荐他们去求助曲阜师范学院数学系运筹学研究室。1980年上半年，他们来到曲阜师院数学系，系领导经过慎重考虑，认为完全可以传承数学系“数学为农业生产服务”的优良传统，加之盐碱地治理属于宏观管理问题，这是以前未涉及过的研究领域，可以利用运筹学专业人员技术较强的优势开展研究，便决定与中国农业工程设计研究院合作。

此时，运筹学与控制论的首届研究生课程已结束，正在准备毕业论文的阶段。为了掌握实际情况，顺利完成合作，数学系领导和王长钰老师派遣自己指导的临近毕业的首届研究生赵庆祯等到山东禹城(这是中国农业工程设计研究院为完成此次申报贷款项目而选定的实验基地)进行实地调研。经过一段时间的调研，赵庆祯写出《黄淮海盐碱地治理综合开发规划》，规划中将多种盐碱地治理措施和当地农业生产结构布局、治理效果的相互关系用数学模型表达出来，为选择盐碱地治理措施提供了科学的、可操作性强的手段。1980 年底，中国农业工程设计研究院的相关负责同志邀请在禹城蹲点调研的清华大学农村能源研究小组成员以及其他专业技术人员在禹城举行了验收会议。会上，由赵庆祯将规划中用到的数学模型用毛笔抄写到若干张大白纸上并挂在墙上，作了详细介绍，通过了他们的审议。该报告应用运筹学模型和方法，定性定量分析相结合，以禹城县为实际试验点制定出科学的、符合实际的整体盐碱地治理优化方案的选择方法，增加了科学性、可行性分析内容，最终被世界银行专家认可，成功获得了这批贷款。

《黄淮海盐碱地治理综合开发规划》是当时国内涉及农业宏观管理为实际服务的最早的数学模型，主要应用了线性规划和若干数据处理模型，为后来的“长清模式”数学模型的构造奠定了基础。这次合作也进一步扩大了曲阜师院数学系在农业生产中应用运筹学的知名度。

1981 年 9 月 17 日至 12 月 9 日，中国科学院农业现代化委员会和国防科技大学在长沙举办了我国农业系统工程第一期培训班，共在全国招收了 69 名学员。在中国人民大学张象枢教授的推荐下，培训班邀请了曲阜师院时任数学系主任的马克杰和运筹学研究室的章志敏两位老师去讲了 16 天课，内容为农业合理布局、场站设置、田间实验设计等。课程结束后，主办单位将马克杰、章志敏的讲稿印刷成册，发放给全国有关单位推广应用。

20 世纪 80 年代初，国家在农业发展领域提出了发展目标，即到 20 世纪末农业产值要翻两番，这是个很高的目标计划。山东省长清县当时是个贫困县，农业、社会资源都比较匮乏，县政府接到这一农业目标任务后手足无措。当时，曲阜师范学院数学系在山东禹城盐碱地治理及农业系统工程培训班中的工作，扩大了其应用系统工程推动农业发展的知名度。1982 年，济南市农业区划办公室主任张云翔与长清县政府一行人慕名来到曲阜师院运筹学研究室，希望开展合作，通过在长清县试验推广农业系统工程来提高农业产值。

这一时期，王长钰在进行运筹学理论研究的同时，也非常渴望能将自己的研究成果应用到实际生产中，给国家的经济建设带来更大效益。虽然他从青年时代的研究就一直没有脱离实际，但他企盼着能在更大范围内推广应用，以改变生产、建设过程中在主观决策上凭经验办事和瞎指挥的现象，把科学理论送到田间地头和工矿企业。济南市农业区划办公室和长清县政府有关人员的到来，刚好给了正处于苦闷中的王长钰一个将理论应用于实践的机会。但是，应用运筹学去指导一整个县的农业生产，其中涉及各行业的调配，大量数据的收集和处理、计算以及众多的模型设计等，内容繁杂，具有极大的挑战性，不论是在国内还是在国际上，从无先例。此时的曲阜师范学院虽凭借《公社数学》等科研成果在国内高校中具有了一定的知名度，但与国内众多省部级高校相比还有很大差距。走一条前人从未走过的路，探索开拓出一条有自己特色的发展方向，既能实现自己理论应用于实际、为国家经济建设贡献力量的愿望，又可以帮助学校扩大知名度。深思熟虑之后，王长钰又与同在运筹学研究室的章志敏等老师进行了反复权衡和磋商，最终决定与济南市农业区划办公室和长清县政府进行合作，并在运筹学研究室组建了一个由王长钰、章志敏、赵庆祯等人组成的专门的科研团队来进行具体研究。

当时长清县是济南市辖县，南依泰山，北临黄河，总面积 1183 平方千米，总耕地面积为 63 万亩，可利用水资源为 27963 万立方米。全县主要土壤类型是褐土、潮土和棕壤土，地形复杂，易涝、易旱，生产条件较差，农业产值的主要来源是种植业与畜牧业。该项研究的主要目的，是在长清县农牧业所需的自然资源与社会资源一定的条件下，寻求合理的农牧业结构与布局，以求最大限度地提高经济、生态效益，满足社会市场需求并保证生态的良性循环，使农牧业得以持续发展。1982 年，根据对长清县实际生产情况与农业特点的调研，王长钰和赵庆祯经与济南市人民政府、长清县人民政府协商，确立了优化研究的目标，即通过优化全县种植业和畜牧业的结构布局，在长清县自然条件、经济技术和社会需求的约束下，不增加投入而通过结构布局的调整实现最佳经济效果。

图 5-1　王长钰在长清县农牧业结构布局的优化调整会上作学术报告(1984 年)

将系统工程应用在农业上，大体要经过定性分析、定量分析、模型构造、数据收集、上机运算等步骤。根据这套步骤，数据收集是重要任务。为此，王长钰与赵庆祯等人奔赴长清各地，对其气候、土壤、地理、交通和现有农牧业经济发展模式、市场行情等进行详细了解，并在长清县开办了山东省第一个“农业系统工程应用训练班”，组织全县 150 多名科技人员和干部进行培训。培训的内容主要有两方面：一是如何通过分析收集到的各种数据确立条件关系，建立数学模型；二是培训学员学习使用计算机，并进行计算求出模型最优解。同时，还指导学员分为水利、气象、经营管理等十个专业，对全县自解放以来，特别是 1981 年的农牧业生产情况作了全面系统的数据调查，调查内容主要包括有关部门历年来的统计资料、有关技术档案资料、国家机关单位规定的统一标准数值(如商品单价)等。另外，王长钰等人还对有代表性的年份和单位进行了典型调查，加上济南市和长清县农业区划办公室提供的大量数据，再参考农业科技人员的实践经验，最终收集到 340 多万条数据。

由于数据量大、关系复杂，其中有些数据还可能会失真，需要对其进行全面的核对、整理、过滤，以便构造数学模型，而这仅依靠当时运筹学研究室的几位教师很难在有限的时间内完成工作。于是王长钰求助于数学系，发动了 60 名本科生，加班加点地干了一个星期，才将数据初步整理抄写好。

数学模型是系统工程的主体工程，系统工程能否见效，模型是关键。王长钰和他的学生赵庆祯设计了数学模型，将种植业和畜牧业数学模型中的数据主要分为投入、产出和约束三大部分。“种植业产出包括品种和数量，投入部分包括种子、农药、机械、电力、畜力和肥料等；畜牧业产出包括农家肥、肉类、蛋类、乳品、皮毛、繁殖幼畜、老畜处理、配种和畜力等，投入部分包括精饲料、粗饲料、补充饲料、幼畜购置、基建设备、配种、阉割、疫病防治、燃料和劳力等。约束条件中的数据主要是从社会需要、提高产品质量、改善生态环境等方面考虑设立的。种植业约束主要包括面积约束、产量约束和作物间的比例约束等，畜牧业的约束主要包括畜禽种类和数量约束、各畜禽饲养比例约束。此外，围绕建立农牧业数学模型的其他有关数据，如农业分区、不同土地级别面积、各作物产量水平和农牧产品价格等都是必不可少的重要考虑部分。”①随后，王长钰、赵庆祯二人又区分出种植业和畜牧业，建立了各自的线性规划最优结构模型，并将种植业的最优结构模型置于四种不同的旱、涝气象条件下，确立了四个最优的结构布局方案，并应用对策论方法求出了最优对策方案。为了进一步提高种植业和畜牧业结构的总体功能，二人还建立了农牧业相结合的总体模型，作为种植业的对策方案和畜牧业的最优方案在分别执行过程中的重要调整参考。对于市场价格对种植业的影响，则通过灵敏度分析得到对方案作相应调整的信息。灵敏度分析可证明该模型的稳定性，为模型的数值求解与最优方案的实施提供理论上的保障。这样，最终设计出种植业线性规划模型、对策数值模型、灵敏度分析模型、畜牧业线性规划模型、种植业与畜牧业的结合模型五大数学模型，具体介绍如下。

一是种植业线性规划模型。研究一个县的种植业的最优布局，首先遇到的问题是根据地形、土类、土壤肥力、水浇条件等进行土地分类。为了缩小模型的规模，对长清县各种土类上的作物产量进行了方差分析，对统计检验不显著的土类进行合并，最后得到 37 种不同的土地类别。另一个关键问题是确定农作物组合。长清县通常有小麦、春玉米、夏玉米等 14 种作

---

① 王长钰、赵庆祯、章志敏、张庆水、龚为邦：《运筹学在中国农业管理中的应用》，1992 年，第 8 页。资料存于曲阜师范大学档案馆。

物，各种作物的组合生长周期为两年。参照当地的耕作制度和习惯，确定了 83 个作物组合，其中一年一作的组合 3 个，一年两作的组合 8 个，两年三作的组合 72 个。例如，在同一块地里第一年内仅种棉花，第二年内仍然仅种棉花，这就是一个一年一作的组合，简写成棉花—棉花；又若在同一块地里，第一年内先种小麦后种夏玉米，第二年内也是如此，这就是一个一年两作的组合，简写成小麦—夏玉米—小麦—夏玉米；同理，小麦—夏豆—春花生就表示一个两年三作的组合。在以上工作的基础上，以 83 个作物组合分别在全县 37 种土类中的种植面积为待定变量，确定了各种作物组合在两年中的总收益（纯收益）为目标函数。约束条件方面，除去各种土类的面积约束外，根据长清县的国家征购粮、人均口粮、储备粮、生产粮以及饲料粮、副业加工粮、秸秆用量等情况，还对某些作物（如小麦、玉米、谷子、大豆等）分区域（如山区的谷子、沿黄区的玉米、平原区的大豆等）建立了面积与产量的约束。此外，由于留种以及某些特殊副业的需要，对个别的春、夏作物的种植比例也作了约束。[①]

二是对策数值模型。在长清县，除正常年景外，常有旱年、涝年以及旱涝年（即两年中一年旱一年涝）发生。这些气候条件都对作物的产量有明显的影响。鉴于当时气象预报尚不能对长清县的旱、涝等情况作出年预报，因此在建立线性规划模型的基础上，利用对策论方法求出了长清县作物布局的最优对策方案：

（1）通过长清县 1949 年至 1982 年的 34 年历史资料以及选取相似年的办法，确定出正常年、涝年、旱年、旱涝年的各种作物的亩产量。

（2）将上述不同年景的各种数据分别输入线性规划模型中，通过上机计算求出正常年、涝年、旱年、旱涝年的最优布局方案，这四个最优方案分别用 S_1、S_2、S_3、S_4 表示，作为长清县的四个待选的策略，年景则用正常年（t_1）、涝年（t_2）、旱年（t_3）、旱涝年（t_4）表示。

（3）将四个最优布局方案 S_1、S_2、S_3、S_4 分别置于 t_1、t_2、t_3、t_4 四个年景下，算出其总收益，得出（S_4，t_4）是一鞍点，故 S_4 即旱涝年的最优布局方案

① 参见王长钰、赵庆祯、章志敏、张庆水、龚为邦：《运筹学在中国农业管理中的应用》，1992 年，第 6、7 页。资料存于曲阜师范大学档案馆。

是最优策略，可作为具体实施方案。[①]

三是灵敏度分析模型。市场价格的浮动影响农牧业结构，但市场价格稳定性太差，为避免将这种不稳定性带入模型，在建立目标函数时，未采用市场价格，而是利用了国家牌价对市场价格的影响，对正常年的数值模型中的目标函数系数进行了灵敏度分析。根据分析的结果，有些作物组合的布局基本是稳定的，但也有些比较敏感。例如，“棉花—棉花”在沿黄区潮土Ⅲ级无水浇地上，“小麦—夏谷（间作夏大豆）—小麦—夏谷（间作夏大豆）”在平原区褐土Ⅲ级保浇地上，“小麦—夏谷—春花生”在山区褐土无水浇地上等，当价格上升时，这些组合在其相应的土类中的最优播种亩数都会有显著下降的趋势。而“春花生—春花生”在山区褐土Ⅲ级无水浇地上，“小麦—夏玉米（间作夏大豆）—春高粱”在平原区褐土Ⅲ级保浇地上等，当价格上升时，都有显著上升的趋势。这些对今后根据市场价格的预测来调整作物布局，均有参考意义。[②]

四是畜牧业线性规划模型。将各畜禽类的存养量作为待定变量，以各畜禽类在一年中总的纯收益作为目标函数，约束条件则主要包括畜禽种类约束、畜禽数量约束、各畜禽饲养比例约束以及精、粗饲料约束等。

五是种植业与畜牧业的结合模型。为了提高种植业与畜牧业结构的总体功能，使得种植业对策方案和畜牧业最优方案在分别执行中能相互调节，建立了种植业与畜牧业两者结合的线性规划结构模型，即农牧结合模型。除去它们本身的约束条件外，还把二者在肥料、饲料、畜力等方面的相互需求关系作为约束条件，为了取得一致，将各畜禽类在两年中的纯收益作为目标函数的畜禽部分。[③]

王长钰、赵庆祯二人所构造出的长清县农牧业最优结构布局的数学模型，作为整体优化系统的主模型，是一个包含 300 多个决策变量和 180 多

① 参见王长钰、赵庆祯、章志敏、张庆水、龚为邦：《运筹学在中国农业管理中的应用》，1992 年，第 7 页。资料存于曲阜师范大学档案馆。

② 参见王长钰、赵庆祯、章志敏、张庆水、龚为邦：《运筹学在中国农业管理中的应用》，1992 年，第 7 页。资料存于曲阜师范大学档案馆。

③ 参见王长钰、赵庆祯、章志敏、张庆水、龚为邦：《运筹学在中国农业管理中的应用》，1992 年，第 8 页。资料存于曲阜师范大学档案馆。

个线性约束条件的大型线性规划，要求出其中的最优解，需要极大的计算量，这是当时普通计算机所无法完成的工作。据赵庆祯回忆，当时北京石油化工科学研究院计算站刚从美国引进了一台价值800万美元的计算机UNIVAC1100/10，是按秒计算收费的，由于模型庞大，计算时间长，其计算费用是运筹学研究室无法负担的。后来在中国科学院许国志先生的帮助协调下，研究院认为正好可以借此机会检验一下计算机的性能，就免除了所有费用。这样，借助他们的大型电子计算机对种植业模型和畜牧业模型，通过18分钟数亿次运算，最终得到了最优解。当时，为将这些数据全部录入到计算机中，10人念对了1个月，在此过程中光计算机打印出的校对稿就装了五个大纸箱，足见工程之庞大复杂。①

通过对模型计算结果进行分析，王长钰和赵庆祯最终设计出种植业和畜牧业的最优方案。

种植业最优方案②。种植业各方案通过在计算机上进行多次反复计算，均得到最优解，并求得各方案的变量数值，再经过分类统计和计算，得到各方案中全县和分区的纯收入、粮食总产量、各种作物播种面积和产量等效益、结构布局数值。由计算结果可以看出：

全县纯收入（目标函数）以农牧结合和平年方案最大，涝年、旱年方案次之，旱涝年方案最小；灾情对模型有明显影响。在灾年方案中，受灾地区粮食产量、纯收入均较平年方案降低；非灾区粮食产量也降低，但纯收入却普遍提高，这是由于灾年方案粮食产量约束数量减少，可行域扩大了。各方案作物播种面积、产量的变化呈现一定的规律：在旱年方案中，夏谷、夏薯的播种面积分别比平年方案增长了22.1%和232.4%，产量分别增长了20.2%和219.5%，且增长部分全部在山区，这说明耐旱作物在旱年、旱区有着明显的优势；在涝年方案中，沿黄区春高粱播种面积和产量分别增长了106.5%和61.1%，耐涝作物发挥了优势。夏玉米主要分布在沿黄平原区，各方案的播种面积基本稳定，但山区夏玉米的播种面积在各灾年方案

① 赵庆祯访谈，2020年9月26日，济南。资料存于采集工程数据库。

② 参见王长钰、赵庆祯、章志敏、张庆水、龚为邦：《运筹学在中国农业管理中的应用》，1992年，第9～10页。资料存于曲阜师范大学档案馆。

中变化较大，旱年方案、旱涝年方案和涝年方案分别占平年方案播种面积的33.5%、50.3%和66%，从中可以看出，夏玉米不耐旱、效益系数不高，灾年面积下降，由耐旱、耐涝作物所代替。冬小麦在诸方案中，面积和产量变化不大，说明冬小麦具有抗逆性强和稳产的特点。

为了进一步检验种植业各方案的最优性，计算中还选取了与各方案相类似年份的纯收入进行了对比。经过对比，各方案纯收入都较相似年的实际纯收入有所提高，体现了新方案的最优性。另外，各方案的粮食总产量均较相似年有不同程度的提高，粮食比例也有变化，含脂肪、蛋白质、氨基酸量高的大豆、谷子等数量有了增长。大豆播种面积的增加，对培肥地力、改善农业生态环境有良好作用。

种植业的结构和布局涉及很多因素，由于受模型规模的限制和某些条件比较松动（如劳力充裕）以及某些因素缺乏量比关系和数据，虽然它们对模型有影响，但在建立模型设置约束条件时并未一一纳入，而是在运算后，将所求得的最优解与有关条件（如水、肥、劳力、畜力、机械等）分别进行对照，以检查模型的可行性。如在水资源供需对照中，按照长清县农业区划水资源调查组区划报告提供的资料，长清县水资源量多，年平均为27963.3万立方米。当时，工副业用水912.1万立方米，人畜生活用水636万立方米，可供农业用水为26415.2万立方米；而各方案农灌用水为20484.1万立方米，因此，水资源是有保证的，应该考虑水利工程开发，扩大水浇地面积。在肥料供需对照中，据调查统计，长清县1981年化肥使用量（折纯）为氮8620吨（1724万斤）、磷563.2万斤；人粪尿提供量（折纯）为氮282万斤、磷95.88万斤、钾106.22万斤；畜牧业肥料提供量（折纯）为氮1111.38万斤、磷695.16万斤、钾1071.19万斤。上述三项合计为氮3117.38万斤、磷1354.24万斤、钾1177.41万斤，各方案（包括10万亩蔬菜、果树、林业、药材等用肥）肥料需要量，除平年方案磷肥不足外，其余均小于提供量，说明可适当加大施肥量，提高亩产。在劳力、畜力、机械供需对照中，经计算对比，劳力、畜力、机械的提供量大大超过各方案需要量，于是可以考虑：第一，不宜过多发展役畜，可多发展奶牛类；第二，劳力可以有较多转移，搞其他经营；第三，搞好现有农机具配套、维修，不宜再增加大型农机具；第四，提高劳、畜、机的利用率。

以上诸方案是在一定的气象条件下的最优方案，而气象条件难以控制和准确预测，给上述方案的选取带来一定困难。为此，依照对策论的方法选取出最能担风险的旱涝方案为最优对策（赢得矩阵具有鞍点），这样即使在最不利的气象条件下（即旱、涝灾害同时发生），也能保证收益不低于4724万元。

畜牧业最优方案[①]。畜牧业模型在DJL-1计算机上运算后得到最优方案，通过对比其变量数值与现状结构可以得出：猪由41%下降到18.4%，羊由17.8%提高到25%，家禽由9%下降到4%，家兔由3.6%提高到25%，能够适应精粗饲料组成比例，使饲草得到充分利用。畜牧业最优方案与现状结构相比，各种效益都有较大提高，其中每年增加有机肥33739万斤，相当于化肥硫酸铵9570吨，过磷酸钙8424吨，氯化钾2393吨；可增产小麦12760万斤；畜牧业产值增加2303万元，提高57%；纯收入增加1370万元，提高80%。另外，计算结果中还利用成本利润率方法分析了模型的最优性：最优方案成本利润率为95%，比1981年提高了21%。成本利润率的提高，不仅是充分利用饲草、饲料的结果，更重要的是反映了畜群结构的合理性。畜牧业的最优结构是在各种条件的约束下计算出来的，所以整个畜牧业完全置于有计划按比例的发展之下，解决了过去那种生产无计划、畜产品供不应求或滞销、市场价格不稳定而影响繁殖等问题。

在设计数学模型期间，王长钰除了吃饭和短暂的睡眠，便是夜以继日地紧张工作，简直到了不解衣带、食不甘味的程度。1983年10月，“系统工程在长清县农牧业最优结构布局中的应用”的研究工作终于在王长钰等人的不懈努力下完成，并在济南通过鉴定。

这一数学模型与20世纪五六十年代在正常年景下仅利用线性规划对一个自然村的农作物进行优化布局相比有了显著的发展。过去县市做计划，安排作物布局多以平年气象条件为基础，没有或者很少考虑在不利气象条件下应当采取相应的对策。根据三十多年的统计资料，旱、涝年发生

① 参见王长钰、赵庆祯、章志敏、张庆水、龚为邦：《运筹学在中国农业管理中的应用》，1992年，第10、11页。资料存于曲阜师范大学档案馆。

的频率在70%以上，所以，一旦出现旱涝灾害，种植业布局就不适应，这是致使种植业经济效益不高的重要原因。[①] 在这项研究工作中，引入了四种随机因素，即平年、旱年、涝年、旱涝年，应对这四种因素，创造性地构建了线性规划—对策论模型，即根据平年、旱年、涝年、旱涝年四个最优方案，利用对策论方法求出了以旱涝方案为最优对策。

1984年，山东省科委又将这一课题的实施研究作为科研项目“长清县农牧业最优结构布局方案的实施与研究”下达，在长清县进行推广实施。实施工作主要分两年进行。早在1983年秋播前，长清县便成立了有专家参加的农业系统工程应用领导小组，举办了县、区两级应用骨干训练班，同时把按照最优结构布局进行调整后的农牧业生产计划作为指导性计划下达。为了保证最优方案的实施，他们一方面广泛宣传最优方案的主要内容及其经济效益；另一方面在全县分设了13个应用示范点，以典型带路。到1983年秋季，长清县按照这个方案对小麦的播种面积和区域进行了调整。过去长清县认为谷子和大豆是低产作物，种植很少，小麦每年也只种植30万亩左右。但按照农业系统工程选择的农作物最优方案，需要适当增种小麦到36万亩，夏玉米需减少35.5%，夏谷、夏大豆播种面积则要分别增加608%和195%。[②] 1984年长清县虽然遭遇了风、旱等自然灾害，但由于调整了种植结构，全县小麦总产量仍比原计划增产1435万斤[③]，收入增加68.2万元[④]，成为济南市四个郊区县(区)中唯一小麦增产的县。小麦的生产效果，增强了长清县调整农牧业布局的信心。1984年，该县又在杂粮种植和畜牧业方面开始了调整。在畜牧业生产上，根据全县山区丘陵多、草资源丰富的特点，最优结构要求适当减少猪、马等养殖数量，提高草食动物在畜群中的比重。1984年，长清县有计划地建立了双泉区改良羊基地、五峰山

---

① 参见王长钰、赵庆祯、章志敏、张庆水、龚为邦：《运筹学在中国农业管理中的应用》，1992年，第12页。资料存于曲阜师范大学档案馆。

② 该数据取自李贞寅、何荣德：《改变旧领导方式　靠科学指挥生产》，《大众日报》1985年1月20日。

③ 该数据取自宁光强：《长清县靠科学做决策效益惊人》，《中国青年报》1985年1月8日。

④ 该数据取自李贞寅、何荣德：《改变旧领导方式　靠科学指挥生产》，《大众日报》1985年1月20日。

区奶山羊基地、万德区养兔基地，使家兔、家禽养殖量大幅度增长，改变了饲养业“以猪为首”的状况，畜牧业纯收入比建立方案前增加了695万元。①

在具体的实施过程中，研究人员采取了一系列的创新措施，如在种植业最优对策方案执行过程中，根据市场价格的变动情况，通过灵敏度分析进行适当调整；对种植业和畜牧业两者的关系，在执行过程中，参照农业并结合最优方案进行适当调整；通过在全县建立信息网点进行信息反馈，指导全县的实施工作；通过建立生产前、生产中、生产后的服务系统，解决方案实施过程中涉及的各种技术、经济、组织问题；建立一套比较合理的计算经济效益的方法，较准确地评价运筹学方法在实际中所产生的直接效益等。②

在长清县运用系统工程指导农牧业生产的两年之后，产生了显著的效果。拿气象条件相似的1985年与1981年相比，全县种植业净产值增加564.89万元（扣除气候、种子、肥料、政策等各项增产因素），增长14.09%；畜牧业纯收入增加916.78万元，增长53.77%。两项合计共增加收入1481.67万元，占种植业和畜牧业两项收入总值的30%以上③，而在最优方案实施前，最高年产值的增长率分别为8%与10%④。在应用农业系统工程及最优方案实施的两年过程中，总花费却不过3.5万元左右⑤。由于结构的优化，生态效益也取得了良好的效果。经抽样化验，与实施最优方案前比较，长清县地力增强15%，保墒能力增强12%⑥，种植业结构布局进一步趋向合理，种植业和畜牧业相互促进，初步实现了良性循环。该项研究

① 该数据取自毛致存：《长清县运用系统工程选择出农牧业最优结构》，《内参选编》1985年第2期。

② 参见王长钰、赵庆祯、章志敏、张庆水、龚为邦：《运筹学在中国农业管理中的应用》，1992年，第12页。资料存于曲阜师范大学档案馆。

③ 参见贾建舟：《不凭经验办事　要靠科学决策》，《人民日报》1986年8月17日。

④ 该数据取自王长钰手稿《系统工程在长清县农、牧业最优结构布局中的应用——曲阜师范大学运筹学研究所重大科技成果》（2000年）。资料存于采集工程数据库。

⑤ 该数据取自王长钰手稿《〈运筹学与控制论〉学科介绍》（1996年）。资料存于采集工程数据库。

⑥ 该数据取自王长钰手稿《系统工程在长清县农、牧业最优结构布局中的应用——曲阜师范大学运筹学研究所重大科技成果》（2000年）。资料存于采集工程数据库。

在生态效益、社会效益方面均起到了不可低估的作用，因而在长清县得以长期实施。1992年12月，长清县农业区划委员会、长清县农业委员会开具的一份证明信，极大地说明了长清县在应用系统工程优化农牧业生产结构后获得的显著经济、生态、社会效益。

> 为了在本世纪末使我县农业产值翻两番，以提高人民生活水平，于1982年秋，我县领导聘请曲阜师范大学(1985年11月，学校更名为曲阜师范大学)运筹所王长玉(应为“钰”)、赵庆祯、章志敏、张庆水等教授及济南市人民政府农业区划办公室高级工程师张云翔、王传江，利用运筹学方法对我县两大支柱产业种植业和畜牧业的生产结构进行了优化。
>
> 1983年秋至1985年秋，我县按照他们提供的优化方案，调整了原来的结构，取得显著效果。当时尽管遇到大旱，由于结构的调整，种植业与畜牧业产值分别提高14%和80%。
>
> 新的生产结构冲破了传统的单一的计划经济的束缚，考虑了农民种植作物、饲养畜禽的自主权，以及市场需求、市场价格对农民生产活动的影响。十年来，这一思想和方法一直是我县领导人在生产管理中进行决策的依据。在实践中，根据不断变化的情况，用运筹学方法提供的信息，对生产结构进行及时适应调整，获得了显著经济效益和生态效益，使我县成为山东最早的翻番县。目前这一方法已推广至全省几十个县、市，及全国十几个省。①
>
> 长清县农业区划委员会
> 长清县农业委员会
> 1992年12月9日

---

① 长清县农业区划委员会、长清县农业委员会于1992年12月9日开具的证明信。资料存于曲阜师范大学档案馆。

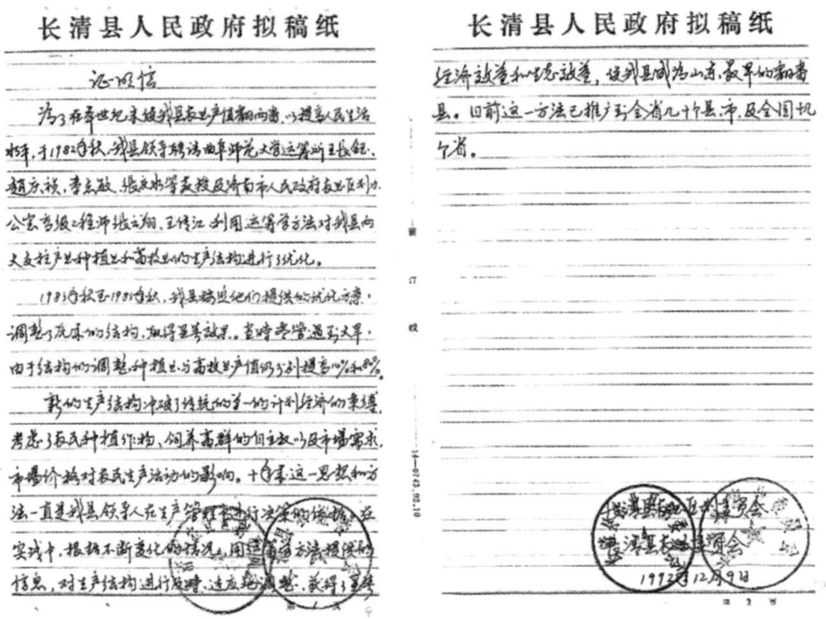
长清县人民政府拟稿纸

证明信

为了在本世纪末使我县农业生产值翻两番，以提高人民生活水平，于1982年秋，我县领导聘请曲阜师范大学运筹所王长钰、赵广祯、李杰敏、张良水等教授及济南市人民政府农业区划办公室高级工程师张云翔、王传江，利用运筹学方法对我县的大农业生产中种植业和畜牧业的生产结构进行了优化。

1983年秋至1985年秋，我县按照他们提供的优化方案，调整了原来的结构，取得显著效果。当时粮食增产达到丰年，由于结构的调整，种植业与畜牧业产值分别提高10%和8%。

新的生产结构冲破了传统的单一的计划经济的束缚，考虑了农民种植作物、饲养畜群的自主权以及市场需求、市场价格对农民生产活动的影响。十年来这一思想和方法一直是我县领导人在生产管理中进行决策的依据，在实践中，根据不断变化的情况，用运筹学方法提供的信息，对生产结构进行及时、适应性调整，获得了显著

长清县人民政府拟稿纸

经济效益和社会效益，使我县成为山东省最早的翻番县。目前这一方法已推广到全省几十个县、市及全国几个省。

1992年12月9日

图 5-2　长清县农业区划委员会、长清县农业委员会开具的证明信复印件（1992 年）

1985 年 1 月，王长钰等人将研究成果形成论文《系统工程在长清县农牧业最优结构布局中的应用》，发表于《系统工程理论与实践》1985 年第 1 期上。同年 11 月，该文荣获山东省农业区划科研成果一等奖；12 月，荣获全国农业区划委员会颁发的农业区划科研成果二等奖。同时，该项研究成果还获得了 1985 年山东省科委优秀成果三等奖。

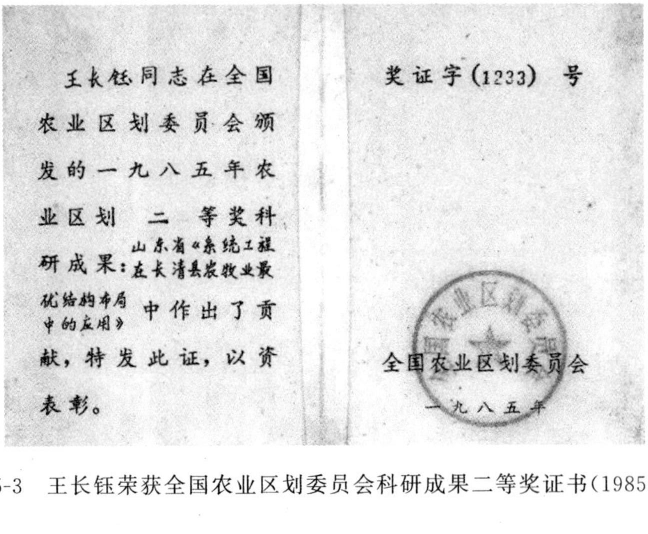
王长钰同志在全国农业区划委员会颁发的一九八五年农业区划 二 等奖科研成果：山东省《系统工程在长清县农牧业最优结构布局中的应用》中作出了贡献，特发此证，以资表彰。

奖证字（1233） 号

全国农业区划委员会

一九八五年

图 5-3　王长钰荣获全国农业区划委员会科研成果二等奖证书（1985 年）

1986年7月6～7日，由王长钰带领的运筹所科研团队与济南市农业区划办公室、长清县农业资源区划办公室共同完成的“长清县农牧业最优结构布局方案的实施研究”课题，在济南市举行的专家鉴定会上获得通过。鉴定会由山东省科委主持，中国科学院、山东省农业厅等部门参加，规格很高，评审严格。鉴定会上，专家们提出了以下评审意见：

一、系统工程必须注重实施。该项目从调查研究开始，经过系统分析，建立模型，直到组织实施，完整地应用系统工程方法调整了县级农村产业结构，并取得了明显的经济效益和生态效益，仅一九八五年由于应用系统工程调整种植业和畜牧业结构，即增加纯收入1481万元（已扣除气候、良种、肥料、政策等各项增产因素的作用），在实施过程中，对下列问题进行了有益的探索。

1.把最优方案变为国民经济指导性计划；

2.在尊重农民经营自主权的前提下，通过恰当的方式，引导农民在实际种植中尽量向最优方案靠拢；

3.通过建立信息网点进行信息反馈，指导全县的实施工作；

4.通过建立产前、产中、产后的服务系统，解决方案实施过程中遇到的各种技术、经济、组织问题。

这些工作为全国农业系统工程的应用提供了很有参考价值的经验和方法。

二、在实施过程中，结合具体情况，对原有的数字模型进行了简化和修正，使模型简明实用，便于实施和推广。这一数学模型综合应用了线性规划、对策论与决策分析和模糊聚类分析等方法，在简化线性规划的变量时，对农业分区选用了依照经济指标分类的方法，在应用决策论方法时，提出了平均效益最高和效益值稳定两项选优准则，这些观点是新颖的，具有一定的学术价值。

三、本项研究提出了一套比较合理的计算经济效益的方法，为国内评价农业系统工程工作的效益提供了有益的经验。

本项研究工作的基础是扎实的，方法是科学的，效益是显著的，它的模型、方法和经验，不仅为长清县由经验决策转变为科学决策提供了依据，而且为我国应用软科学进行县级农业宏观管理提供了一个很好的范例，对全省、全国应用农业系统工程起了较大的推动作用，并在有关国际会议上介绍，引起了有关专家很大的兴趣。

鉴于上述各点，鉴定委员会认为：这项研究具有较高的学术价值和实用价值，不仅在省内为首创，而且达到了国内先进水平，尤其在应用方面处于全国领先地位，是农业系统工程研究中的一项重要成果。希望对已取得的经验进一步作出科学的总结，并把这项实施工作继续下去，在今后的生产实践上发挥更大的作用。①

该项研究成果被与会专家誉为“长清模式”。

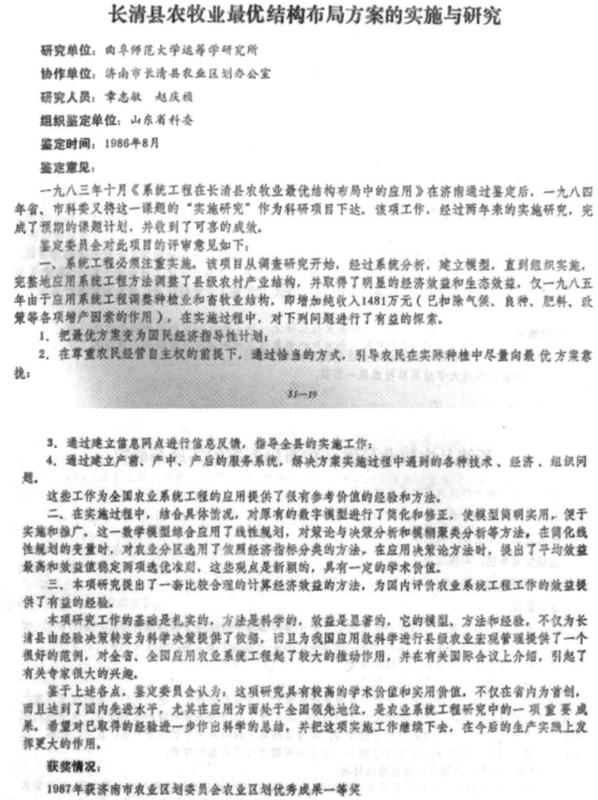

长清县农牧业最优结构布局方案的实施与研究

研究单位： 曲阜师范大学运筹学研究所

协作单位： 济南市长清县农业区划办公室

研究人员： 韋志敏　赵庆祯

组织鉴定单位： 山东省科委

鉴定时间： 1986年8月

鉴定意见：

一九八三年十月《系统工程在长清县农牧业最优结构布局中的应用》在济南通过鉴定后，一九八四年省、市科委又将这一课题的“实施研究”作为科研项目下达。该项工作，经过两年来的实施研究，完成了预期的课题计划，并收到了可喜的成效。

鉴定委员会对此项目的评审意见如下：

一、系统工程必须注重实施。该项目从调查研究开始，经过系统分析，建立模型，直到组织实施，完整地应用系统工程方法调整了县级农村产业结构，并取得了明显的经济效益和生态效益，仅一九八五年由于应用系统工程调整种植业和畜牧业结构，即增加纯收入1481万元（已扣除气候、良种、肥料、政策等各项增产因素的作用），在实施过程中，对下列问题进行了有益的探索。

1. 把最优方案变为国民经济指导性计划；

2. 在尊重农民经营自主权的前提下，通过恰当的方式，引导农民在实际种植中尽量向最优方案靠拢；

31—19

3. 通过建立信息网点进行信息反馈，指导全县的实施工作；

4. 通过建立产前、产中、产后的服务系统，解决方案实施过程中遇到的各种技术、经济、组织问题。

这些工作为全国农业系统工程的应用提供了很有参考价值的经验和方法。

二、在实施过程中，结合具体情况，对原有的数学模型进行了简化和修正，使模型简明实用，便于实施和推广，这一数学模型综合应用了线性规划，对策论与决策分析和模糊聚类分析等方法，在简化线性规划的变量时，对农业分区选用了依照经济指标分类的方法，在应用决策论方法时，提出了平均效益最高和效益值稳定两项选优准则，这些观点是新颖的，具有一定的学术价值。

三、本项研究提出了一套比较合理的计算经济效益的方法，为国内评价农业系统工程工作的效益提供了有益的经验。

本项研究工作的基础是扎实的，方法是科学的，效益是显著的，它的模型、方法和经验，不仅为长清县由经验决策转变为科学决策提供了依据，而且为我国应用软科学进行县级农业宏观管理提供了一个很好的范例，对全省、全国应用农业系统工程起了较大的推动作用，并在有关国际会议上介绍，引起了有关专家很大的兴趣。

鉴于上述各点，鉴定委员会认为：这项研究具有较高的学术价值和实用价值，不仅在省内为首创，而且达到了国内先进水平，尤其在应用方面处于全国领先地位，是农业系统工程研究中的一项重要成果。希望对已取得的经验进一步作出科学的总结，并把这项实施工作继续下去，在今后的生产实践上发挥更大的作用。

获奖情况：

1987年获济南市农业区划委员会农业区划优秀成果一等奖

获曲阜师范大学应用科技成果一等奖。

31—19

图 5-4　“长清县农牧业最优结构布局方案的实施与研究”鉴定意见（1986 年）

① 曲阜师范大学科研处：《曲师大科技成果获奖项目汇编（1955～1989）》，1990 年，内部资料，第 19 页。

由王长钰率领的运筹学研究所研究人员在长清县应用农业系统工程取得成功后,成果得到了山东省政府的大力支持与推广。1985年1月31日,山东省委书记苏毅然在全省农村工作会议上作了题为《关于山东省农村经济发展方向的几个问题》的报告,其中重点介绍了长清县应用系统工程指导农业生产的情况。6月,民政部农村社会救济司司长姚进明到曲阜检查工作,专门约请王长钰介绍了长清县的工作,并讨论了农村抗灾救灾中运用系统工程方法的可能性。

国内各大媒体对长清县应用农业系统工程取得的巨大经济效益也争相报道,积极宣传推广。1985年1月8日《中国青年报》头版刊发宁光强文章《长清县靠科学作决策效益惊人》;1985年1月20日《大众日报》头版刊发李贞寅、何荣德文章《改变旧领导方式 靠科学指挥生产》;1985年2月《内参选编》第4期刊登毛致存文章《长清县运用系统工程选择出农牧业最优结构》;1985年8月19日《农民日报》头版刊发李贞寅、延增宝的文章《长清县建立最佳种植业畜牧业布局》;1986年3月15日《大众日报》头版刊发刘健文章《数学的灵光——曲阜师范大学运筹学研究所推广农业系统工程的事迹》;1986年8月9日《大众日报》头版刊发王锡光、刘健文章《长清县应用系统工程优化农牧业结构》;1986年8月17日《人民日报》第3版刊发贾建舟文章《不凭经验办事 要靠科学决策》,并就此发表编后短评《重新学习当领导》;2003年1月31日《光明日报》头版刊发邢兆远文章《运筹学帮助长清县增收一亿元》。各大媒体对长清县应用农业系统工程增加经济效益所进行的宣传报道,对“长清模式”在全国范围内的推广起到了积极的促进作用。

王长钰在长清县农牧业最优布局研究项目中取得的圆满成功,还得到了国内外专家的广泛关注。

1982年在哥本哈根召开的第11届国际信息处理会议上,中国科学院应用数学研究所的桂湘云教授对这一研究进行了介绍,引起了与会者的极大兴趣,这是“长清模式”首次走出国门,为国外同行所知晓和关注。

1984年,赵庆祯收到在匈牙利布达佩斯举行的第12届国际信息处理会议的邀请,向大会介绍“长清模式”成果,但因经费问题未能参会。

1985年12月,在中国数学会举行的成立50周年纪念大会上,“长清模式”被列为20世纪80年代中国在应用数学研究方面所取得的四大成就之一,《文汇报》1985年12月7日以“我国数学研究成果世界瞩目”为题进行了报道。

1985年赵庆祯收到国际管理学学会邀请,参加1986年7月在澳大利亚举行的第27届学术会议。曲阜师院领导和王长钰认为这是进行国际交流的很好的机会,决定公派赵庆祯参加会议。会上,赵庆祯介绍了长清县农业应用项目,受到与会同行的高度赞誉。参会的美国西华盛顿大学商业与经济学院L.弗洛伊德·刘易斯(L. Floyd Lewis)教授说:“这一成果不仅在于长清县本身取得了经济效益,它的意义还在于显示了科学管理对于经济发展的重要性,不仅为你们国家农业管理科学化提供了具体方法和经验,开辟了途径,对于其他国家,特别是发展中国家也是值得借鉴的。从这个意义上来说,它的经济意义远不止这些。”在参加澳大利亚学术会议前后,赵庆祯还收到许多国家同行索取项目详细资料的信件。

1986年欧洲系统学会主席彼得·布鲁逊教授来曲阜访问,在评价“长清模式”时说道:“这项课题的细致性,它与社会的相关性以及收集数据的充足性给我留下了深刻印象。”他又指出:“‘长清模式’对于整个运筹学界有着深远的影响。”[①]北京师范大学原校长王梓坤院士在《今日数学及其应用》一文中充分肯定了“长清模式”,将其作为数学应用的成功实例详为介绍,并给予了很高的评价。[②]

1988年美国著名运筹学会期刊《运筹学》(*Operations Research*)的主编主动来信约稿,希望能够写一篇关于长清县农牧业最优结构布局方案的论文发表在该杂志上。该杂志是国际运筹学界的最高权威期刊。1991年,由赵庆祯执笔,王长钰、章志敏等人共同完成的论文“The Application

---

① 张庆水手稿《曲阜师范大学运筹学研究历史的简要介绍》(2019年)。资料存于采集工程数据库。

② 参见周光召、朱光亚主编:《共同走向科学——百名院士科技系列报告集》,新华出版社1997年版。转引自王长钰手稿《系统工程在长清县农、牧业最优结构布局中的应用——曲阜师范大学运筹学研究所重大科技成果》(2000年)。资料存于采集工程数据库。

of Operations Research in the Optimization of Agricultural Production”在 *Operations Research* 上发表。文章受到了主编很高的评价，期刊主编 H. 唐纳德·拉特利夫（H. Donald Ratliff）来信说：“您会高兴这篇文章的发表，因为这是我刊发表的第一篇来自中国的论文。”该刊还专门撰写了评论文章“OR in Chinese Agriculture”（见该刊同期第 180 页），原文全文翻译如下：

> 中国是一个发展中国家，在那里生产的管理主要依靠行政管理的意愿和经验。这样不可避免地就出现一些片面的观点、不足的预测。这就没有能力去适应变化的环境。
>
> 1982 年，长清县政府与赵庆祯和他的同事们合作，以科学管理的方法规划该地区的生产结构。他们建立起数学模型、调查数据，获得理论结果并使之应用于实践，取得了许多效益。这项成果引起中外专家的注意。这一成果被称为“长清模式”，并被推广到中国的许多县市，产生了显著的效益。为了更广泛地推广这一成果，一套建立在农业生产基础上的软件系统将被开发出来。现在他们将这一成果整理成《运筹学在农业生产优化中的应用》论文发表出来。

瑞士出版的《运筹学年刊》(*Annals of Operations Research*)，每年一期选择刊登世界各国运筹学领域的优秀成果。1990 年由越民义先生主编组稿一期反映中国运筹学优秀成果的专辑，越先生推荐选取了曲阜师院王长钰、章志敏和赵庆祯的题为“Application of Operations Research in Agricultural Decision Making”(《运筹学在农业决策中的应用》)一文作为中国运筹学应用成果收录其中。

“长清模式”取得的巨大成功，一方面在国内推动了农业经济的发展，在国际上也得到了极大的认可；另一方面也为以后曲阜师范大学运筹学研究所与丹麦等国家和地区在农业系统工程方面的合作提供了契机。

第六章　开启新程　踔厉奋发

就任运筹所所长后，王长钰带领运筹所全体师生奋勇迈向新征程。从“长清模式”推向全国到助力煤矿业生产，从与丹麦开展合作到开展广泛的学术交流，再到山东省重点专业、重点学科、强化重点学科的建设，运筹所登上了一个又一个高峰。在此期间，王长钰也获得了诸多荣誉，“五一”劳动奖章、“全国优秀教育工作者”、山东省劳动模范、山东省专业技术拔尖人才、享受国务院政府特殊津贴、曾宪梓高校教师奖、优秀共产党员、山东省优秀教育世家……繁忙的行政工作之余，王长钰并没有放松科研工作，他的科研成果多次荣获国家级和省级科技进步奖。

“路漫漫其修远兮，吾将上下而求索。”十余载所长生涯，王长钰从未松懈，一直奋进在新征程上。

一、就任所长

1983 年 2 月，经山东省教育厅批准，曲阜师范学院在原运筹学研究室的基础上建立了运筹学研究所，属系一级编制。所内有专职研究人员 13 人，其中硕士学历 6 人、本科学历 7 人，并配有比较齐全的图书资料、仪器设备。该所是国务院首批批准有硕士学位授予权的单位之一，其研究生的主要研究方向有规划论、图论和应用数学。

运筹学研究所初设时，即邀请越民义先生任所长，但被他婉拒：“关于到贵校兼任运筹所所长事，经考虑再三，认为还是由维（应为‘为’）邦同志或你担任为好。因为你们确有能力担任此职，而我现在兼职过多，对己则是穷于应付，对人则是毫不尽职，贻误大事。对于贵校从院领导到系中诸同志给予我的信任，至为感谢，请将此意转达。”[①]后在学校及王长钰的几番盛邀下，越民义先生终于在1983年下半年就任运筹所首任所长直到1988年，以后一直担任名誉所长。1983年底，王长钰任曲阜师范学院运筹学研究所副所长。

二、“长清模式”广泛推广

1984年农业系统工程应用已在长清县初见成效，已是副所长的王长钰也在这个过程中找到了带领运筹所发展的方向——在农业生产中大力推广应用运筹学，助力国家农业经济发展，走出一条属于自己的特色发展之路。在山东省农业区划委员会的大力协助下，“长清模式”的经验由王长钰带领下的运筹学研究所先后在历城县、桓台县、沾化县、潍坊“三北”地区、郯城县、茌平县、陵县等20余县、市广泛推广开来。之后，江苏、吉林、黑龙江、青海、贵州、浙江、湖南、内蒙古等省份的部分县、市，或派人来曲阜师院培训学习，或邀请他们前往指导工作，纷纷进行了系统工程的应用，这使得“长清模式”在全国农业管理系统中得到进一步推广，赢得了社会广泛关注。

现将收集到的山东省内部分县市应用系统工程调整农牧业生产的情况列举如下：

1.运筹学在济南市畜禽业中的应用

1982年与济南市农业委员会合作，对济南市农村畜禽业进行结构调整。

济南市政府于1982年开始采用线性规划模型调整农村产业结构，在调整郊区畜禽业结构时，运筹所研究人员根据畜禽的种类、性别和用途等

① 越民义回信，1983年4月4日。资料存于采集工程数据库。

进行分类，将各类畜禽的饲养量作为决策变量，以最大纯收益为目标函数，以各畜禽种类每头（只）的年平均纯收益为目标函数中的效益系数，考虑猪、鸡等畜禽价格和饲养量的密切关系，根据社会需要、饲养能力、饲养习惯，并参照济南市畜牧业的现状和生产计划，给出饲料、饲养量等约束条件，建立了非线性和随机规划模型。同时，又采用正交设计方法和单纯形法相结合的算法，经几轮计算，得到目标函数的最优值。

该研究形成技术总结报告《济南市畜禽结构探讨》，经国内专家鉴定，一致认为研究中“首次将价格影响引入规划模型，构造非线性规划和随机规划的难度也较大”，“在解法方面，将正交布点逐次迭代求解方法引入上述模型，使正交设计和数学规划方法有机地结合在一起，方法上有所突破，具有较大的学术意义”。[①] 该优化方案经当地政府实施，取得了显著的经济效益，证明其符合济南实际情况。1990 年 6 月，济南市农业委员会出具的证明信中评价该研究“是我国现代化管理方法和手段组织安排生产的一项重要成果，几年来在我市推广利用中已收到了明显的社会效益和经济效益”，“该项研究成果对我市农村产业结构调整，特别是畜禽业的结构调整，提出的科学依据，为我市‘七五’规划的调整修订，以及‘八五’规划的编制都提出了大量科学依据，发挥了决策的参谋作用”。[②]

2.系统工程在历城县畜禽业中的应用

1983 年 10 月至 1986 年 9 月，与历城县农业区划办公室合作，对历城县畜禽业进行结构调整，建立全县规模的畜禽业最优结构与布局。

历城县地处泰山北麓、黄河以南，是济南市的一个近郊县。该县当时有各类草场 70.1 万亩，耕地 69.3 万亩，气候温和，年平均气温 13.4 摄氏度，降雨量 698.6 毫米。据 1981 年畜牧资源调查，全县每年可为畜牧业提供粗饲

① 王长钰、赵庆祯、章志敏、张庆水、龚为邦：《运筹学在中国农业管理中的应用》，1992 年，第 28 页。资料存于曲阜师范大学档案馆。

② 济南市农业委员会于 1990 年 6 月 19 日开具的证明信。资料存于曲阜师范大学档案馆。

料 57744.37 万斤，精料 13196.04 万斤，为发展畜牧业提供了物质基础。①

一个好的畜禽业结构，既能达到与其他产业的关系协调、相互促进，以维持生态平衡和满足社会需要，本身又能取得较大的经济效益，但长期以来，历城县缺乏合理的畜禽业结构，导致畜牧业的生产发展缓慢。为科学地指导畜牧业生产，减少盲目性，运筹所研究人员以畜牧业的子系统为准则，根据畜禽的种类、性别、品种和用途设置了 28 个变量，又根据畜牧业与其他产业间的关系、畜牧业资源数量、社会对畜产品的需要状况、群众饲养习惯、各种畜禽间的关系等方面建立约束条件，经由山东大学 DTL-1 型电子计算机多次运算，得到最优结构方案。通过将最优结构与现状结构对比分析，得出历城县大牲畜和良种畜禽严重不足造成畜禽业结构不合理，影响了经济效益的结论。为此，研究人员提出解决方案：增加大牲畜为现状结构的 1.47 倍，出栏肥猪提高 0.32 倍，兔增加近 6 倍，山羊、土种绵羊数量大幅度下降，良种绵羊数量大幅度上升，可满足农、副业对畜力的需要。山羊减少，良种绵羊增多，既能缓和林牧矛盾，又能提高畜产品的质量。中小食草兽的发展，可使丰富的粗饲料资源得到充分利用，基本上改变历城县耕畜少、山羊多、良种少、土劣种多的畜禽业结构，使自然资源得到合理利用，既保护了生态平衡，又满足了社会对畜产品的需要，并使经济得到很大发展。经济效益方面，经计算，最优结构较原结构在不增加精饲料只增加 18%粗饲料的情况下可增加纯收入 42%，成本利润率提高 11%，肉、蛋、奶分别增加 437.74 万斤、65.04 万斤、56.62 万斤，其他畜产品均有不同程度的增长。② 王长钰在该项目中的主要工作是数学模型的构造。

项目技术总结报告《历城县最优畜群结构探讨》于 1984 年 8 月发表于《曲阜师院学报》(自然科学版)第 4 期。1985 年，该研究荣获山东省农业

---

① 参见历城县畜牧医工作站、历城县农业区划办公室、济南市农业区划办公室、曲阜师院运筹学研究所：《历城县最优畜群结构探讨》，山东省农业区划委员会办公室：《农业系统工程》，1983 年，第 184 页。

② 参见历城县畜牧医工作站、历城县农业区划办公室、济南市农业区划办公室、曲阜师院运筹学研究所：《历城县最优畜群结构探讨》，山东省农业区划委员会办公室：《农业系统工程》，1983 年，第 184～189 页。

区划委员会农业区划优秀成果三等奖。1986 年 9 月，项目经济南市人民政府组织鉴定通过。鉴定委员会专家们一致认为此项研究成果“为畜牧业区域规划工作由定性到定量提供了科学方法”，“在山东省畜牧业中首次应用系统工程方法，是值得提倡和鼓励的”。①

3.系统工程在桓台县农牧水产业最优结构布局中的应用

1984 年 8 月至 1985 年 3 月，与淄博市农业区划委员会、桓台县农业规划委员会合作，对桓台县水产业进行结构调整，建立全县规模的水产业最优结构与布局。

桓台县水面资源丰富，有坑塘 556.11 亩、台田沟 4778 亩，水面众多，生产因素复杂。运筹所研究人员在桓台县有关部门的配合下，对全县坑塘、台田沟进行了清查编号，其中有坑塘 127 处、台田沟 2359 处。根据这个县塘沟多，形态多样，并且水面有活动性的实际情况，研究人员按水深、水源、水面积三要素对生产能力的影响分别进行评分描述，并计算了不同编号坑塘、台田沟间相似程度的统计量；然后应用模糊聚类分析的方法，根据不同编号坑塘、台田沟之间的差异程度（主要表现在产值上）以及当地的具体情况，确定分类指标并进行分类，形成了十一种水产组合（例如，草、鲢、鳙、鲤、鲫鱼种混养，草、鲢鱼种混养，藕、蒲混种等）。研究人员以不同水产组合在不同水域类型的养殖面积作为决策变量，考虑到社会需要、生产需要和水产业发展规律等因素，将面积、鱼种、混养比例、饲草等作为约束条件，将各种水产组合每年在每亩水域上的纯收益定为目标函数的系数，最后通过编制简明实用的微机计算程序，建立起计算比较简便的水产业线性规划模型。经过在“紫金Ⅱ”计算机上计算，得到了水产业的最优解。该最优解不仅可使藕、苇、草、鱼各得其所，同时也可提高水产业的纯经济效益和水产品的质量。②

---

① 曲阜师范大学科研处：《曲师大科技成果获奖项目汇编（1955～1989）》，1990 年，内部资料，第 23 页。

② 参考王长钰、赵庆祯、章志敏、张庆水、龚为邦：《运筹学在中国农业管理中的应用》，1992 年，第 14～16 页。资料存于曲阜师范大学档案馆。

该项目的特点是应用了模糊数学方法解决水面资源的分类问题，编制了简明实用的微机计算程序。同时，项目中还根据作物品种“引新、复优、弃劣”的要求，“把抽象的数学模型和具体的农业经验结合起来，使变量数目大大压缩，从而获得更优的推广价值”①。王长钰主持该项目，完成了项目中数学模型的设计构造以及数据的处理等工作。

1985年3月26日至28日，该项目的鉴定会在桓台县举行。鉴定专家由来自北京、上海和山东的15名专家、教授、技术人员组成。鉴定会上，专家们对该项目作了全面分析论证，并最终通过了鉴定。专家们一致认为：“此项研究工作为国内县级范围农业系统工程的应用，提供了很有参考价值的方法和途径，尤其在模型的简明实用、微机的使用以及应用模糊数学等方面，很有特色，在国内是先进的，是国内农业系统工程研究中的一项重要成果。”②

这项研究工作投资只有1万多元，按照研究制定的调整方案在桓台县实施七年后，取得了很大的社会效益和经济效益：粮食总产量在粮田总面积减少3.31％的情况下增长了65.07％；畜牧业有了长足发展，其中大牲畜由1984年的9876头发展到1991年的65913头，羊的饲养量七年间增长了269.04％，家禽饲养量增长了3.74倍，生猪饲养量增长了20.58％，水产品产量由250吨增加到557吨，翻了一番多。③

1985年4月5日，《大众日报》头版发表文章《桓台应用系统工程调整农业布局》。4月15日，《曲阜师大报》发表文章《农业系统工程应用成果鉴定会在桓台举行　投资一万多元可增收一千六百万元》。1986年3月15日，《大众日报》头版发表文章《数学的灵光——曲阜师范大学运筹学研究所推广农业系统工程的事迹》，都对该项目取得良好的经济和社会效益

① 刘健：《数学的灵光——曲阜师范大学运筹学研究所推广农业系统工程的事迹》，《大众日报》1986年3月15日。

② 曲阜师范大学科研处：《曲师大科技成果获奖项目汇编（1955～1989）》，1990年，内部资料，第14页。

③ 数据取自桓台农业规划委员会于1991年12月9日出具的《证明材料》，资料存于曲阜师范大学档案馆。

进行了宣传报道。

1985 年 11 月，项目成果“系统工程在桓台县农牧水产业最优结构布局中的应用”获得山东省农业区划委员会颁发的山东省农业区划优秀成果三等奖。1986 年 12 月，该成果再次获得淄博市科学技术委员会颁发的淄博市科学技术进步二等奖。

图 6-1　王长钰参加淄博市农业系统工程在桓台县应用成果鉴定会合影（1985 年）（前 3 排右 6 为王长钰）

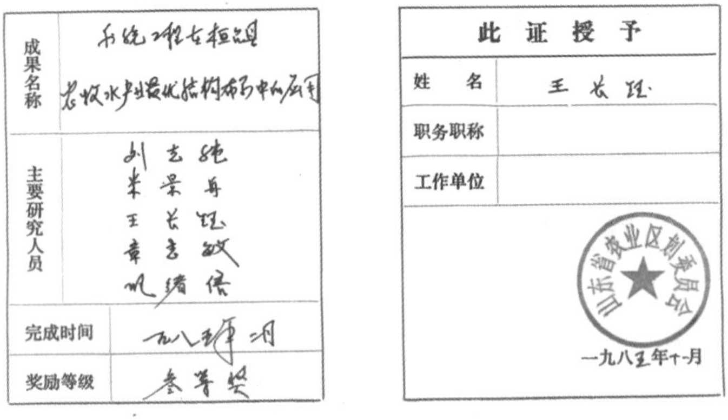

山东省农业区划优秀成果奖励证书

成果名称	
主要研究人员	王长钰
完成时间	
奖励等级	叁等奖

此证授予	
姓名	王长钰
职务职称	
工作单位	

山东省农业区划委员会

一九八五年十一月

图 6-2　王长钰荣获山东省农业区划优秀成果三等奖证书（1985 年）

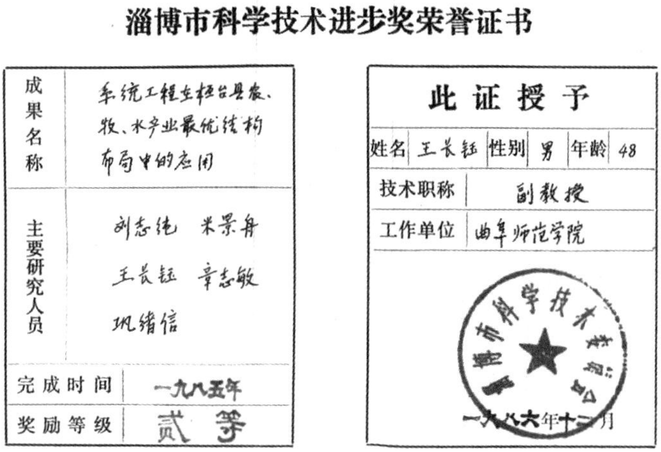
淄博市科学技术进步奖荣誉证书

成果名称	系统工程在桓台县农、牧、水产业最优结构布局中的应用
主要研究人员	刘志纯　米景舟　王长钰　章志敏　巩绪信
完成时间	一九八五年
奖励等级	贰等

此证授予

姓名	王长钰	性别	男	年龄	48
技术职称	副教授				
工作单位	曲阜师范学院				

一九八六年十二月

图 6-3　王长钰荣获淄博市科技进步二等奖证书(1986 年)

大众日報

DAZHONG RIBAO

六届人大

召集各代

树立总体观念　调整一业顾及他业

搞好服务　促进调整

划清政策界限保护改革积极性

帮助农民打好谱　服务工作做到家

修缮烈士陵园

台应用系统工程调整农业布局

图 6-4　《大众日报》头版报道《桓台应用系统工程调整农业布局》(1985 年 4 月 5 日)

4.系统工程在沾化县农村产业最优结构及布局中的应用

1984 年至 1985 年 7 月，曲阜师范大学与沾化县政府合作，应用系统工程对沾化县农牧业结构进行调整，建立沾化县农村产业最优结构。

运筹所研究人员在沾化县各乡镇农业技术人员的协助下，对收集到的几十万个数据进行调查分析，建立起数学模型。又考虑到农村的实际情况，采用多层次优化的方法，经过对 17 个乡镇的优化方案进行多次反馈和循环调优，再通过上机计算，最终得到全县农牧业优化方案。该方案兼顾了大局与小局的利益，具有更大的实用性。王长钰在该项目中承担的主要工作任务为数学模型的设计与构造。项目进行期间，运筹所研究人员还在沾化县举办了农业系统工程学习班，通过课堂讲授、上机实践等方式进行培训，既为农业系统工程的深入推广培养了研究人员，又推动了计算机在全省的应用。

1985 年 7 月 12 日，由曲阜师范大学和沾化县人民政府联合组织对该项目进行了鉴定。鉴定委员会认为，该项目“紧密结合沾化县的具体情况，对各种因素进行了认真的分析筛选，形成了简明实用的数学模型，便于在微型电子计算机上进行计算，适于县级推广应用”，“采用了多层次优化的方法，县级优化和乡镇优化多次反馈，循环调优，便于方案的实施，具有推广意义”，“此项研究很有特色，在县级范围内农业系统工程多层次优化方面达到了国内先进水平，是农业系统工程研究的一项颇有价值的成果”，建议沾化县政府“积极采用这一优化方案”。[①] 1985 年 8 月 11 日《大众日报》头版文章《沾化用系统工程指导生产》、1986 年 3 月 15 日《大众日报》头版文章《数学的灵光——曲阜师范大学运筹学研究所推广农业系统工程的事迹》都对沾化县运用系统工程方法指导农业生产取得较大经济效益进行了报道。

① 曲阜师范大学科研处：《曲师大科技成果获奖项目汇编（1955～1989）》，1990 年，内部资料，第 15 页。

图 6-5　王长钰(右 1)在沾化县农业系统工程学习班上讲课(1985 年)

大衆日報

DAZHONG RIBAO

拍下俺村新面貌

潍坊市工商银行 调整贷款投向 支持企业技术改造

清理帐目张榜公布让农民查对

抓农村财务管理是件大事

我省百余名大学生扎根西藏做出贡献

做有理想守纪律新型农民

社会需求利微薄　“针头线脑”受器重

省首次吕剧青年演员比赛开幕

军人的好妻子　医院的好护士

采取措施落实华侨私房政策

运用科学技术　提高经济效益

村干部献报酬两千　兴建小学新校舍

赵乐琦筹资金万元　自办海上游乐场

图 6-6　《大众日报》头版报道《沾化用系统工程指导生产》(1985 年 8 月 11 日)

5.系统工程在潍坊“三北”农、林、牧、副、渔、盐业生产结构优化中的应用

1984年至1985年10月，与潍坊市农业区划委员会、中国农科院区划所合作，共同承担国家区划局、省科委、省农业区划办公室下达的“系统工程在潍坊‘三北’农、林、牧、副、渔、盐业生产结构优化中的作用”课题，对潍坊“三北”地区的农、林、牧、副、渔、盐业的生产结构进行调整，确立最优调整方案。

潍坊市“三北”地区即潍坊市莱州湾地区(寿光、寒亭、昌邑三县区北部地区)，海岸线全长113千米，陆地总面积2409平方千米，浅海面积2060余平方千米。为了准确掌握“三北”滩涂资源的数量和分布，潍坊市政府与中国农科院区划所合作，“运用遥感技术，利用陆地卫星影像资料，结合地面潮位资料的频率分析，完成了潮间带滩涂资源的调查、海陆界线的检验和补正，并用航空照片结合大比例尺地形图，完成了潮上带滩涂资源和轻盐渍土地的调查”①。

在此基础上，曲阜师范大学运筹学研究所的研究人员将多种渠道收集到的500多万个数据，经过定性分析、建立模型、外业调查、数据处理、上机运算、结果分析等八个阶段，设计出了可供选择的16个线性规划模型方案，并利用对策论的方法选出了最优化实施方案。在数据处理阶段，由于采用了分层抽样、分类调查等方式对数据进行了反复审议，尤其采用遥感技术对土地资源进行了普查，因而整个研究工作的数据是比较系统、完整、准确、可靠的。上机运算阶段，则借助了北京石油化工科学研究院的大型计算机，共“上机调试运算七十余次，得到结果后又采用调整系数修改模型、追踪决策的方法，最终制定出最优方案”②。在该项研究中，王长钰的主要工作是数学模型的设计与构造。

在运用系统工程方法进行产业结构调整的同时，运筹所研究人员又协助潍坊市政府制定了“三北”分层、综合开发规划，“时间跨度包括‘七五’规

① 高宝庆:《科学制定最优规划方案　按规划合理调整与开发》,《大众日报》1986年6月8日。

② 《科学民主确定开发“三北”方案》,《大众日报》1986年9月27日。

划和二〇〇〇年设想。规划内容包括综合、种植业、林业、牧业、乡镇企业、渔业、人口、交通港航、盐化工、环境和能量结构功能分析”[①]等，并将“三北”分成“浅海海产捕捞带，潮间大米草、贝类养殖带，潮上虾鱼养殖带，重盐渍盐化工牧业带，轻盐渍农林牧副(带)五个层次”[②]进行开发。在开发措施上，制定了“农渔并举，以农促渔，渔带工副，工副促农牧和综合开发与小城镇、港口、交通‘三个建设’相结合，以‘三个建设’促综合开发”[③]的路子。按照这一最优方案，潍坊市在基本不增加投资的情况下，仅由于生产结构的合理调整，整个“三北”地区年纯经济效益可增加 8393.4 万元。[④]

1985 年 10 月，该项目由山东省科委组织鉴定并通过。鉴定委员会认为，该项研究“突破了县界，按照自然区域进行了整体规划，同时为了方便应用，又对三个县区按照行政区域作了子系统的处理，这种区域性农业系统工程的应用研究，为国内先例”；模型构造“不但具有较强的宏观性，包括了农、林、牧、副、渔、盐等多个专业，而且在变量的选择上精炼、概括，使模型简明、实用，并且对三县间粮食流通效益等方面的研究，还作了有益的探索”，“不仅为决策机构指挥生产提供了定性定量的科学依据，同时，也为当地群众生产致富提供了信息”，因而建议“抓紧实施，争取早见效益”。[⑤]

《大众日报》分别于 1986 年 6 月 8 日头版刊登《科学制定最优规划方案　按规划合理调整与开发》、7 月 29 日头版刊登《潍坊“三北”综合开发见成效》、9 月 27 日头版刊登《科学民主确定开发“三北”方案》三篇文章，对该研究项目及实施后取得的巨大经济效益进行了宣传报道。

1986 年，该项目获山东省农业区划委员会优秀成果一等奖。

---

① 高宝庆：《科学制定最优规划方案　按规划合理调整与开发》，《大众日报》1986 年 6 月 8 日。

② 高宝庆：《科学制定最优规划方案　按规划合理调整与开发》，《大众日报》1986 年 6 月 8 日。

③ 《科学民主确定开发“三北”方案》，《大众日报》1986 年 9 月 27 日。

④ 数据取自《曲阜师范大学大事记 1955～1995》，1995 年，内部资料，第 203 页。

⑤ 曲阜师范大学科研处：《曲师大科技成果获奖项目汇编(1955～1989)》，1990 年，内部资料，第 16 页。

图 6-7　潍坊市“运用农业系统工程开展‘三北’综合发展战略研究”鉴定会（1985 年）

大众日报

DAZHONG RIBAO

胡耀邦离京赴英国、联邦德国、法国和意大利进行正式访问

深入探讨领导水平提高 集中时间加强理论学习

国威军威看南疆

拥军优属 支援部队建设

我省女队获团体总分第一

我省150万民兵帮军烈属夏收

“老山精神”在全县城乡发扬光大

科学制定最优规划方案 按规划合理调整与开发

图 6-8 《大众日报》头版报道《科学制定最优规划方案　按规划合理调整与开发》

（1986 年 6 月 8 日）

大眾日報
DAZHONG RIBAO

热烈祝贺
济南化工原料批发公司食用化工原料经营部开业志喜
上海日用香精厂敬贺

宁阳县自力更生发展小火电
工业用电得保证 村村夜晚灯火明

潍坊摒弃凭经验个人说了算的旧决策方法
科学民主确定开发“三北”方案
应用现代科学手段和方法优选出的方案实施后已初见效益

省13届运动会有24项比赛结束
创世界和亚洲纪录各3项

小火电解决大问题

青年农民刘铭君揭开奥秘

交流文化 发展旅游 繁荣经济 增进友谊

图 6-9　《大众日报》头版报道《科学民主确定开发“三北”方案》(1986 年 9 月 27 日)

6.运用系统工程方法进行山东省农村产业结构最优方案的研究[①]

1984 年至 1986 年 1 月，与山东省农业区划办公室合作，运用系统工程方法对全省农村产业结构进行最优方案研究。

该项研究包括了全部农村产业结构，基本总揽了全省整个农村经济，范围大、层次多，国内少见。参加该项课题调研的干部与科技人员多达 1400 人，动用数据约 800 万个，取得了比较系统、完整的数据。在建模技术方面，根据时间跨度大、空间分布广的特点，采用增加变量的技巧处理了问题中的动态因素，建立了具有九千多个变量、上万个约束方程的大型线性规划模型，所得出的优化方案，不但有 1986 年的近期目标，而且兼顾了 1988 年、1990 年的中期规划以及 2000 年的长远规划，为各级领导部门进行管理和宏观决策提供了现代化的科学方法和依据。在求得全省总体方案的同时，还得出了 14 个地市各具特色的独立方案，既体现了地域特点，

① 参见曲阜师范大学科研处:《曲师大科技成果获奖项目汇编(1955～1989)》,1990 年,内部资料,第 17 页。

使其发挥各自优势,同时又使省级方案与各地市的方案更好地衔接起来,便于实施。在计算工作中,设计了"二级模型发生器"软件系统,以代替用人工汇总建模的烦琐过程,大大减轻了工作量,缩短了建立总模型的时间,并可严格检查数据,避免遗漏失误。在课题进行过程中,还实行了工作程序化、规范化与表格化,为系统开发的组织工作提供了有益的经验。王长钰在该项研究中承担的主要工作任务为数学模型的设计与构造。

1986 年 1 月 23 日至 24 日,项目由山东省科委在济南市组织鉴定并通过。鉴定委员会认为,该研究课题"成果在国内是首创的,对多层次建模也具有普遍意义","达到了国内先进水平,在省级研究中居领先地位。建议作为重大科技成果上报"。该研究获 1987 年山东省科学技术进步三等奖。

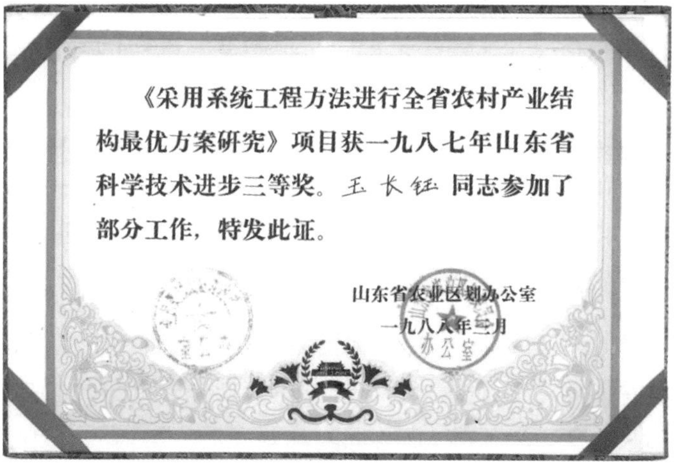
《采用系统工程方法进行全省农村产业结构最优方案研究》项目获一九八七年山东省科学技术进步三等奖。王长钰同志参加了部分工作,特发此证。

山东省农业区划办公室
一九八八年三月

图 6-10　王长钰荣获 1987 年山东省科学技术进步三等奖证书(1988 年)

7.城郊型农村产业动态模型的研究①

1984 年至 1986 年 9 月,与济南市农业区划办公室合作,完成山东省

① 参见曲阜师范大学科研处:《曲师大科技成果获奖项目汇编(1955～1989)》,1990 年,内部资料,第 20 页。

教育厅下达课题“城郊型农村产业动态模型的研究”。

该课题针对济南市城郊的特点进行研究，内容基本上包括了全部农村产业结构，范围较广，层次较多，在国内尚属少见。研究过程中，根据时间跨度长的特点，在建模技术上用增加变量的技巧较好地处理了问题中的动态因素，首次采用模糊规划的方法处理了中、长期经济发展规划问题，并采用 S-曲线预测和专家预测相结合的方法以保证中、长期规划方案中的各项系数的可靠性。王长钰在课题中承担的工作任务为数学模型的设计与构造。

1986 年 9 月 10 日，由山东省教育厅对该项目组织鉴定并通过。鉴定委员会认为，此项研究成果“具有一定的学术价值和实用价值，不但为济南市经济决策起了参谋作用，而且提供了一些值得借鉴的方法和途径。此项研究成果达到了国内先进水平，希望作进一步探讨，使之更加完善”。1987 年，该项目获山东省教育厅科学技术进步三等奖和曲阜师范大学应用科技成果二等奖。

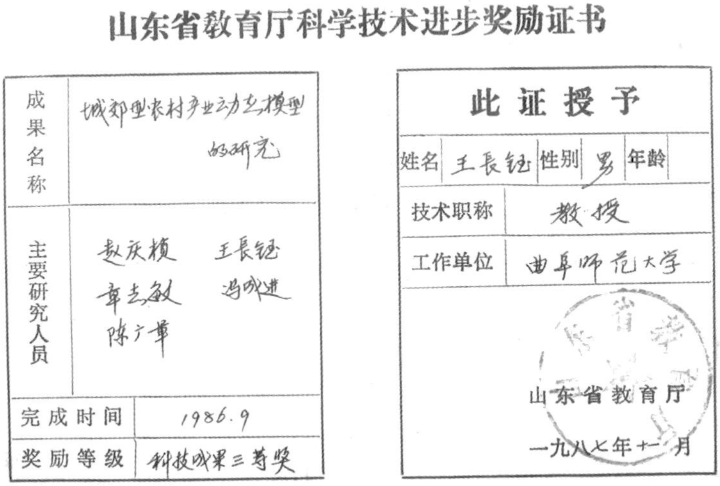
山东省教育厅科学技术进步奖励证书

成果名称	城郊型农村产业动态模型的研究
主要研究人员	赵庆桢　王長钰　章志敏　冯成进　陈广華
完成时间	1986.9
奖励等级	科技成果三等奖

此证授予

姓名	王長钰	性别	男	年龄	
技术职称	教授				
工作单位	曲阜师范大学				

山东省教育厅

一九八七年十一月

图 6-11　王长钰荣获山东省教育厅科学技术进步三等奖证书（1987 年）

8.应用系统工程调整郯城县农牧业结构及农村劳力转移研究

1985年9月至1986年9月，与郯城县政府合作，应用系统工程原理调整郯城县农牧业结构，并进行店子乡优化劳力转移研究，确立店子乡1986年至1990年农村劳力转移优化方案。

早在1982年初，中共中央批转了《全国农村工作会议纪要》，明确了包括家庭联产承包责任制在内的各种农村责任制形式都属于社会主义集体经济的生产责任制。1983年，中央1号文件又正式将家庭联产承包责任制确立为农村改革的一项战略决策。家庭联产承包责任制日益在全国农村推广普及开来，极大地解放了农村生产力，调动了广大农民的生产积极性。随着农民投入生产的有效劳动大大增加，以及农业劳动生产率的不断提高，农村剩余劳力有了明显增加。由于1990年前后将出现劳力适龄人口高峰期，以及机械化程度的不断提高和科学技术的不断进步，农村剩余劳力将会越来越多。虽然这部分劳力会随着农村产业结构的调整，由经济效益低的产业部门向经济效益高的产业部门转移，这是农村劳力结构变化的一种合理趋势，有助于提高劳动生产率、增加农民收入，但这些转移的自发性和无计划性，却导致了有的产业部门因劳力过于集中而出现窝工或产品过剩等问题，有的产业部门则由于劳力不足而影响生产或因社会需求降低影响了效益。例如，郯城县店子乡的建筑业刚兴起时，人少活多工值高，但几年下来，由于劳力盲目流入，建筑业无计划地扩大，出现劳力积压、工值下降的问题。又如建材业，原来全乡有预制厂36处，700余名从业人员，由于工值高，效益大，劳力盲目转入，至1986年已发展到预制厂61处，从业人员过千人，加上这一时期农村盖房由高潮转入低谷，建材产品卖不出去，造成了很大的浪费。这是农村劳力转移中出现的一方面问题。另一方面，大量年轻、有文化的劳力离开了种植业向二、三产业转移，这又导致了种植业劳力的文化水平下降和老年化问题，并进一步影响到粮食生产及农业现代化的迅速实现。[1] 因此，如何求得一个农村劳力在产业部门内部

---

① 参见王长钰、赵庆祯、章志敏、张庆水、龚为邦:《运筹学在中国农业管理中的应用》，1992年，第17页。资料存于曲阜师范大学档案馆。

和各产业部门之间的合理结构，成为农村产业结构调整的一项重要内容和研究新课题。

从1985年9月开始，运筹所与郯城县农业区划办公室合作，对店子乡的劳力转移问题进行了研究。该项研究的主要目的，是通过寻求农村劳力转移的最优结构，以达到最高纯收益。店子乡共有建材、建筑、运输、编织、饮食、商业、村办工业、种植业、林业、畜牧业、渔业等十三个行业，研究人员将店子乡的劳力分成男整、男青半、男老半、女整、女青半、女老半六类，因能投入劳力的人员只有学生或自然成龄人员，故六类劳力中能投入实际劳动的只有男整、男青半、女整、女青半四类。[①] 在建立数学模型时，研究人员按照1986年至1990年五个年度考虑，对收集到的20多万个数据进行处理，将各年内各类劳力创造的净产值作为目标函数，各年度新投入劳力、各行业容纳劳力、劳力转移、各行业内各类劳力比例、非负条件等作为约束条件，建立了包括1105个决策变量和640个约束(非负约束除外)条件的非线性数学模型。按照模型需要，研究人员还设计了表格开展普查。根据普查结果、历年统计数据和"七五"规划数据确定了1986年模型需要的各项数据，并对未来数据进行了专家预测，把经过论证并征得领导承认的各项数据输入模型，经上机运算，求得了店子乡1986年至1990年劳力转移优化方案。

在该项研究中，由于研究人员进行了大量的调查研究和对数据的科学处理，数据资料比较系统、完整。所建立的农牧业数学模型，密切结合了郯城县的具体情况，简明实用。同时，研究人员还设计建立了多种优化模型，并进行了多种优化方案的选择，为郯城县农业宏观决策提供了科学依据。所建立的店子乡劳力流向的数学模型，则为研究农村劳力由种植业向多种经营的合理转移提供了很有参考价值的研究方法。

1986年9月，山东省农业区划委员会组织了对该项目的鉴定会并通过了该项目。鉴定委员会一致认为："郯城县农牧业模型所采取的对各种优化方案进行分析比较的做法，很有特色，在省内是先进的；特别是用系统

---

① 参见王长钰、赵庆祯、章志敏、张庆水、龚为邦：《运筹学在中国农业管理中的应用》，1992年，第19页。资料存于曲阜师范大学档案馆。

工程定量分析的方法对农村劳动力转移的探索，属于省内首创，在国内也是比较先进的。建议对农牧业优化方案抓紧实施，早见效益，对劳力转移的研究作出实践性应用，为推进省内外这方面的研究工作作出贡献。”[①] 1987年，该研究荣获临沂地区科委科学进步三等奖和曲阜师范大学应用成果三等奖。

该优化方案经郯城县政府五年的实施运转，在经济效益、生态效益和社会效益方面都取得了显著成效。1991年全县各产业协调发展，工农业总产值实现177615万元，比1985年的52223万元增长240%，其中农业总值达到72547万元，增长了88%；工业总产值到达105068万元，增长了671%；人口自然增长率为9.1‰，全县劳动力流向较合理。[②]

图6-12 王长钰(右3)参加“应用系统工程调整郯城县农牧业结构及农村劳力转移研究”鉴定会(1986年)

---

① 曲阜师范大学科研处:《曲师大科技成果获奖项目汇编(1955～1989)》,1990年,内部资料,第21页。

② 参见郯城县人民政府、郯城县农业区划委员会于1991年12月出具的《郯城县农业区划办公室与曲师大运筹所关于合作项目的效益统计》。资料存于曲阜师范大学档案馆。

9.系统工程在农业结构布局中的应用

1985 年，王长钰将“历城县最优畜群结构探讨”“系统工程在沾化县农村产业最优结构及布局中的应用”“系统工程在潍坊‘三北’农、林、牧、副、渔、盐业生产结构优化中的作用”三项研究中的经验进行总结，形成报告《系统工程在农业结构布局中的应用》。报告中，王长钰将在农业结构布局中应用系统工程的经验总结为三点：一是设计出一套适用于制订农业计划的数学模型，使我国农业区划由定性研究转到定量、定位研究；二是编写出一套适用于我国县级应用的微机计算程序；三是提出了决策分析中两种决策的选优标准。该研究成果于 1985 年 12 月获得山东省教育厅科技进步一等奖。

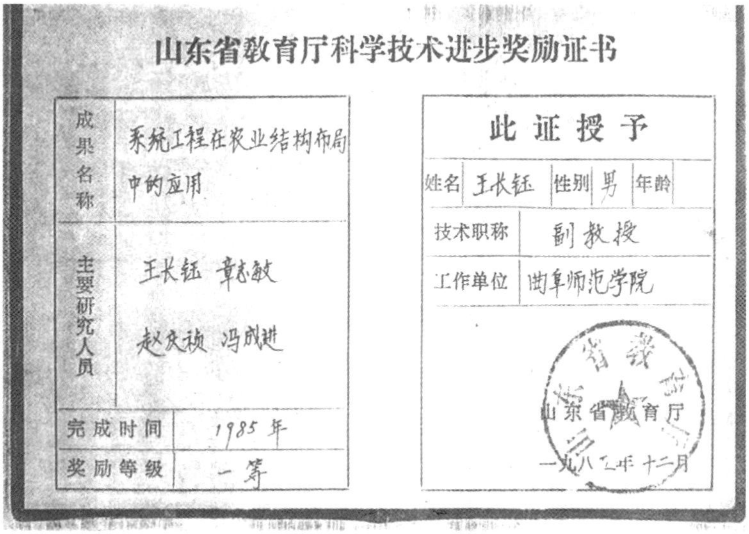
山东省教育厅科学技术进步奖励证书
成果名称　系统工程在农业结构布局中的应用
主要研究人员　王长钰　章志敏　赵庆祯　冯成进
完成时间　1985 年
奖励等级　一等
此证授予
姓名　王长钰　性别　男　年龄
技术职称　副教授
工作单位　曲阜师范学院
山东省教育厅
一九八五年十二月

图 6-13　王长钰荣获山东省教育厅科技进步一等奖证书(1985 年)

10.运筹学在济南市蔬菜均衡生产中的应用

1987 年，与济南市农业区划办公室合作，应用运筹学方法对济南市蔬菜生产进行统筹规划研究，提出优化方案。

当时，济南市有城市人口 120 多万，城市蔬菜供应问题一直是政府的重要工作内容之一。过去济南市政府采用统购统销的办法管理蔬菜供应，经常出现供应不均衡的现象，蔬菜或缺货、或滞销，政府为了鼓励农民生产蔬菜，又要支付大量财政补贴，给政府财政造成了压力。另外，由于蔬菜生产具有茬口复杂、季节性强、风险性大的特点，20 世纪 80 年代以后，蔬菜生产的盲目性与城市需求的均衡性间的矛盾愈发突出，城市的蔬菜需求结构发生了较大变化，同时人们的习惯性消费与科学的膳食结构也存在较大的差距。

为解决上述矛盾，研究人员在“以需求确定生产”的指导原则下，应用运筹学方法，从蔬菜的总体布局、品种产量、菜口安排、上市时间到城市季节需求和销售等方面，进行了统筹规划研究。在设计数学模型过程中，确立净收益为目标函数，将接茬时间、旬产量、栽培方式、营养结构、资源、生产资料、各区各类蔬菜面积等作为约束条件，经多种状态，多种内、外部条件进行模拟、预测和分析，最后得到最优结果，可使经济效益由原来的亩净产值 503 元提高至 546 元(不计物价上涨)，总净产值由 13306 万元提高至 13565 万元，每工净收入由 6.87 元提高至 7.36 元，总产量由 64132 万公斤提高至 66857 万公斤，上市量由 24040 万公斤提高至 26179 万公斤，四、八、九三个淡季月供应量由 1141 万公斤提高至 1478 万公斤，六、七、十一三个旺季月供应量稍有减少，但也基本可实现全年均衡供应，品种结构的细菜率由原来的 39.28%增至 46.17%，提供胡萝卜素、硫胺素、核黄素、尼克酸(即烟酸)等人体必需维生素的蔬菜平均可提高 13.7%。[①]

该研究重视了价格的支配作用，使市场调节大于统一计划的成分，同时提出了多种产、供、销优化方案，使蔬菜产销的系统结构更能适应城市消费需要。该项研究成果经过几年的应用，“基本符合济南市的蔬菜供销情况，为蔬菜由统一计划管理向市场经济过渡，提供了有效的控制手段。济南市的蔬菜供销生产，现在是全国最好城市之一，基本达到了均衡生产、均衡供应，菜农收入提高、市场价格稳定，淡旺季的特点在逐渐淡化，以上良性循环的出现，与研究者提供的科学方案密切相关”[②]。

---

① 数据取自王长钰、赵庆祯、章志敏、张庆水、龚为邦:《运筹学在中国农业管理中的应用》，1992 年，第 24 页。资料存于曲阜师范大学档案馆。

② 济南市农业委员会于 1992 年 12 月 9 日出具的证明信。资料存于曲阜师范大学档案馆。

11.陵县洼涝盐渍土综合利用和综合配套技术研究[①]

1986年至1990年9月，与中国农科院土粮肥料研究所、陵县人民政府合作，承担国家“七五”重点科研项目“洼涝盐渍土综合利用和综合配套技术”，运用生态原理和系统工程方法，对山东陵县开发利用盐碱地资源和调整农业产业结构开展研究。

陵县位于鲁北平原古黄河背河洼地之中，地形封闭，潜水位高，土壤盐分高，全县共有耕地129万亩，其中51万亩为重盐碱地。作为重洼涝盐渍区，陵县在黄淮海平原5000万亩盐碱地中具有极强的代表性。积极开发盐碱地资源，防止土地次生盐渍化，提高土地生产力，是缓解我国人口多、耕地少这一矛盾的一条有效途径。为此，在国家“七五”计划期间，曲阜师大运筹所与中国农业科学院土粮肥料研究所、陵县农业区划办公室等单位合作，利用运筹学方法，开展了陵县盐碱荒地综合治理的研究，内容包括洼涝盐渍区排灌体系、盐碱土肥力评价与培肥技术、品种筛选和良种良法栽培技术、草食畜禽饲养技术、农村产业结构优化调整等五项配套技术的研究。

运筹所研究人员在进行陵县盐碱荒地和中低产田开发治理优化方案的研究中，根据粮食亩产量将陵县土地分成了盐碱荒地、低产田、中产田、高产田四类，又根据合理安排每年开荒和改造中低产田的数量使经济收入最大化的要求，确立数学模型的目标函数为1991年至2000年通过土地的开发和治理增加的总收益，约束条件为土地开发治理面积约束、资金约束、变量界约束三类，依据该县实际情况，建立了包含有30个决策变量和59条约束的线性规划模型。将该模型输入计算机，用单纯形算法，经19次迭代，得到最优解。据计算，如果该优化方案实现，十年可增收11.1亿多元。

在研究盐碱荒地治理技术的同时，运筹所研究人员还进行了陵县农村产业结构调整的优化研究。研究人员在对山东省陵县自然资源、农村产业

---

① 参见王长钰、赵庆祯、章志敏、张庆水、龚为邦:《运筹学在中国农业管理中的应用》，1992年，第29～41页。资料存于曲阜师范大学档案馆。

结构现状系统分析的基础上，建立了陵县农村产业结构线性规划模型。该模型共分1990、1992、1995、2000四个年份，种植业、林业、畜牧业、水产业、第二第三产业五个行业，其中每个行业又细分成棉花、小麦、玉米（种植业），材林、农林间作、各种主要水果（林业），牛、马、猪、羊、鸡（畜牧业），自然坑塘养鱼、河道养鱼（水产业），纺织、建材、食品（第二第三产业）等85个子项目。

数据的正确与否，是应用数学模型成败的关键。模型中应用到的数据主要来自实地调查和统计资料，其中包括中国农业科学院陵县试验区1986年至1989年设置的40个不同类型的调查农户，调查积累的农牧、农林、农渔业经营状况和土壤肥力等方面的数据；中国农业科学院国家"六五"计划、"七五"计划期间的科研成果，如配方施肥、培肥实验等取得的数据；农业区划积累的数据和科技人员提供的数据等。上述数据经有关领导和有关专家反复论证，去伪存真，从而保证了数据的准确性和可靠性。在中长期方案中使用的数据则是经过预测取得的，分别采用了回归预测、S-曲线预测、年递增预测、专家预测等方法。将上述数据核对无误后，输入符号模型，然后上机计算，共获得近期（1990年、1992年）、中期（1995年）、远期（2000年）三个时期的八个方案。其中，近期每年度一个方案，中期和远期每年度三个方案：一是综合发展型（Ⅰ型），即根据社会和自然条件、粮棉稳步增长、规划留有余地的要求设立，实施的可能性比较大；二是农牧结合型（Ⅱ型），是在发展粮棉生产的同时，充分利用精、粗饲料，最大限度地发展畜牧业，提高畜牧业产值和肉、蛋、奶总产量的要求下设立的；三是科技开发型（Ⅲ型），是在资金投入和科技水平较高的条件下设立的，粮、棉单产提高幅度均较大。

根据计算，调整方案实施后，种植业占农村净产值比例逐年下降，由1990年的60.53%，到1995年可降为50.03%，到2000年降为49.83%；第二第三产业所占比例呈上升趋势，1990年占10.75%，1995年、2000年可分别上升为19.79%和24.29%；林业所占比例基本稳定；畜牧业所占比例，Ⅲ型基本稳定，Ⅰ型和Ⅱ型略有下降；水产业所占比例略有上升。生态环境方面，林木覆盖率随着林网面积和果园面积的增加而逐年提高，从而改善了农田小气候和生态环境，到 2000 年可逐步达到 18.94%；耕地土壤有机质含量是依亩耕地占有标准畜头数的增加而提高的，陵县畜牧业的较大发展，为培肥土壤创造了条件，土壤有机质逐步得到改善，到 2000 年有机质含量最高可达 1.17%；随着排涝面积增加，大面积盐碱荒地开垦成为耕地，部分中、低产田改造成中、高产田，旱、涝成灾面积及盐碱地面积将大大减少，整个农村生态环境将会得到很大改观。

在陵县农村产业结构优化研究中，研究人员还应用改进的动态排序方法，对陵县的种植业、林业、第二第三产业的发展趋势设计了动态排序函数。经上机计算后，得到了 1981 年至 2000 年陵县五业在农业总产值中的比例，同陵县农村产业结构优化方案中各业所占比例比较后基本一致，因而也证明了陵县产业结构优化方案是可行的。

运筹所研究人员在陵县盐碱荒地综合治理研究中所设计的五项配套技术，均被当地农业管理部门接受，并在试验区进行了全面实施，取得了良好效益：试验区人均收入由 598.7 元增至 935.8 元。在陵县及周围地区大面积推广应用后，三年累计增加效益可达 6196 万元。其中，陵县农村产业结构优化方案于 1989 年经当地政府实施后，畜牧业产值由 1988 年的 7106 万元上升到 1989 年的 8008 万元，增长了 12.7%；种植业方面，农民人均收入在 1987 年、1988 年两年均为 570 元的基础上，1989 年上升到 621 元；农业总产值在 1987 年、1988 年分别为 39663 万元、39813 万元，1989 年则增长到 42600 万元，整体新增纯收益在扣除品种、肥料、灌溉等其他农业技术的因素后达到 613.2 万元。①

该研究项目形成总结报告《洼涝盐渍土综合利用和综合配套技术》，并于 1990 年 9 月 27 日在北京通过国家鉴定，总体研究成果达国际先进水平。《光明日报》1990 年 10 月 5 日头版文章《陵县大片盐碱荒地变成高产粮田》，《曲阜师大报》1990 年 10 月 20 日头版文章《昔日盐碱地　今日丰收良田》均对陵县运用生态原理和系统工程方法，成功开发利用盐碱地资源和调整农村产业结构并取得良好经济效益进行了推广报道。

---

①　数据取自陵县人民政府于 1991 年 12 月 17 日出具的证明信。资料存于曲阜师范大学档案馆。

光明日报

GUANGMING DAILY

总书记塞外行

面向国民经济和社会发展的需要 促进高等学校教育自身向前发展

高校科技：投资省 成果多 效益大 水平高

国庆特稿

盐碱土资源开发利用研究显示实绩

陵县大片盐碱荒地变成高产粮田

本届亚运会射箭场捷报迭出 南朝鲜两女将双超世界纪录

图 6-14 《光明日报》头版报道《陵县大片盐碱荒地变成高产粮田》(1990 年 10 月 5 日)

12.茌平县农村产业结构调整

1987 年，与茌平县合作共同承担山东省农业区划办公室下达的“茌平县农村产业结构调整”研究任务，对茌平县产业结构进行优化调整。在该项研究中，运筹所研究人员采用改进的层次分析法(AHP)对茌平县进行了国土规划，并对主要指标进行了动态排序，经过对计算结果的分析，制定出最优调整方案。经山东省鉴定，认为该项方案在工作速度、规范化、程序化等方面达到了省内领先地位。该项研究经过五年实施，取得了良好的经济效益和社会效益。1992 年 11 月，茌平县农业区划办公室出具的证明信中提道：“通过几年的实施，证明该项研究设制的优化方案切实可行，具有科学价值和使用价值，经济、社会、生态效益明显提高。”①

① 茌平县人民政府、茌平县计划委员会于 1992 年 11 月 20 日出具的证明信。资料存于曲阜师范大学档案馆。

13.惠民县农业发展规划决策模型设计

1987 年，曲阜师范大学运筹所为惠民县农业发展规划提供决策模型。研究人员共设计出粮棉、畜牧、林果、综合四个方案，通过多次上机计算，最终确立综合型发展方案为最优方案。经广泛实施，取得了理想的社会、经济、生态效益。自 1988 年至 1992 年，五年总计增产效益 32234.6 万元，扣除其他技术、资金、管理（物化劳动、活劳动）增加收入，取得实际经济效益 9670.38 万元。①

14.系统工程在临沭县花生优化栽培技术中的应用

1988 年至 1989 年，与临沭县政府合作，应用系统工程方法优化临沭县花生业栽培技术。该项研究的技术总结报告《系统工程在临沭县花生优化栽培技术中的应用》，于 1989 年 12 月获得山东省教育委员会科学技术进步三等奖及曲阜师范大学论文二等奖。

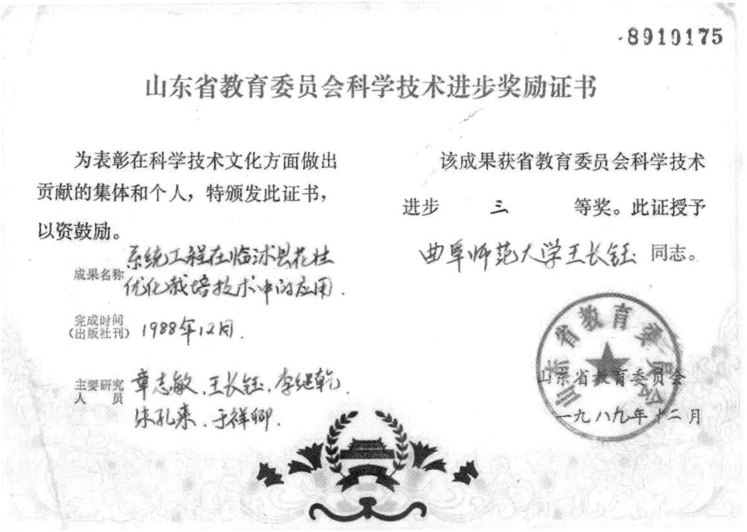
·8910175

山东省教育委员会科学技术进步奖励证书

为表彰在科学技术文化方面做出贡献的集体和个人，特颁发此证书，以资鼓励。

成果名称 系统工程在临沭县花生优化栽培技术中的应用.

完成时间（出版社刊） 1988年12月.

主要研究人员 章志敏.王长钰.李继乾.朱孔来.于祥卿.

该成果获省教育委员会科学技术进步 三 等奖。此证授予 曲阜师范大学王长钰 同志。

山东省教育委员会

一九八九年十二月

图 6-15　王长钰荣获山东省教育委员会科学技术进步三等奖证书（1989 年）

① 数据取自山东省滨州地区农业区划委员会办公室于 1992 年 11 月 30 日出具的证明信。资料存于曲阜师范大学档案馆。

15.国土规划指标体系和综合模型研究

1989 年至 1991 年,王长钰负责主持与中科院应用数学所、西安电子科大合作开展的国家科委国土司研究项目"国土规划指标体系和综合模型研究"。1991 年 12 月,该项目通过鉴定。

王长钰带领下的曲阜师大运筹所研究人员在全省所开展的运筹学对宏观农业的应用研究,均取得了显著的经济效益和社会效益,并为决策部门提供了重要的科学依据。值得指出的是,运筹所研究人员十余年来应用运筹学的过程中,还多次举办"运筹学与计算机"培训班,编写了讲义《农业系统工程》(其中"对策论与决策分析"部分为王长钰执笔)作为培训班教材,为国内培养了 600 多位科学管理人员,并促进计算机在 30 多个县、市的农业管理部门中得到普及。与此同时,运筹所研究人员还为山东省建立了农业数据库和专家系统,并指导 20 多个县、市建立了农业数据库。

在推广过程中,王长钰非常注重对运筹所青年教师的培养,或主动与他们进行科研合作,或积极帮助青年教师争取合作项目,让他们成为能够独当一面的运筹学人才。例如,合作推广项目中的"系统工程在历城县畜禽业中的应用"就由王长钰的首届硕士研究生赵庆祯主持(毕业后留校),"茌平县农村产业结构调整"项目由青年教师冯成进主持。

王长钰带领运筹所研究人员所开展的运筹学在农业应用中的研究工作,有力地促进了中国农业管理科学化的进程,为运筹学在中国的应用开拓了新的领域。这一研究成果及其进展情况,在国际上也普遍得到了关注与长期重视。1982 年在哥本哈根召开的第 11 届国际信息处理会议上,1985 年在澳大利亚召开的第 27 届国际科学管理会议上,1991 年在北京召开的第 2 届亚洲太平洋地区运筹学会议上,均进行了充分交流。美国西华盛顿大学商业与经济学院的 L.莱维斯教授评价他们的工作时指出:"这项工作……不仅为你们国家的农业管理科学化提供了途径,对于其他国家也是值得借鉴的。"[①]1994 年,日本《运筹学通讯》第 1 期刊载了王长钰、赵庆

① 章志敏:《从田间调查到国际合作》,《曲阜师大报》2010 年 11 月 16 日。

祯等人的"The Application of Operations Research to the Management of Agriculture in Changqing and Tancheng County"一文，将长清县与郯城县的应用成果作为运筹学在农业管理中应用的典型实例进行介绍，并得到日本著名运筹学家若山邦紘教授的高度评价："关于中国的事例，首先是关于某县的农业、畜产的最佳配置的线性规划的应用例子。在这个县栽培的作物获得最大丰收。农作物的收成被气候的好坏所左右。有些年闹水灾，有些年干旱无雨，这些情况事先排除在外(不予考虑)，利用'博弈论'的方法制订计划。其次介绍了关于农村劳动力的最佳配置的例子。对这些问题的研究强有力地促进了中国的农业改革政策为向市场经济过渡作出了贡献，开辟了运筹学应用的新领域。"①

三、运筹学助力煤矿业生产

1988 年 7 月 16 日，王长钰正式就任运筹所所长，原所长越民义为名誉所长。

进入 20 世纪 90 年代后，改革开放政策持续深入发展，尤其是 1992 年邓小平南方谈话之后，改革开放进入了新阶段。曲阜师范大学运筹学研究所作为一所在全国运筹学界知名的科研机构，如何在社会发展大潮流中找到新的发展方向，成为此时身为所长的王长钰重点考虑的一个新问题。曲阜师范大学素来有教学、科研、生产相结合的优良传统，在这一办学思想的指导下，王长钰决定"走出去"，在生产实践中发现问题，找到发展方向。他将所内研究人员分成几组，分别派往不同的生产行业。其中，被派往煤矿行业的时贞军、陈广军二人在生产实践中发现，在采煤过程中，有许多地方可以应用运筹学方法进行改进，提高生产效率。二人返校后将这一情况汇报给了所长王长钰。王长钰认为应用运筹学助力煤矿业发展，是一个很好的发展方向，经所内研究后决定重点支持，积极与周边煤矿企业联系，多次与山东省七五生建煤矿、兖州矿务局兴隆庄煤矿等单位开展项目合作，在

① "The Application of Operations Research to the Management of Agriculture in Changqing and Tancheng County"，《运筹学通讯》(日本)1994 年第 1 期，第 13～15 页。

洗选煤、设备状态预测与故障诊断、井下巷道通风系统等方面，均取得了较好的社会经济效益。

1.与山东省七五生建煤矿合作项目“洗煤厂矿浆密度计算机最优控制系统”

20世纪80年代末，我国很多煤矿尤其是中小型煤矿的洗煤厂，大多采用湿选法①进行选煤。在这种选煤工艺中，矿浆密度直接决定着选煤的质量。如果矿浆密度太低，很多精煤会混入矸石②中，造成单位原煤产量的下降和资源浪费；如果矿浆密度太高，则会有很多矸石混入精煤中，致使选煤质量下降。因此，在整个洗煤过程中，矿浆密度就成为洗选煤生产过程中一个相当关键的参数。只有控制好矿浆密度，才能提高选煤质量，而要想提高选煤质量，必须将矿浆密度控制在理想密度③附近。

当时国内大部分洗煤厂对矿浆密度采用的是手工测量和人工控制的方法，即从洗煤机的矿浆池引出一条管子对矿浆进行采样，然后将样品注入一量杯中，通过测量杯中矿浆质量，计算出当前矿浆密度值，再根据测出的矿浆密度值对洗煤过程进行水流量调节。为了提高矿浆密度的控制精度，测控人员必须每隔五分钟测量一次，如果矿浆密度太高，就向洗煤机中加水；如果太低就关闭水阀门。这种方式技术落后，至少需要六七个操作人员，由于测量误差大及测量的滞后性，控制精度相当低，因此选煤质量不高，且浪费大量的人力、物力和资金，与现代科学技术发展水平很不适应。

1990年7月，山东省七五生建煤矿厂为加速建设现代化矿井，提高煤炭企业经济效益，从比利时引进一套先进的帕纳比洗煤设备④。与设备配套的“洗煤厂矿浆密度计算机控制系统”，采用的是专用模拟计算机，如果一起引

---

① 即湿法选煤，亦称“洗选”，利用水、重悬浮液或其他液态流体作为分选介质的一类选煤方法。该法广为应用，但用水量大，产品需要脱水或脱介、干燥，以及对煤泥水和尾煤即洗矸进行处理的多项作业，工艺流程较复杂，基建投资和生产成本高。

② 矸石，即煤矸石，是采煤过程和洗煤过程中排放的固体废物。

③ 理想密度是指选煤质量最好的矿浆密度，不同的原煤煤质会有不同的理想密度。

④ 帕纳比洗煤设备和工艺是比利时布莱姆公司于20世纪80年代开发的新型洗煤设备，采用其自创的自生介质、动力补偿的洗煤工艺——帕纳比洗煤工艺，取代传统的洗煤方法。

进的话，需另外花费4万美元，价格昂贵且通用性差。七五生建煤矿本着节约外汇，引进关键设备，立足国内配套，消化吸收的积极态度，在设备引进之初就作出决策，要依靠自己的科研部门开发计算机矿浆密度控制系统。为此，七五生建煤矿专门立项，提供资金支持，并委托曲阜师范大学运筹所和七五生建煤矿微机室联合研制。同时，山东省教育委员会也专门立项，委托曲阜师范大学运筹所和七五生建煤矿微机室合作承担这项研制课题。

矿浆或液体密度检测与控制在选煤、化工、冶金、造纸等领域都有广泛的应用。由于矿浆是由微小颗粒与水混合而成，易沉淀且具有一定黏性，实现其自动化密度测量有很多困难。而矿浆密度控制系统在当时国内外的研究状况，都只停留在理论探讨阶段，没有实际应用。可以说，在矿浆或液体密度测控方面，基本上没有自动化数字测控设备。因而该项目研究意义重大，一旦取得成功，一方面能够填补国内研究空白；另一方面可以使选煤质量得到明显提高，产生较高的社会效益与经济效益。

1991年9月，课题立项后，王长钰非常重视，立即从所内挑选合适人员，形成以其为首的课题研究组，与七五生建煤矿共同开展调研，搜集技术信息和原始数据，采购必要的电子和机械设备，为设计控制系统做了大量的前期准备工作。1992年1月至5月，经过近半年的努力专研，以王长钰为首的课题攻关组，最终克服研制过程中的重重困难，完成了“洗煤厂矿浆密度计算机控制系统”的软件编程设计，实现了矿浆密度的自动化控制。该系统采用了时间开关陷阱技术、功能键开关陷阱技术，并设置了故障停机和正常停机功能，大大提高了控制精度，实现了在整个控制过程中为了处理突发事故执行特殊功能的技术，避免了因突然断煤、断水、断电造成的危害，易于恢复运行。

1992年6月，矿浆密度控制系统在七五生建煤矿安装调试，7月进行试用，1992年8月至1993年5月，研究人员根据使用情况对控制系统做进一步的改进完善。根据现场试用和反复试验，系统实现了各项设计功能，达到了预计的技术要求，工业性试验的结果表明系统的研制是成功的。

王长钰课题组与山东省七五生建煤矿联合研制的洗煤厂矿浆密度计算机控制系统，实现了对矿浆密度的自动控制与精确测量。该控制系统所应用的单片信号机和稳流抗沉淀结构进行连续测量矿浆度及采用STD机控制的实例，为国内首创智能矿浆密度检测设备，为我国计算机过程控制提供了又一项检测部件，为矿浆密度的测控提供了新的经验，具有很重要的现实意义。另外，该控制系统设计合理，功能齐全，测量精度高，无零位漂移现象，抗电气干扰和环境粉尘、温度的影响强，可长时间连续工作，且工作稳定可靠，故障率低，性能价格比高，节省了人力、物力，选煤质量明显提高，取得了明显的经济效益，具有广泛推广的应用前景。由于控制系统设计成本低，且可与一般洗煤机配套，通用性和可扩充性良好，而且测量系统可以单独安装使用，因此很适合在中小型煤矿洗煤厂中大力推广应用。

1993年8月10日，矿浆密度计算机测控系统鉴定会由山东省教委主持，在山东省七五生建煤矿厂召开。鉴定委员会由来自南京大学、山东师范大学、山东矿院、泰安矿机厂等单位的专家组成。鉴定会上，专家们经过严格的考查评审，一致认为："该测控系统对筒式自生介质洗选工艺的自动化作出了重要贡献，填补国内空白，智能矿浆密度监测系统属国内首创，建议课题组进一步进行改造完善，增加调升矿浆密度的功能，尽快使科研成果产品化。"①

该系统在山东省七五生建煤矿洗煤厂应用后取得的经济效益也是令人瞩目的。据山东省七五生建煤矿洗煤厂开具的效益证明："该控制系统的研制费用是8万元人民币，节约人民币约20万元。智能矿浆密度测控仪造价仅2万元，完全满足了洗煤厂生产要求，选煤质量得到明显提高，年增产值600万元，年增利税30万元，节煤1000吨，折合人民币14万元。节约人力每班4人，年工资总额约3万元。总之，该控制系统取得了很大的社会效益和经济效益。"

1994年3月，该研究成果荣获山东省计算机应用优秀成果三等奖。

2.与兖州矿务局兴隆庄煤矿合作项目"网络优化计算机辅助设计软件系统"

网络优化技术是系统组织、计划和管理的重要工具之一，是系统工程

① 《"洗煤厂矿浆密度计算机控制系统"科学技术成果鉴定证书》(1993年)。资料存于曲阜师范大学档案馆。

中常用的管理技术。它是利用网络图对计划任务的进度及其组成部分之间的相互关系进行计划、检查和控制以使系统协调运转的现代化管理方法。多年来，兖州矿务局兴隆庄煤矿在大型工程施工方面一直使用人工网络优化方法，所涉及的烦琐复杂的计算与分析过程都是由具备网络优化知识的人员手工完成的，工作量大、耗时长，还容易造成计算差错。对于那些较复杂的实际工程问题，仅由人工进行计算与分析更是难以得到及时、准确的优化结论，应用范围受到很大限制。

为了能够编制出一套应用范围广、节约工程费用的网络优化计算机软件系统，取代旧有的人工网络优化方法，为加强工程现代化管理提供先进技术手段，1993 年，兖州矿务局兴隆庄煤矿联合曲阜师大运筹学研究所，共同向山东省教委申报了研究项目“网络优化计算机辅助设计软件系统”并成功立项，项目由王长钰主持。

曲阜师范大学运筹学研究所在王长钰所长的带领下，致力于运筹学的理论研究与实际应用工作，对网络优化技术有着系统的研究，完成了多项省教委以上科研项目并取得了可喜的成就，被山东省教委列为“八五”期间重点科研专业。项目立项后，王长钰立刻组织所内相关人员展开研究。该项目的研究目的是在工程施工过程中，应用计算机求出一个合理的管理方案，使得在花费最少的情况下，在尽可能短的时间内完成整个工程，并制定出包含各种详细信息的最佳方案。为了达到这一目的，王长钰研究团队综合采用了 CPM 法①、DCPM 法②以及横道图法③，结合兴隆庄煤矿多年来人工网络优化的经验，最终设计出一套系统化的网络优化计算机辅助设计软件。

在软件编制过程中，王长钰团队独创出了一种新的网络标号算法，使

---

① CPM 法，即关键路线法，是一种运用网络理论、网络图的形式组织管理工程项目的计划管理方法，主要通过分析项目过程中哪个活动序列进度安排的总时差最少来预测项目工期的网络分析。

② DCPM 法，即决策关键路线法，是在传统的关键路线法 CPM 基础上发展起来的一种网络技术，它将方案决策和工程进度安排这两项工作同时进行，从而得到工程总体最优的网络计划。

③ 横道图法即横道图比较法，是指将在项目实施中检查实际进度收集的信息，经整理后直接用横道线并列标于原计划的横道线处，进行直观比较的方法。

系统具有了更加广泛的应用性。在系统的研制开发过程中，不断通过实际例子对程序进行检验与调整，以确保软件应用的广泛性及可靠性。1994年软件初步完成后，将该系统应用于已完工的5302强力皮带延伸工程进行试验，现场人员采用人工优化得到的结果与利用本课题提供的手段所得到的结果相比，双方结论一致，验证了系统的可靠性，且在实用性及优化速度方面展现出更明显的优越性。特别是在5306放顶煤设备安装工程中，针对较复杂的30多个工序，利用这一软件系统提供的优化结果，为工程的如期顺利完工提供了及时、方便、可靠的数值依据。

图6-16　王长钰（左3）团队与兖州矿务局兴隆庄煤矿领导合影（1994年）

1994年11月12日，项目技术鉴定会在兴隆庄煤矿召开。鉴定委员会由来自中科院应用数学所、瑞典林雪平大学、南京大学数学系、山东农业干部管理学院、山东矿业学院、山东师范大学、阜新矿业学院、兖州矿务局科技处等单位的专家组成。委员会主任则由中科院应用数学所的越民义先生担任，特别是鉴定会还邀请了正好来华访问的瑞典林雪平大学校长埃尔兰德教授为鉴定委员会委员，参与了成果鉴定。

鉴定委员会专家们经过对该项目的严格审核评议，一致认为该项目“在网络标号算法以及在计算机实现方面有创新之处，克服了在建立网络图过程中易产生重边及回路这一技术困难……给出的算法比传统算法的速度有极大提高。形成的软件系统具有较强的通用性，输入与输出系统性能良好，得到的优化结果可靠性高。……该项目的研究工作在国内同类研究中，特别是在网络标号算法及计算机实现方面居国内先进水平”。该软件系统“将当代系统工程中的理论成果成功地用于社会生产实践……技术手段先进……为企业的现代化管理提供了一种先进的技术手段……具有较高的推广应用价值”。①

该项研究在提高工程施工管理效率方面取得了优良成效，获得了1993～1994年度煤炭工业部、山东省煤炭工业局以及兖州矿务局现代化管理成果二等奖。

3.与兖州矿务局兴隆庄煤矿合作项目“设备状态预测与综合管理计算机网络系统”②

随着现代工业的发展，工业设备逐步出现了大型化、连续化和自动化特点。机器设备本身的规模越来越大，性能越来越高，功能越来越多，结构越来越复杂，在工业生产中的作用也越来越大。设备一旦发生故障，特别是大型事故，不但会给生产和安全造成巨大损失，而且还会污染环境，引起灾害，危及人们的生命财产安全。如何有效地避免设备事故的发生，防患于未然，这就给设备的管理、维修和保养提出了新的要求。

在设备技术发展史上，经历了事后维修和定期预防两类维修方式。由于早期的工业生产规模不大，机器本身的技术水平和复杂程度都很低，设备的利用率和维修费用问题没有引起过多的注意，对设备的故障也缺乏认识，因此对设备采用不坏不修、坏了再修的事后维修方式。随着工业革命的发展，进入20世纪以后，生产方式有了很大变化，加上机器本身的复杂程度也提高了，机器故障和事故对生产的影响显著增加，在这种背景下出现了定期预防这种维修方式，相比事后维修是一大进步，多年来在设备管

① 《“网络优化技术计算机辅助设计系统”科学技术成果鉴定书》(1994年)。资料存于曲阜师范大学档案馆。

② 参考曲阜师范大学运筹学研究所、山东兖州矿务局兴隆庄煤矿：《“设备状态预测与综合管理计算机网络系统”鉴定报告》(1995年)。资料存于曲阜师范大学档案馆。

理上起了很大的积极作用。但是,由于对设备的故障发展规律缺乏认识,也没有监测设备故障的科学手段,早期的定期预防维修的检修周期基本上是凭人的经验加上某些统计资料来制订的,很难预防由随机因素引起的故障,还会造成许多过剩维修。

20 世纪 70 年代初,一些发达的工业国家,如美国、日本和英国,在工业设备管理中逐步采用了状态维修和预知维修方式,即通过对设备的状态进行监测和趋势分析,进而有效避免设备故障和事故发生,甚至预测设备寿命,及时更换旧设备、旧零件。可以说,预知维修是一种更科学、更先进的维修方式,而设备状态监测与故障诊断则是实现设备预知维修的必要手段。

设备状态监测与故障诊断是一种了解和掌握设备在使用过程中的状态,确定其整体或局部是正常或异常状态,早期发现故障及其原因,并能预报故障发展趋势的一门技术,其主要任务是对设备状态和故障作出精确预测,提前发现设备故障,防患于未然。20 世纪 80 年代初,我国开始在航空工业部门引进和推广应用设备状态监测与故障诊断技术,多年来,设备状态监测与故障诊断技术在我国得到了不断的推广应用。

兖州矿务局兴隆庄煤矿有机电设备 3000 多台,其中大型关键设备有 900 多台,从原煤采掘到洗选全部实现机械化、自动化,大部分设备尤其是一些大型设备是从国外引进的。在从井下到井上一系列连续化生产线上,一旦某台设备出现故障,就会使整个生产线陷入瘫痪,不但会给生产和安全造成巨大的损失,而且有可能造成其他设备事故,损坏重要设施。因此,设备管理与维修在全矿生产和安全中起着举足轻重的作用。

一直以来,兴隆庄煤矿非常重视设备管理与维修,对大型设备一般采用定期检修的方式。从 1986 年开始,煤矿引进了设备状态监测与故障诊断技术,并建立了设备状态监测中心,对大型关键设备逐步采用了状态维修和预知维修的方式,不但使设备利用率得到明显提高,而且节省了维修费用。为了进一步扩大监测面和提高设备状态监测与故障诊断的准确度,从 1992 年开始,煤矿在设备状态监测和故障诊断方面加大了投入,先后购置了北京科技大学研制的“多功能设备监测诊断分析系统”(SMDA-Ⅱ)、美国 ENTEX 公司研制的“设备维修专家系统”（PM＋IRD），并与曲阜师范大学运筹学研究所合作研制了“设备状态监测与故障诊断数据计算机软件系统”。上述三种监测诊断系统中，前两种系统主要采用振动监测手段，其特点是可以进行实时监测和诊断；后一个系统综合了振动监测、油液理化分析、铁谱分析和冲击脉冲分析四种监测分析手段，能够对设备状态进行趋势分析。这三种监测诊断系统虽然分别从不同的角度和侧面提高了设备预知预防维修的技术水平，但是，下列几个问题仍需要解决：

（1）几年来所积累的大量的设备状态监测档案不便于查阅和分析，严重影响了设备管理和预知预防维修水平的提高，有必要开发一种设备状态管理软件，充分利用历史数据，对设备的整体状态进行分析。

（2）设备管理部门、领导决策部门、维修决策部门和设备状态监测部门无法有机结合从而实现信息共享，需要建立一种计算机局域网络，将几个部门有机地联系起来，对设备实现全局调度和管理。

（3）由于设备故障的随机因素和突发因素较多，传统的预测方法在实际预测过程中所得结果往往与实际情况不符，不能真正实现设备的预知维修，因此，需要研究和发现新的设备状态预测方法和手段。

为解决上述问题，兴隆庄煤矿专门立项支持这项研究，山东省科学技术委员会也予以立项支持，并委托曲阜师范大学运筹学研究所与兴隆庄煤矿合作研制。1993 年 11 月，王长钰率领运筹所研究人员成立课题组，在对国内外设备状态预测与综合管理的现状进行调查、分析和研究的基础上，根据兴隆庄煤矿的具体情况，合理设计并形成了由一台服务器和四个工作站组成的局域网络。服务器为一台带 540 兆硬盘的 386 个人计算机，运行 Net ware 网络操作系统，管理文件服务器与工作站之间的通信，对网络系统的资源进行管理；四个工作站分别设在领导决策部门、设备管理部门、维修决策部门和设备状态监测部门。考虑到未来发展，所用服务器可挂 200 个工作站，即系统可以进行扩充扩展，实现信息共享。

在研制过程中，研究人员将系统论的观点和方法科学地应用于设备状态的综合管理中，采用层次管理方法，对设备状态利用点点建档，即为设备的每个测点建立档案，使得设备状态易于查询和进行综合分析预测，实现了设备状态的科学管理，并可对设备实现终生管理。在状态预测方面，成功地将灰色系统理论[①]应用于设备状态监测与故障诊断技术中，明显提高了设备状态的预测精度，不但可以对设备状态进行近期预测，还可以对设备进行中长期预测，进而对设备寿命作出估计，为设备状态预测提供了一种新的手段，填补了国内空白，在国际上也属首次。1995 年 3 月，网络管理系统的硬件设计、程序设计完成并开始现场调试，计算机局域网络环境也建立起来。1995 年 4 月，对应用技术人员进行了培训。

"设备状态预测与综合管理计算机网络系统"经过在兖州矿务局兴隆庄煤矿投入使用半年多的实践验证，设备的故障率明显减少，利用率显著提高，避免了设备的事后维修和过剩维修，节省了人力、物力和资金，可实现年节省维修费用 300 多万元，避免大型事故损失 600 多万元，设备的安全经济效能明显提高，取得了显著的社会经济效益。1995 年 10 月，兴隆庄煤矿出具了一份详细的用户报告，具体说明了该系统的实际效用。

> 本系统经过半年多的使用，证明先进可靠，功能齐全，操作维护方便，预测精度高，管理功能强，是企业设备管理的有效工具。由于使用了本系统，多次避免了设备事故的发生，节省维修费用数百万元，设备的利用率明显提高，基本避免了事后维修，使本矿的设备管理与维修技术水平得到了明显提高，成为全国煤炭行业设备管理的典型。
>
> 本系统在设备状态预测方面，由于采用的预测手段先进，不但可对设备状态进行近期预测，还可对设备状态和故障进行中长期预测，进而对设备的使用寿命作出估计。这种功能在其他计算机监测诊断系统中是没有的。

---

① 灰色系统理论，由中国学者邓聚龙教授于 1982 年创立，是控制论的观点和方法应用于社会经济系统的产物，也是控制理论与运筹学等相结合的产物，开创了控制理论的新领域。在控制论中，人们常用颜色的深浅形容信息的明确程度，黑色表示信息未知，白色表示信息完全明确，灰色表示部分信息明确、部分信息不明确。灰色系统理论是一种研究少数据、贫信息不确定性问题的新方法，它以"部分信息已知，部分信息未知"的"小样本"、"贫信息"不确定性系统为研究对象，主要通过对"部分"已知信息的生成、开发，提取有价值的信息，实现对系统运行行为、演化规律的正确描述和有效监控。

在设备状态管理方面，实现了综合管理，不但对全矿3000多台设备建立了设备档案，而且对其中的900多台大型关键设备建立了状态档案，使用本系统查询设备及状态档案非常方便。另外对一些设备实现了终生管理。

本系统界面友好，提示功能丰富，适于一般设备管理技术人员使用。

总之，从应用角度来说，本系统具有很大的创造性和使用价值，在工业设备管理中推广应用，必能产生巨大的社会经济效益。①

1995年12月26日，该项目的成果鉴定会由山东省科委组织进行。由中科院院士、研究员许国志先生担任鉴定委员会主任委员，邀请了山东大学、南京大学、大连理工大学、山东师范大学、山东农业大学、山东矿院等单位的专家组成了委员会。鉴定委员会经过严格的现场测试和资料审查，一致认为该系统的应用“提高了预知维修的技术水平，取得了较好的社会经济效益，为工业设备管理作出了重要贡献，在设备状态预测和管理方面达到国际先进水平”②。

1996年12月，该项目荣获山东省教育委员会科学技术进步应用科技成果类三等奖。

4.其他合作科研项目

除上述合作研究项目外，20世纪90年代，运筹所在王长钰的领导下，与省内煤矿企业合作，还进行了多项研究，现将收集到的项目材料整理列举如下：

1993年至1994年，承担山东省教委项目“设备状态监测与故障诊断及网络优化研究”，经实际应用，取得了显著的经济效益和社会效益。1994年11月12日，项目由山东省教委鉴定通过，并被评价为国内先进。

---

① 《“设备状态预测与综合管理计算机网络系统”用户报告》(1995年)。资料存于曲阜师范大学档案馆。

② 《“设备状态预测与综合管理计算机网络系统”科技成果鉴定证书》(1995年)。资料存于曲阜师范大学档案馆。

1996 年至 1998 年，承担山东省科委重点项目“大型机械设备故障诊断与控制系统”。

1996 年至 1998 年，承担山东省教委项目“回采巷道通风系统的优化设计”。

1997 年 12 月，合作研究项目“设备诊断预测与洗煤系统控制”（系列项目），获得山东省科学技术进步三等奖。

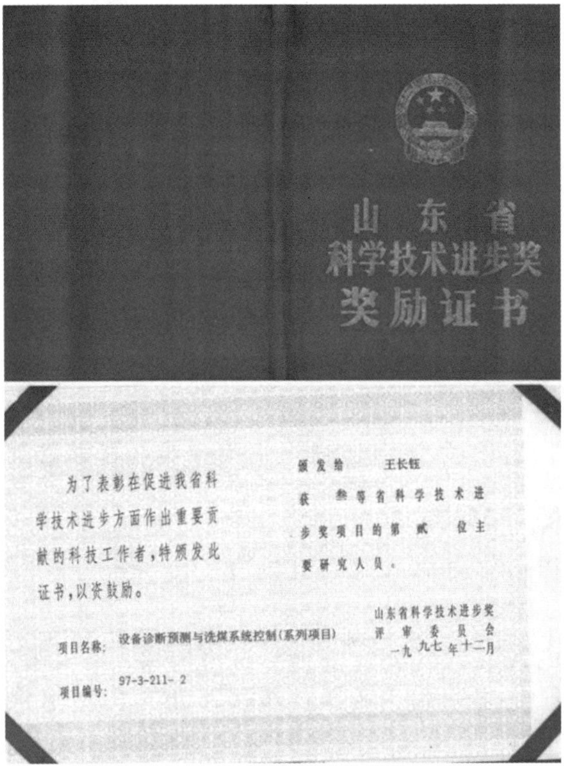

图 6-17　王长钰荣获山东省科技进步三等奖证书（1997 年）

2000 年 12 月，合作项目“井下巷道延拓通风系统最优设计”，获得山东省教育厅科学技术进步奖应用成果类三等奖。

王长钰带领运筹所研究人员所开展的将运筹学应用到煤矿生产的研究成果，已在省内多个中大型煤矿中得到应用，大大提高了采煤效率，有力促进了山东省煤矿业的进一步现代化，以及自主掌握先进技术的能力。在这一过程中,大量计算机应用技术人员得到培训,对省内计算机在工矿业的进一步推广应用也起到了推动作用。

四、荣获"国际运筹学进展奖"

国际运筹学会联合会(International Federation of Operational Research Societies,IFORS)成立于1959年,是各国运筹学会联合组成的非政府性国际学术组织,其宗旨是推进运筹学知识的国际交流。中国从1975年(第7届)开始派代表团参加了国际运筹学会联合会此后的每届会议,1982年5月,中国运筹学会正式加入该联合会。

图6-18　王长钰(左)参加第15届国际运筹学会联合会时与张玉忠(右)合影(1999年)

1999年8月16日至20日,第15届国际运筹学会联合会大会在北京召开,来自中国、美国、日本、加拿大、英国、巴西、法国、德国、荷兰、南斯拉夫、南非、墨西哥、俄罗斯、印度等49个国家与地区的1000余人云集友谊宾馆,其中国外代表800多人,国内代表180人。这次大会是国际运筹学会联合会成立40年来规模最大的一次盛会。此次大会主席为安德烈斯·温特劳布(Andres Weintraub)。全国人大常委会副委员长成思危与科技部副部长徐冠华出席大会并分别在宴会与开幕式上讲话。中国科学院院士王元、吴文俊、杨乐和中国工程院院士许国志等人，以及国家科委、科协的负责同志出席了大会开幕式和颁奖仪式。王长钰及曲阜师范大学运筹学研究所的张玉忠、李荣生等参加了会议。会议共有两个大会报告及27个分会场的330个分组会，还设有7个讲座，报告论文近1100篇。此届大会为发展中国家设立了三项“国际运筹学进展奖”，其中一等奖1项、二等奖2项，主要是奖励发展中国家的科研成果在生产应用中取得重大效益的项目。

早在1999年初，赵庆祯、王长钰二人便将运筹学在中国农业管理应用中取得的成果向国际运筹学会联合会申报了“国际运筹学进展奖”。这是国际运筹学界知名的重要奖项，有来自40多个国家和地区的48项成果申报参赛。奖项的评选首先由国际运筹学会联合会组织国际知名的相关专家经过半年多的严格评审，筛选出8名候选者，王、赵二人的成果即进入候选名单。按照评选程序，8名候选人必须出席由国际运筹学联合会主办的第15届国际运筹学学术大会上的现场答辩会，参加决赛。答辩委员会由来自7个国家的7位专家组成，经过答辩及评委无记名投票，最后评出获奖人员和成果。8月19日，赵庆祯参加了现场答辩会，除了答辩委员会委员和候选者外，现场还有其他许多参加学术大会的代表自由参加，并可向候选人提问。经过最后角逐，由王长钰、赵庆祯等人提交的科研项目“运筹学在中国农业管理中的应用”最终荣获国际运筹学进展二等奖，并由国际运筹学会联合会主席安德烈斯·温特劳布教授在全体与会者大会上宣读了获奖者名单并颁发了奖杯和奖金，这也是曲阜师大运筹所首次获得的国际大奖。当时的一等奖则颁发给了中国科学院的陈锡康等人，他们的研究项目为“中国粮食产量预测研究”。

第15届国际运筹学会联合会大会的召开，进一步密切了中国运筹学会与国际运筹学会联合会和各国运筹学界的联系，对今后我国运筹学发展以及让世界更多、更好地了解中国等方面均产生了深远影响。赵庆祯、王长钰对于该奖项的获得，在国内外运筹学界、数学界均产生了很大影响，被认为是我国运筹学界的光荣，并载入我国运筹学发展史大事记，同时也是对曲阜师范大学运筹学研究所长期以来坚持为农业服务的方向并取得优异成绩的充分肯定和激励。

五、国际学术交流

1.与丹麦合作

1982 年，第 11 届国际信息处理会议在丹麦的哥本哈根召开，中国科学院的桂湘云教授参加了此次会议，将当时王长钰等人正在进行的应用系统工程调整长清县农业生产结构的研究在会上作了介绍，引起了与会者极大的兴趣。同年 6 月，中国科学院应用数学所邀请丹麦国家科学顾问、丹麦技术大学学者阿恩·詹森（Arne Jensen）来华访问。詹森教授对当时山东正在农业领域中进行的“长清模式”非常感兴趣，决定于 12 月访华，同时特别要求访华行程中安排到山东来进行学术交流。中科院应用数学所负责接待事宜的是副所长越民义先生，他多次写信给王长钰，商讨詹森教授访问山东的行程安排与接待等事宜，其间多次提到詹森教授英语口音较重，来曲阜师院作报告时一定要安排好翻译人员。几经协商安排，最终确定在山东的访问行程由越民义陪同詹森教授，于 12 月 5 日乘班机离京去青岛，6 日与 7 日访问中科院青岛海洋所，8 日早乘火车由青岛到曲阜，访问曲阜师范学院，9 日晚乘火车返京。詹森教授在访问曲阜师院期间作了一场有关决策问题方面的报告，由于双方研究领域的一致性，互相确定了两校间的学术交流关系。

图 6-19　王长钰（前排左 1）与丹麦来华进行项目合作的詹森教授（前排左 3）合影（1982 年 12 月 9 日）

此次访问，时间虽短暂，但王长钰等人的研究却给詹森教授留下了极其深刻的印象。1984年詹森教授再次访问曲阜，高度评价了曲阜师院运筹所应用系统工程宏观调控农业经济方面的研究成果。

1985年11月，经国家教委负责同志同意，山东省人民政府发布《关于同意曲阜师范学院改名为曲阜师范大学的批复》(鲁政函〔1985〕170号)，批准将“曲阜师范学院”改为“曲阜师范大学”。

为进一步促进中华人民共和国政府和丹麦王国政府间的友好关系，加强两国间的经济联系及科学技术合作，中丹两国政府于1985年4月29日，在两国签订的经济技术合作协定(1979年9月签订)的基础上，又签订了《中华人民共和国政府和丹麦王国政府科学技术合作议定书》。根据该议定书，双方可以在平等互惠互利的基础上，就共同感兴趣的课题进行研究和发展合作，交换科学技术情报与资料，互派科学技术代表团、科学家、专家等人员进行访问、考察和进修，组织共同感兴趣的双边科学技术会议和讨论会，进行双方同意的由科学机构、研究组织、公司和企业参加的共同研究项目，缔约双方同意的其他科学技术合作形式。在这一中丹友好合作的国际大背景下，1986年8月，丹麦国家顾问、丹麦技术大学的埃里克·约翰逊(Erik Johnsen)教授和欧洲系统工程学会主席、哥本哈根经济和商业管理学院的彼得·普鲁赞(Peter Pruzan)教授专程到曲阜师范大学数学系运筹学研究室进行学术交流。在详细了解长清的成果后，普鲁赞教授认为长清模式“对整个运筹学界都有着深远意义，这不仅是一个仔细考虑而得出的模型，而且是一项利用决策支持系统精心设计的实施方案。我希望这项工作能引起整个运筹学界的承认和重视”。随后，丹麦方面决定与曲阜师范大学运筹学研究所签订合作协议，在系统工程农业应用研究方面相互交流与合作。这次的交流为今后建立中丹合作项目打下了基础。

1986年12月，王长钰前往加拿大温哥华西蒙大学进行为期1年的访问研究，运筹所内的工作暂由龚为邦、章志敏负责。在此期间，王长钰首届硕士研究生赵庆祯经常向他写信汇报自己在所里的学习和工作情况。1987年，运筹所与丹麦的合作联系也紧锣密鼓地进行着。3月，赵庆祯给王长钰写信，向他详细汇报了合作进展情况：

目前所内工作，一切正常。我与薛国良已经在给研究生们上课。与丹麦的联系在密切进行。对方要求与我所协作，搞些共同感兴趣的课题。Jensen 和 Pruzan 二人已向丹麦有关部门及丹麦外交部报告，丹麦外交部通知丹麦驻华使馆，使馆又告知我们，让咱们所向国家科委汇报与丹麦合作的背景。目前已根据国家科委的要求，学校向省科委打了报告，申请与丹麦进行国际科技项目合作。省科委又打报告给国家科委，国家科委将于今年 5 月份赴丹麦研究两国合作项目的协议问题，期望能把咱们的应用课题，纳入两国科技协作项目。①

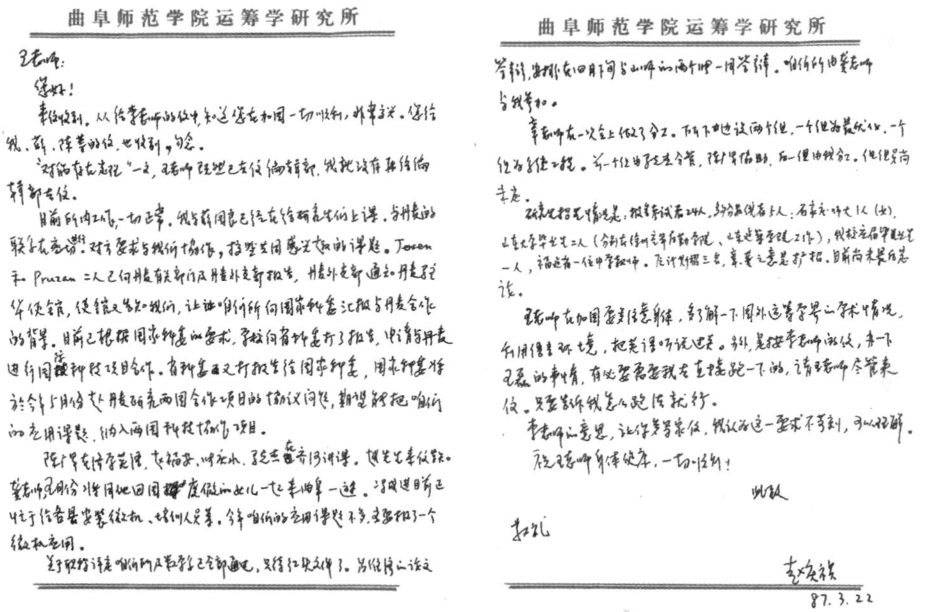

曲阜师范学院运筹学研究所

王老师：

您好！

来信收到。从给李老师的信中，知道您在加国一切顺利，非常高兴。

目前所内工作，一切正常。我与薛国良已经在给研究生们上课。与丹麦的联系在密切进行。对方要求与我所协作，搞些共同感兴趣的课题。Jensen 和 Pruzan 二人已向丹麦有关部门及丹麦外交部报告，丹麦外交部通知丹麦驻华使馆，使馆又告知我们，让咱们所向国家科委汇报与丹麦合作的背景。目前已根据国家科委的要求，学校向省科委打了报告，申请与丹麦进行国际科技项目合作。省科委又打报告给国家科委，国家科委将于今年5月份赴丹麦研究两国合作项目的协议问题，期望能把咱们的应用课题，纳入两国科技协作项目。

曲阜师范学院运筹学研究所

祝王老师身体健康，一切顺利！

此致

敬礼

赵庆祯

87.3.22

图 6-20　赵庆祯的来信（1987 年 3 月 22 日）

1987 年 5 月 3 日至 7 日，中、丹（麦）科学技术合作第二次会议在丹麦哥本哈根举行。会议期间，中国与丹麦的科技代表团互相通告了第一次会议上确定的合作项目的执行情况，商讨了未来执行项目的下一步安排。经过友好协商，双方还确定了下一年度的二十六个方面的合作内容，并形成

① 赵庆祯的来信，1987 年 3 月 22 日。资料存于采集工程数据库。

了《中丹科技合作第二次会议会谈纪要》。在合作项目中的第十六项系统科学方面，双方确定进行“系统科学及其在农业中的应用”合作研究，由中方的曲阜师范大学运筹学研究所、山东省济南市人民政府农业区划办公室，与丹方的丹麦技术大学数学统计和运筹学研究所、哥本哈根经济和商业管理学院计算机和系统科学研究所共同合作完成。

按照项目计划，合作将分为两个步骤进行：一是中方去丹麦考察和学习丹麦在农业中对系统科学的应用；二是丹方将再次来中国进一步研究山东省的农业产业结构的优化问题，并和中方共同选定一些农业或非农业中的实际课题，如在能源、交通等方面进行合作。1988 年 5 月 3 日至 10 日，在北京举行了第三次中丹科学技术合作会议，根据会议“备忘录”记录，“曲阜师范大学运筹学研究所、济南市人民政府农业区划办公室和丹麦技术大学数学统计和运筹学研究所、哥本哈根经济和商业管理学院计算机和系统科学研究所之间的合作进行得极有成效且有必要在互利的基础上进一步发展”。

1988 年 8 月 12 日至 26 日，曲阜师范大学的龚为邦、章志敏、赵福安和济南市农业区划办公室的张云翔、王传江五人前往丹麦进行交流访问。双方于 8 月 26 日在哥本哈根签订了《中丹科学技术合作协定项目 16(系统科学及其在农业中的应用)的具体合作协议》。协议中，双方商定了 1988 年至 1989 年的最新合作项目，即在“多重决策准则、计划论、非线性规划”研究领域进行密切合作。双方决定将轮流在两国定期举行学术交流会议，以检阅和协调研究成果；还要在主办单位进行讲学与研究。根据项目计划，将于 1989 年秋季在中国举行中丹系统工程学术交流会议。协议中还规定，双方签字代表均有责任与各自国内有可能成为合作者的单位保持联系，丹麦明确了其国内有可能进行合作的单位为丹麦皇家兽医和农业大学及丹麦整体收获研究中心。为更有效促进这项合作，双方还决定将为交换访问的学者和学生作出安排。

此次丹麦之行，王长钰虽未能前往，但在之后的合作中，他在非线性规划和多重决策准则方面取得了一系列重要成果，为双方合作作出了诸多贡献。这一时期，王长钰的研究成果有：与周惠山合作完成论文《一个极限定理与非线性对偶规划的最优判别及存在性》，发表于《科学通报》(英文版)1988 年第 16 期；与赵庆祯合作完成论文《关于非线性对偶规划的存在性定理》，发表于《数学年刊 · A 辑》(中文版)1989 年第 6 期；论文《数学规划中若干稳定性定理的统一与扩充》发表于《应用数学学报》(英文版)1989 年第 2 期；与陈广军、周惠山合作完成论文"Continuousization of the Family of Point-to-Set Maps and Its Applications"，发表于 *Mathematical Analysis and Applications* (1990 年第 2 期)；与章志敏、赵庆祯合作完成论文"Application of Operations Research in Agriculture Decision Making"，发表于 *Annals of Operations Research* (1990 年第 24 期)；与赵庆祯、章志敏、张云翔、王传江合作完成论文"The Application of Operations Research in the Optimization of Agriculture Production"，发表于 *The Journal of the Operations Research Sociant of America* (1991 年第 1 期)。另外，这一时期，运筹所研究人员在系统工程应用于农业领域也取得了一系列成果，如张云翔、冯成进、王传江的"系统工程最优化及预测应用程序研究"，章志敏、张庆水、李继乾、张云翔、王传江的"济南市畜牧结构探讨"，冯成进、张云翔的"人口系统最优控制"等，以上成果分别获得国家区划委员会农牧渔业部、山东省教委、山东省区划委员会的科学技术进步奖。此外，运筹所还与济南市、枣庄市、陵县(今德州市陵城区)等地方政府合作，基本完成了《农业综合发展规划》中的项目。对于以上成果，运筹所均和丹方进行了充分交流，丹方也不断寄来他们的研究成果，这些成果在运筹所定期举行的学术讨论班上均进行了研究。

1992 年 11 月 23 日至 25 日，中丹(麦)科技合作第七次会议在北京举行，会议形成《中丹科技合作第七次会议会谈纪要》。根据《纪要》所列中丹合作项目，曲阜师范大学运筹学研究所、济南市人民政府农业区划办公室与丹麦技术大学电信研究所将继续在系统科学方面开展合作。同时，曲阜师范大学运筹学研究所、济南市人民政府农业区划办公室还与丹麦技术大学数学统计和运筹学研究所、哥本哈根经济和商业管理学院计算机和系统科学研究所、丹麦皇家兽医和农业大学、丹麦整体收获研究中心在"决策支持系统的研究"方面开展新的合作，中方将从丹麦引进先进的决策支持系统，并根据中国的具体情况将其进行提炼、消化，利用有关软件在本国开发各种决策支持系统的网络，丹方将了解其可能性。

新的系统引进后，运筹所开展了一系列研究。1993 年 1 月章志敏主持的山东省自然科学基金项目"优化理论及应用"，1998 年 3 月王长钰主持的国家自然科学基金项目"最优值函数的方向可微性理论与约束最优化问题研究"，都是在中丹系统科学和决策支持系统研究的合作中取得的重要成果。

2.加拿大访学

1978 年开始，教育部开始逐步安排高校教师、研究员出国进修学习和交流，要求外语过关即可。王长钰自大学时代起就开始自学英语，虽然口语不好，但是书面英语交流却没有问题。当时，王长钰的首届硕士研究生周惠山正在加拿大留学，在他的协助联系下，1986 年 12 月，王长钰由山东省公派到加拿大温哥华西蒙菲莎大学（Simon Fraser University，SFU）数学与概率统计系作为期一年的访问学者。在去加拿大之前，王长钰于 1986 年 11 月 25 日加入党组织，成为一名光荣的中共党员。

西蒙菲莎大学成立于 1965 年，位于加拿大不列颠哥伦比亚省温哥华市，是北美一所综合性公立研究型大学，设施齐全，在人机交互（HCI）、计算机科学和商科等方面的研究位居世界前列。西蒙菲莎大学作为北美顶尖的综合性研究型大学之一，在加拿大所有综合类大学中拥有最高的学术影响力。王长钰在西蒙菲莎大学的访问学习，不仅仅是去做一项研究或者一个项目，而是按照曲阜师范大学的要求，通过这一年的时间，借助西蒙菲莎大学在国际科研领域中的学术影响力，把握运筹学研究最前沿的发展方向，为回国后把运筹学研究所发展为全国最先进的运筹学研究机构积累经验。

图 6-21　王长钰(右 2)访问加拿大西蒙菲莎大学合影(1986 年)

王长钰也深深明白这一年访学的重要性。访学期间,王长钰除了专研数学之外,还参加了西蒙菲莎大学数学系的一个组合数学讨论班,每周举行两个半天的讨论,中间还参加过一次在温哥华举行的中型国际图论学术讨论会。一年的时间里,王长钰专注研究,成果颇丰,他与其他人合作完成了 3 篇论文:"Unification and Extensions of Some Stability Theorems in Mathematical Programming"《一个极限定理与非线性对偶规划的最优判别及存在性》《拟凸函数局部极小的整体性质》。

图 6-22　王长钰(左 1)在加拿大西蒙菲莎大学访学期间留影(1987 年)

1987年5月，在加中友协资助下，王长钰与周惠山访问了加拿大卑诗省瓦隆市，与当地林牧场场长泰德先生就系统工程在林牧方面的应用进行了深入探讨交流，其间受到泰德先生的热情招待。同年7月，王长钰又到美国西雅图考察访问了华盛顿大学。

王长钰虽然身处加拿大，但在繁忙的研究、考察之余，依然心系国内。他将搜集到的最新资料寄回国，以供所内研究人员参考，还经常以通信方式指导所内工作以及研究生的毕业论文写作。另外，王长钰还经常阅读《人民日报》(海外版)与《光明日报》，认真听取中国领事馆关于党的十三大文件以及有关政策的传达，也常看当地的一些报刊，了解国内外大事。1987年3月，虽然王长钰还未回国，但他依然由山东省高等学校教师职务高级评审委员会、山东省职称改革领导小组评审通过，晋升为教授。

访学之余，王长钰还经常到西蒙菲莎大学相熟的几位教授和医生(加籍华人)家中做客，交流学术、联络感情。

访学期间，在生活方面，王长钰先后租住过三个地方：西蒙菲莎大学校内宿舍、来加的一对夫妇家中以及一对加拿大老夫妇家中。校外的居住，让王长钰对当地的民俗风情有了较为广泛的了解，他多次在家信中提及他在当地的生活。例如，他在1987年3月17日给母亲的信中写道："我在这里一切都很好，勿念。平时除去到西蒙大学参加讨论问题外，就在房东家看书、论(应为'写')文章，最近我又搬了一次家，房租140加元。房东是一对年老的加国夫妇。房间、设备都很好，都很齐全(电冰箱、电炉、洗衣机、彩电、洗澡间等等都有)。每隔一周左右去唐人街买些食品，回来自己做。这里的食品丰富齐全。附近超级市场很多，进去后随便自己挑选[用提篮或手推车(市场提供的)在众多的货架子间进行挑选]，然后到柜台前，服务员很快用电子计算机标出价钱。人人都很自觉，没有小偷小摸。"在1987年7月7日给母亲的信中又写道："我在这里一切都好，勿念。温哥华这地方气候很好，冬天不冷，夏天凉爽，也不潮湿，非常卫生，蚊子、苍蝇一概没有。我的房东们待人很好，已经混得很熟了。"

国外一年的生活，让王长钰对国内外经济发展的巨大差距大有感慨，也更坚定了他要应用所学报效国家的想法，深感只有科技与经济发展先进了，国家强大了，老百姓才能过上更加富裕美好的生活。回国后，他在向学校汇报访学期间工作、生活的报告中深有感触地写道："在国外一年，给我一个总的印象是：一个国家要富强，共同的前提是国内必须安定团结。而要做到这一点，必须对外开放，对内普及教育、健全民主与法治，使人人不尚空谈，讲求实效。"①

访学加拿大期间，王长钰家中还发生了两件大事。一是王长钰博山老家的房子要拆建盖楼，其间有一些纠纷，惹得王长钰的母亲很生气。王长钰写信宽慰母亲：

> 对于王××等人无理争房事，母亲千万不要生气。凡事必须心平气和，保重身体为第一要义。我也同遂华（王长钰妻子李遂华）说了，这事我们应尽力找有关部门说理，还要准备吃点小亏。总之这种事情就是这样：你若想不开，就永远是块心痛病；你若想开了，就气通神怡。而且经此一事，以后就觉百事通顺，心情也就畅快了。我想佛门精义也就在此吧。我们虽不入佛门，但他们那种静心养性的练功方法还是应该学学的。②

由此也可以看出王长钰性格平和，不看重个人利益得失。

二是王长钰的大儿子王磊这一年要高考，王长钰时常写信对其学习以及报考志愿进行指导：

> 前几天收到遂华信说王磊预选考分是515分。我想这一成绩虽然不错，但不能满足，要想考上重点大学还须加把劲。我想在这不足二个月的时间里，可嘱咐王磊让他重点将语文、数学、英语（语法及填空）准备一下，政治方面特别要熟悉三中全会以来的各项方针政策以及当前开展的反资产阶级自由中的一些问（题）。今年考试对政治方面要求很高，王磊要注意在答题时不要乱答，中心意思不要偏离三中全会的精神政策。另外在考试时一定不要紧张（我想王磊这次考上山大等类的学校不敢说，但考上曲师大的可能是很大的），要细心。特别

---

① 王长钰入党转正报告，1989年。资料存于曲阜师范大学人事处档案室。

② 王长钰加拿大访学期间给母亲的信，1987年8月12日。资料存于采集工程数据库。

> 是数学、理化，一些计算题一定要仔细，答完了有时间的话要复查一遍。在答题前，先看一遍题。先做自己能很快答上的，难的一时还考虑不出来的可放在后面答。在报志愿方面，可考虑报山大一高分专业(如生物系，计算机系据说在全国来说还排不上号，力量也不够强，我想可以不报此系)及一二个低分专业(如山大数学系的运筹学专业等)。另外，曲师数学系一定要填上。[①]

从学科复习到考试答题，再到志愿报考，方方面面，王长钰都细细嘱咐，关爱之情跃然纸上。

王长钰非常孝顺自己的母亲，这在王长钰访学期间的家信中可窥一斑。在搜集到的王长钰信件资料中，访学期间王长钰写给家里的信共有8封，其中7封是写给母亲的，只有1封信是写给妻子李遂华的。在这7封信中，1封写于1987年3月，其余6封写于1987年的6、7、8月。考虑到资料搜集的不全面性，我们可以根据6月至8月搜集到的家信数量推断，王长钰平均每月给母亲写一至两封信，内容方面一是汇报他在加拿大的工作与生活，二是关心母亲在国内的起居生活与身体健康状况。另外，信中还多次提到，考虑母亲年事已高，独自居住在博山老家无人照看，想要在自己回国后，将母亲接到曲阜同住，便于照料。

3.中日友好学术交流

中日两国是一衣带水的邻邦，两国有着悠久的政治、经济、文化交往历史。新中国成立后，1972年中日邦交正常化，两国的文化交流不断加强。

1988年10月，日本京都大学学者茨木俊秀、数学规划专家福岛雅夫访问中国。这一时期，由王长钰创建的“长清模式”正在全国农业领域进行广泛推广，同时在国际上也产生了重要影响。茨木俊秀和福岛雅夫访问中国的重要内容之一就是交流应用系统工程推动农业生产发展的情况，中国科学院应用数学研究所积极与王长钰联系，协商安排二人访问曲阜师范大学的行程，拟定二人来华后，于1988年10月19日晚离京乘坐火车到曲

---

① 王长钰加拿大访学期间给母亲的信，1987年6月1日。资料存于采集工程数据库。

阜，20日至21日访问曲阜两天，于10月21日晚乘火车返回北京。

由此开始，王长钰与日本京都大学、关西大学以及广岛大学相继建立了良好的学术交流关系，并进行了多次互访，加强了学术交流。其间，王长钰还与福岛雅夫、茨木俊秀、三根久、伏见正则等教授建立了深厚的友谊。

1989年，日本关西大学工学部教授三根久访问曲阜师范大学，得到了王长钰及曲阜师范大学的热情接待。三根久教授中文极好，回国后，他特意用中文给王长钰写了一封感谢信表达谢意，信中写道：

> 这次我在曲阜访问期间，不仅得到了您和贵所的学者们的热情接待和周到照顾，待我有机会向各位介绍我的专业的成果。同时，我也从您们那里得到许多有关贵所的情况和成就，收获很大，非常高兴。
>
> 别（另）外我也承蒙徐志祥先生的陪同，参观了中国的很重要的古迹孔庙、孔府、孔墓，还承蒙赵福安先生利用休息日陪同，我游览了天下名胜的泰山，谨向两先生表示谢意。
>
> 访问的时间是短暂的，但您们的友好情谊，去（却）永远难忘，从而园（圆）满地完成了访问计划、座谈交流。别（另）外品尝了美味可口的孔（府）家酒和山东菜，生活得十分愉快。在此向您们表示衷心的感谢。
>
> 请您转达我对杨述胜校长、张庆水、龚为邦、章志敏、徐本顺诸先生、夏外事主任的问候和谢意。
>
> 今后愿继续为日中学术交流尽微薄之力。[①]

1992年9月，王长钰与赵庆祯同赴日本京都大学、广岛大学等地访问，得到福岛雅夫和三根久教授的热情接待。

---

① 日本关西大学三根久来信，1989年9月25日。资料存于采集工程数据库。

图 6-23　王长钰(前中)访问日本京都大学时与福岛雅夫(前右)教授等人合影(1992 年)

1994 年 7 月 26 日至 29 日,亚太地区运筹学会联合会在日本福冈举行第三届学术会议,中国运筹学会和中国科学院应用数学研究所资助王长钰和赵庆祯作为中国代表参加此次会议。在会上,王长钰介绍了他在非线性规划算法方面的理论成果,赵庆祯介绍了运筹学在农业项目经济评价和可行性分析方面的应用。与会的日本农林水产省农业研究所的南石晃明教授对王、赵二人介绍的运筹学应用于农业生产的应用成果很感兴趣,他翻译了曲阜师大运筹所在长清县的应用和推广成果,发表在他们的《运筹学学会通讯》上,同时还把自己的著作《不確実性と地域農業計画》赠予王长钰、赵庆祯二人。

会后,王长钰和赵庆祯受京都大学茨木俊秀教授、关西大学三根久教授和东京大学伏见正则教授邀请,于 1994 年 9 月 14 日至 28 日访问了上述三所大学,并进行学术交流。此次交流访问回国后,王长钰专门写了《关于赴日本学术访问的汇报提纲》向学校汇报,详细陈述了访问期间的各项活动。现将该汇报提纲的原文全文附下,以窥其活动轨迹。

图 6-24 王长钰访问日本东京大学留影(1994 年 9 月)

从 94 年 9 月 14 日至 9 月 28 日,应日本京都大学茨木俊秀教授、关西大学三根久教授、东京大学伏见正则教授之邀,我与山东师大赵庆祯访问了上述三所大学。现将交流情况汇报如下:

(一)9 月 14 日由大阪关西空港抵京都。当天下午与茨木教授(专业方向:数学规划、组合优化)确定了在日本的活动安排。15 日是日本的老人节,放假一天。

16 日,由茨木教授主持,在京都大学工学部数理科,我作了题为"关于最优场址问题的研究进展"的综合报告,为时一小时。由茨木教授的博士生曾道智先生担任日语翻译。综合报告中包括了我们所的有关研究成果。赵庆祯作了题为"运筹学在中国农业中的应用"的综合报告,其中包括了我们所有关的部分成果。座谈讨论时,茨木、三根久和他们的助手、博士生们以及由美国来访的学者,就最优场址算法的收敛速度问题以及农业中最优方案的实施问题,提出了若干质询。我们都一一作了回答与解释。

17 日(星期六)上午,由曾道智先生陪同参观了京都大学的计算中心与校、科的图书馆、资料室。

19 日,由三根久教授、曾道智先生陪同赴关西大学(由京都乘车二小时即达)访问。在关西大学工学部理工学科,由三根久教授主持,我与赵庆祯作了与上述同样的报告。关西大学理工科的中井教授作了“关于最优存储”的学术报告。之后与三根久、中井、森健一等教授就运筹学的应用进行了座谈与交流。下午参观了该校的计算中心与图书馆。当天晚返回京都。

20日下午，继续与茨木教授等座谈，内容包括研究生的培养、人才的交流和学术互访等。

21日，全天参观京都大学校园(分南、北两部分)。重点是京都大学的管理信息部、农业部的农业管理科以及交通部的管理科。

23日下午，奈良大学的福岛雅夫教授(专业方向：数学规划)由奈良专程来京都大学与我们进行了座谈交流。主要内容是关于非线性规划今后的主攻方向与学术合作方面的探讨。

(二)24日(星期六)，赴东京(约六小时到达)。

26日，由伏见正则教授主持，在东京大学的工学部计数工学科，我与赵庆祯作了与上述同样的报告，我的日语翻译由伏见教授的博士生李明哲先生担任。伏见教授研究方向较广，除去数学规划之外，他还研究随机优化、运筹学方法的应用等。他对我的综合报告有较大的兴趣，这是因为(1)不久前他正在应用最优场址问题(他称为配置问题)，而且在实际中产生了良好的效果；(2)在我的综合报告的“连续型最优场址”部分中，曾重点评述了 Koshizuka 的 1992 年发表在美国《数学规划》上的论文。而此人是 70 年代末期东京大学的博士生，目前正在伏见教授领导的研究小组中，可惜当时 Koshizuka 不在东京，因此在座谈讨论时，我们就最优场址问题进行了较详细讨论，特别大家一致认为：在曲面上进行最优场址的研究是一重要方向。

下午参观东京大学的计算中心、图书馆以及计数工学科的资料室。

27日上午，继续与伏见教授座谈。之后参观了东京大学的管理信息部。

28日下午，由东京返回上海。

(三)进行了资料的交流。我们从上述三所大学获得的资料计有计算机方面的、农业管理方面的、交通规划方面的、最优化理论与算法方面的以及大学情况介绍方面等。这些资料将由东京大学工学部分别邮寄曲师大和山师大。

(四)关于进一步加强交流的计划。伏见教授、茨木教授以及福岛教授在国际运筹学界都是很有影响的学者。为了加强交流和今后的合作,我曾邀请上述三位教授回访曲阜师大,茨木、福岛二位表示希望访问曲阜,但未指明访问日期。比较明确的是伏见教授,他希望95年三月下旬访问曲师大和山师大。我曾向他表示,95年一月份发出邀请函。

应王长钰邀请,日本数学规划专家、京都大学教授福岛雅夫教授携儿子福岛亮大于1995年4月再次访问了曲阜师范大学。访问期间,福岛雅夫作学术报告一次,并与王长钰及其学生围绕研究兴趣等问题进行了座谈讨论。此外,福岛雅夫和其子还参观了孔庙和梁山。回国后,为感谢王长钰的盛情接待,福岛雅夫用英文写了一封感谢信表达谢意。

1995年8月,伏见正则教授应王长钰之邀,利用参加在北京召开的运筹学国际研讨会之机,访问了曲阜师范大学,并被曲阜师范大学授予名誉教授称号。伏见正则教授的这次访问是极其愉快的。访问期间,他与王长钰及运筹所的同行进行了学术交流,登上了泰山,在欢迎活动中还意外地同学生们一起跳了舞,愉悦之情在他回国后寄来的感谢信中溢于言表:

I have returned from my wonderful trip to China without any trouble. Thank you very much for your invitation to your university and your hospitality during my visit. In particular, it is my great honour to be given a title of Honorary Professor of your university. I really enjoyed my stay in Qufu and talks with your colleagues. Dancing with your students was an unexpected but a pleasant experience. Climbing Taishan with your colleagues was just wonderful. I hope Prof. SHI, Prof. ZHANG and his wife have fully recovered now.

Remembering various pleasant experiences during my trip in China, I am doing daily works here in my office. I hope we can meet again in near future.[①]

① 日本伏见正则来信,1995年9月5日。资料存于采集工程数据库。

1996年9月16日至24日，受日本学术会议执行委员长、日本东京大学教授伏见正则教授和京都大学教授福岛雅夫邀请，王长钰、赵庆祯参加在日本东京大学承办的日本第8届数学规划研究会(Research Association of Mathematical Programming，RAMP)专题学术会，这是王、赵二人第三次共同访问日本。会上，王长钰介绍了在非线性规划算法收敛理论方面的研究成果，赵庆祯作了题为《运筹学在中国农村经济区划中的应用》("The Application of Operations Research in Rural Economy Regionalization in China")的报告，后该文以赵庆祯、王长钰为作者，收录在此次会议论文集*Proceedings of the Eighth RAMP*(1996年9月，日本)中。会后，二人受邀到东京大学进行了学术访问，同时还接受福岛雅夫的邀请访问了奈良，福岛雅夫向二人赠送了自己的著作《数理计划入门》。之后，二人便从大阪到香港，然后回国。

图6-25　王长钰(前左)访问日本京都大学时与伏见正则教授(后立者)合影(1996年9月)

六、国内学术交流

1.与中国运筹学会共同成长

中国运筹学会是中国运筹学工作者的学术性群众团体，是发展中国运筹学事业的一支重要社会力量。1980年4月22日至26日，在山东济南召开了中国数学会运筹学会成立暨第一届代表大会。王长钰与曲阜师范学院院长赵紫生、在读研究生张存铨一同参加了此次大会。会议由中国运筹学倡导者之一、中国科学院副院长华罗庚主持，共有来自全国各地的科研机构、高等院校、军事部门、工交企业等有关单位的82名代表出席大会。华罗庚在大会开幕式与闭幕式上均发表了讲话，他回顾了20多年来运筹学在我国的曲折发展过程，勉励大家以克敌攻坚的进取精神积极开展运筹学研究。会议上，代表们交流了近年来运筹学在国内外的发展情况和他们的研究成果，共作了12个专题学术报告和多个理论与应用的个人成果报告。王长钰和张存铨分别在大会上作了理论类个人成果报告《一类既约梯度法的收敛性》与《弧三回路和弧泛回路》。会议推举华罗庚为运筹学会理事长，越民义、许国志、余潜修为副理事长，桂湘云为秘书长，推选常务理事11名、理事42名，赵紫生被推选为常务理事。会议还决定将学会挂靠在中科院应用数学所。

为了加强学术交流，1980年12月，中国运筹学会将此次大会与1979年8月召开的运筹学会东北分会成立会议，以及1980年夏相继召开的运筹学会西北协作组、华东协作组的成立会议中的参会学术报告，联合编辑出版了《运筹学会议论文集》。王长钰的3篇论文《关于一个改进的既约梯度法的收敛性》《一个混合型转轴方法及应用》《一个超线性收敛的既约梯度算法》以及张存铨的论文《一类竞赛图的弧泛回路》收录其中。

1984年5月9日至14日，在上海嘉定的上海科技大学召开运筹学会第二届大会暨学术讨论会，与会代表250余人。大会共有综合报告12篇，分组学术报告117篇。会议讨论通过了学会章程，选举产生了第二届理事会，越民义任理事长，余潜修、刘源张、桂湘云（常务）任副理事长，徐光煇任秘书长，新当选常务理事13名、理事52名。王长钰当选为中国运筹学会第二届理事会理事，由此步入中国运筹学会的领导层。理事会讨论了即将筹备成立的一些大区协作组或分会的有关事项，其中包括西南协作组（负责人为王萌清等）、上海市分会、北京市分会与军事运筹学分会（负责人为余潜修、吴洪等)。另外,学会还决定下设六个工作委员会:学术交流委员会,主任为韩继业;组织委员会,主任为席少霖;外事委员会,主任为管梅谷;应用咨询委员会,主任为胡毓达;教育普及委员会,主任为邵济煦;编辑出版委员会,主任为俞文鮆。

当选为理事后,王长钰积极参与中国运筹学会的工作。1988 年 9 月 23 日至 27 日,在安徽九华山召开中国数学会运筹学会第三届全国代表大会,王长钰对会议的组织筹备、议事内容积极建言献策、联系安排,这在韩继业给王长钰的回信中可见一斑:

> 关于赵庆祯同志写好讲稿后,不必印 250 份寄来,只寄一份来就行了,请赵庆祯将 250 份报告直接带去安徽,交给大会秘书组吧。这次全国运筹学会议时间与总人数还未落实下去。越先生不去参加大会(他于七月份回国),他将于九月初再次出国,去西德波恩,目前大会的筹备工作主要由徐光煇与程侃两位在做。关于兄建议成立"农业应用委员会"的事,我很赞同,由于下届运筹学会的理事长可能是徐光煇,是否兄写封信给越先生和徐光煇,正式提出此意见。我在事先也向他们谈谈此事。[①]

运筹学会第三届全国代表大会共有 230 人与会。大会讨论修改了学会章程,选举了新的理事会,由徐光煇任第三届理事长,管梅谷、常本英、吴沧浦任副理事长,程侃任秘书长,选出常务理事 15 名、理事 53 名,王长钰继续担任第三届理事会理事。理事会还特聘越民义、许国志、桂湘云担任学会顾问,并重新聘任了六个工作委员会。此次大会确认由徐光煇出任第二届亚太运筹学会联合会(Association of Asian-Pacific Operational Research Societies,APORS)[②]主席,通过了第二届亚太运筹学会联合会大会于 1991 年在北京召开的动议,还通过了设立青年运筹学奖的决定,并拟

① 韩继业来信,1988 年 7 月 6 日。资料存于采集工程数据库。

② 亚太运筹学会联合会成立于 1985 年,其宗旨是协助成员学会之间交流信息,促进各成员开展运筹学活动;鼓励亚太地区各国建立运筹学机构或学术组织。亚太运筹学会联合会每 3 年举办一次大会,其上级组织是国际运筹学会联合会。

定了相应条例。

1991 年 4 月，在中国科学院、中国科协、国家科委、民政部等领导部门的大力支持下，中国运筹学会被国家科委批准成立，成为具有法人资格的全国性一级学会，并在民政部登记注册。在申请过程中，得到了当时中国科协主席钱学森的关心与支持，他在百忙之中还亲笔复信给徐光辉，给予热心帮助和指导。

1991 年 6 月 12 日至 13 日，在北京召开了一级学会成立后的中国运筹学会理事扩大会议，王长钰当选为中国运筹学会第四届理事会理事。学会顾问、前理事长越民义，学会顾问、中国系统工程学会理事长许国志，中科院应用数学所所长吴方出席了会议并讲话。会上，徐光辉理事长汇报了学会成立的经过，增补了理事 10 人与常务理事 2 人，对学会组织、出版工作、应用咨询、教育与普及、学术交流及下届全国代表大会等各方面工作进行了热烈的讨论。会议通过了创办学会新的学术刊物《运筹与管理》的决议，编辑部设在合肥工业大学。会议还听取了亚太运筹学会联合会第二届大会程序委员会主任吴沧浦、组织委员会主任章祥荪及大会秘书处主任方伟武关于大会筹备情况的报告。

图 6-26　王长钰为中国运筹学会理事证书(1991 年 6 月)

1992年8月15日，中国运筹学会被中国科协批准，接纳为科协所属的全国性学会。

1992年10月20日至24日，在成都电子科技大学召开了学会的第四届全国代表大会。因为这是成为具有法人资格的全国性一级学会后的第一届大会，所以具有特殊意义。大会主题为“运筹与决策”，出席大会的代表共有三百余人。会议进行了七个大会报告和八个专题三百多个分组报告，出版了论文集《运筹与决策》两卷，共收入论文322篇。大会通过了《中国运筹学会章程》，确认第三届理事会继续四年任期，成为具有法人资格的一级学会的新的一届理事会（从1980年的二级学会成立时算起，则为第四届理事会），并确认了1991年理事扩大会上增补的10名理事及2名常务理事。大会通过了工作部新的人员组成，王长钰当选为第四届中国运筹学会学术交流部委员、第四届中国运筹学会出版编辑部委员。另外，大会为鼓励青年从事运筹学工作的积极性，决定设立青年工作部，并颁发了1990年度第一届青年运筹学奖。

聘书

兹聘 王长钰先生

为 我学会学术交流部委员（--1995）

中国运筹学会 93年 3月20日

聘字 第 17号

图6-27 王长钰为中国运筹学会学术交流部委员聘书（1993年3月）

图 6-28　王长钰为中国运筹学会出版编辑部委员聘书(1993 年 3 月)

1996 年 10 月 11 日至 14 日，在西安电子科技大学召开了中国运筹学会第五届全国代表大会，大会主题为“走向 21 世纪的运筹学——机遇与挑战”，与会代表 158 人。国家科委副主任徐冠华、中科院副秘书长王玉民、IFORS 主席 P.贝尔、秘书 H.韦林等出席了大会开幕式，徐冠华与贝尔致大会贺词。徐光煇在开幕词中回顾了中国运筹学会四年来值得总结和庆贺的几件大事，如申办国际运筹学会联合会 1999 年第十五届大会获得成功，亚太运筹中心的建立等。程侃秘书长作了 1992 年至 1996 年工作报告。会议宣读了五个大会报告和九个专题的分组报告，出版了论文集《运筹学的理论与应用》，共收录论文 145 篇。改选后的第五届理事会由章祥荪任理事长，吴沧浦、常本英、俞文紫、赵玮、程侃任副理事长，其中程侃兼任秘书长，设常务理事 26 名、理事 100 名。王长钰当选为中国运筹学会第五届理事会常务理事。理事会推举越民义、许国志与徐光煇为名誉理事长。大会通过了工作部新的人员组成，王长钰当选为第五届中国运筹学会学术交流部副主任。大会还修改了会章，颁发了青年运筹学奖，曲阜师大时贞军提交的论文《工业控制与设备诊断中的最优化方法》获得此奖项。

证书

王長鈺先生在中国运筹学会第五届全国代表大会上当选为中国运筹学会常务理事，特发此证。

中国运筹学会
1996年12月

图 6-29　王长钰为中国运筹学会常务理事证书(1996 年 12 月)

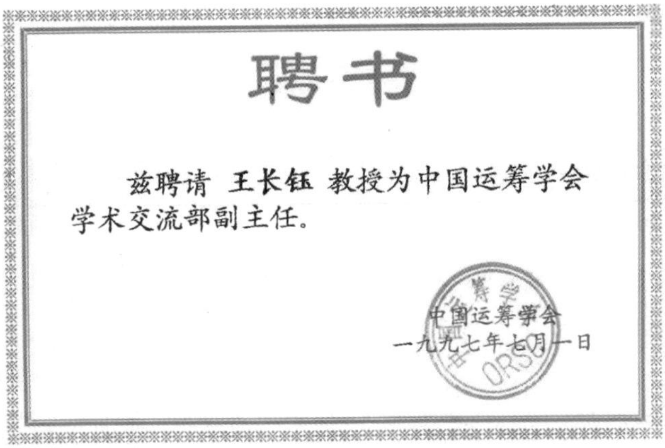
聘书

兹聘请 王长钰 教授为中国运筹学会学术交流部副主任。

中国运筹学会
一九九七年七月一日

图 6-30　王长钰为中国运筹学会学术交流部副主任聘书(1997 年 7 月)

2000 年夏,为筹备召开中国运筹学会第六届全国代表大会及庆祝中国运筹学会成立二十周年,王长钰参加了在北京召开的中国运筹学会第五届常务理事扩大会议。

图 6-31　王长钰(2 排左 1)在北京参加中国运筹学会第五届常务理事扩大会议合影(2000 年)

图 6-32　王长钰(前 2 排左 8)参加中国运筹学会第六次代表大会暨学术交流会合影(2000 年 10 月 11 日)

2000 年 10 月 10 日至 12 日，在湖南省长沙市中南大学召开了中国运筹学会第六次代表大会，会议主题为“面向高科技，发展运筹学”，与会代表 220

名。大会共有六个主题报告、五十六个邀请报告和一百多个分组报告。大会推选了第六届理事会成员:章祥荪任理事长,袁亚湘、俞文鬯、冯英浚、刘光中、王德民、邓乃扬任副理事长,方伟武任秘书长,常务理事 30 名、理事 107 名。王长钰继续当选为中国运筹学会理事会常务理事。大会授予 12 位同志为名誉理事,越民义、许国志、徐光煇为名誉理事长。大会还通过了中国运筹学会新章程和六个工作部新的人员组成,王长钰当选为中国运筹学会应用咨询工作部主任。自该届大会起,设立了中国运筹学会运筹学应用奖。张玉忠是王长钰指导的 1985 级硕士研究生,他与时贞军共同完成的论文《运筹学在经济可持续发展及工矿企业中的应用》获运筹学应用奖二等奖,由于一等奖空缺,该成果实际上为首届运筹学应用奖的最高奖项。另外,此次大会还评选出青年运筹学奖,曲阜师范大学青年教师张菊亮的论文"An Adaptive Trust Region Method for Equality Constrained Optimization"荣获二等奖。本届大会由章祥荪等主编出版了《中国运筹学会第六届学术交流会论文集》上、下卷,包括理论和应用论文 189 篇,以此作为中国运筹学会第一届理事长华罗庚九十华诞的纪念,并庆祝中国运筹学会成立二十周年。

王长钰积极参与中国运筹学会的活动,从最初的与会代表、一般会员到理事、常务理事,日渐成为组织者与重要领导人,为中国运筹学会的发展贡献力量。随着中国运筹学会的发展壮大,其下属的各类分会也得到了发展。1994 年 10 月,中国运筹学会成立数学规划研究分会,王长钰当选为第一届理事会常务理事。在数学规划研究分会的成立与发展过程中,王长钰作为常务理事,积极活跃其中,亦作出了突出贡献,他参与数学规划研究分会的活动如下:

1994 年 10 月,中国运筹学会成立数学规划研究分会,王长钰当选为第一届理事会常务理事。

1996 年,王长钰当选为中国运筹学会数学规划研究分会第二届理事会常务理事。

1998 年 10 月 16 日,王长钰参加在武汉华中师范大学召开的中国运筹学会理事会议暨第三届全国数学规划会议,并当选为数学规划研究分会第三届理事会常务理事。

图 6-33　王长钰(前排左 4)参加中国运筹学会理事会议暨第三届全国数学规划会议合影(1998 年 10 月)

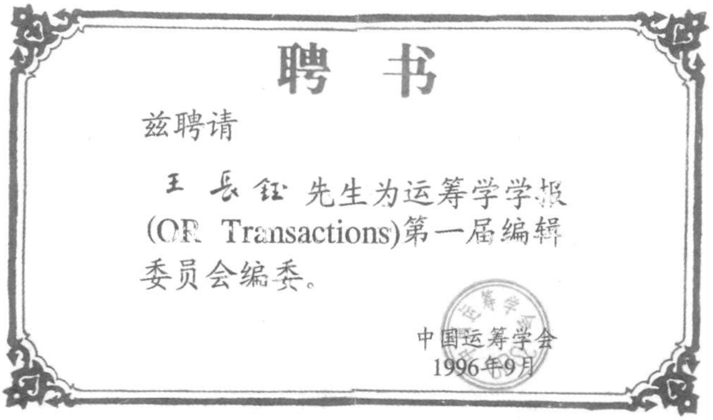
聘　书

兹聘请

王長钰 先生为运筹学学报(OR Transactions)第一届编辑委员会编委。

中国运筹学会

1996年9月

图 6-34　聘请王长钰为《运筹学学报》第一届编辑委员会编委聘书(1996 年 9 月)

王长钰不仅积极参与中国运筹学会的活动,也积极支持中国运筹学会主办的学术刊物《运筹学学报》的创办。《运筹学学报》原名《运筹学杂志》,是中国运筹学会主办的第一份刊物。1982 年秋,为向运筹学会的广大会员及时报道国内外学术动态,促进交流,传达信息,中国运筹学会创办了第一份学术性刊物《运筹学杂志》,由华罗庚任名誉主编,越民义为主编,编辑部设在上海科技大学。自此,国内运筹学工作者就有了发表和交流科研成果的自己的园地。1982年12月，王长钰经中国数学会运筹学会常务理事会推荐并通过，被聘请担任《运筹学杂志》编委，是杂志最早的编委之一。1997年秋，《运筹学杂志》正式更名为《运筹学学报》，并确立学报的宗旨是：促进运筹学及其相关学科的发展，加速学术成果的交流；推动运筹学在国民经济、国防建设等方面的应用；提供一个体现中国运筹学理论与应用方面的学术论坛，促进与国际运筹学界的交流。学报设研究论文、综述文章、研究简报、应用成果、书评、学会重要活动等栏目，稿件可用中、英文发表。自1996年至2002年，王长钰连续两届被中国运筹学会聘请为《运筹学学报》编委会编委。作为编委，王长钰一方面严格审稿，保证学报的学术水准；另一方面也积极撰文投稿，从1982年创刊至2018年去世，王长钰在《运筹学学报》上共发表文章18篇。自《运筹学学报》成立起，王长钰一直投身其中，可以说他见证了学报创立、成长的整个过程，为学报的发展作出了积极贡献。

2.推动山东省运筹学会发展

运筹学在山东省的发展，王长钰是主要的参与者与推动者。1983年6月，在王长钰与谢力同①、管梅谷等人的积极奔走组织下，山东省数学会运筹学分会在济南成立，谢力同任学会首届理事长，王长钰与管梅谷、汪德营为副理事长，刘家壮为秘书长。运筹学分会的成立对促进山东省内运筹学的学术交流以及运筹学在山东省的长足发展均起到了重要作用。1995年，由于谢力同教授年事已高，不宜再担任学会理事长。5月，在曲阜师范大学运筹所的精心组织下，山东省第二届运筹学会在曲阜召开，对理事会进行了改选。王长钰以其学术成就与威望当选为第二届山东省运筹学会理事长，副理事长为刘家壮、袁云耀、李师正，秘书长为赵庆祯。2000年，王长钰虽已63岁，但仍精力充沛，为了优化山东省运筹学会成员结构，促进老中青结合发展，他决定不再担任山东省运筹学会理事长。5月12日

① 谢力同，教授，四川富顺人，1942年毕业于中央大学数学系，1946年获美国密歇根大学数学系研究部硕士学位。1948年后，历任山东大学副教授、教授，长期从事拓扑学、运筹学教学和研究。

至15日，由曲阜师范大学组织召开了山东省运筹学会最优化学术会议暨理事会，会上改选了理事会成员，张玉忠任第三届理事长，田志远、赵庆祯、贺国平、崔玉泉为副理事长，李荣生为秘书长。

3.举办全国第一次非线性规划学术会议

图6-35 王长钰(前2排左4)参加曲阜师范学院举办的数学规划学术报告会合影留念(1984年5月)

1984年5月26日至6月1日，在曲阜师范学院召开全国第一次非线性规划学术会议。此次会议是王长钰就任运筹所副所长后，第一次举办的全国性的大会。会议由中国科学院应用数学研究所的越民义教授主持，参加会议的有来自中国科学院、复旦大学等31个单位的60名代表，美国普林斯顿大学的库恩教授也应邀参加了会议。大会期间，库恩教授就不动点算法、位置问题作了4次学术报告。越民义教授在会上介绍了线性规划的新进展和哈奇扬算法。王长钰与中科院应用数学所的韩继业副教授、上海科技大学郑权副教授、复旦大学俞文鮆副教授等6人在会议上宣读了论文。这次大会上，曲阜师范学院与兄弟院校间进行了广泛的接触和交流，加深了各学校间运筹学工作者之间的友谊，促进了曲阜师范学院与各兄弟院校间的联系，对于促进学术交流、提高运筹学研究水平，以及扩大曲阜师范学院的学术影响等方面均起到了重要作用。王长钰是这次大会的主要组织者与主持者之一，作为主办单位曲阜师范学院的代表之一，大会的顺利召开与圆满结束，体现了王长钰的组织能力及其在运筹学界的影响力。

4.其他学术交流活动

除参加或举办以上的学术活动外，王长钰参加的重要学术交流活动还有如下各项：

1982 年 10 月 16～21 日，参加在武汉华中工学院召开的全国最优化理论及应用学术交流会。

图 6-36　王长钰(前 5 排右 7)参加武汉全国最优化理论及应用学术交流会合影(1982 年)

1984 年 4 月 18～22 日，接待瑞典林雪平大学技术学院数学系运筹学专家杰恩斯博士夫妇的来访，并与其进行了学术交流，曲阜师院副院长杨述胜还与杰恩斯博士互赠了礼品。

1989年10月7～10日，受修乃华邀请，与赵庆祯到河北师范学院数学系参加学术交流活动并作“非线性最优化计算方法的发展及现状”专题讲座，对运筹学各分支发展情况作了介绍。由于修乃华是第一次组织这种大型的学术交流活动，经验不足，王长钰对活动期间的很多工作都给予了指导和帮助，结果积劳成疾，但是王长钰还是坚持到活动结束才返回，这在修乃华给王长钰的信中可窥一斑：

> 知道您一路平安地返回曲师，我们就放心啦。此次来石（石家庄），由于我工作上的失误，加之没有搞过这方面的工作，以至于在您讲学期间给累病，实在对不起，再次表示歉意。王（王旭东）、张（张国梁）二位老师早就让我写信问您好，望您保重身体。50来岁是男子更年期，可能身体及各方面要有些变化，请注意调整和适应。[①]

图6-37　王长钰（中）访问河北师范学院数学系时合影
（左1为修乃华，左2为王旭东，右1为赵庆祯，右2为张国梁）（1989年10月）

1989年10月21～25日，参加在浙江温州大学召开的第三届华东运筹学协作组会议，并成为中国华东运筹学会（ECORS）会员。

---

① 修乃华来信，1989年10月30日。资料存于采集工程数据库。

1991 年 5 月 15～29 日，参加由中国科学院应用数学研究所、曲阜师范大学、山东矿业学院在山东泰安联合举办的全国最优化学术讨论会议。这次会议是由我国著名运筹学家越民义教授、吴方教授发起，有来自全国各地的大专院校、科研机构等单位的 227 名代表参会。会议期间，全国政协副主席、中国科学院学部委员、著名数学家苏步青写来贺信，他指出："作为应用数学的一个重要分支的最优化，现在它已发展成为一门强大的学科，在理论上它变得日益深入，它的应用领域变得日益广泛，在各方面正显示出它的光辉灿烂的前景。"[①]苏老还勉励我国最优化工作者"今后做出更加光辉的成绩"。大会期间，共有 20 位专家作了专题报告，大约 150 位代表分别在四个专题会场上报告了他们的研究成果，与会代表进行了广泛的学术交流和深入的探讨，并就我国最优化领域的形势和发展问题展开了讨论，提出了许多有益的建议。此次学术会议的召开对我国的最优化事业发展产生了积极的推动作用。会议期间，大会组委会将参加此次讨论会提交的论文辑成《全国最优化讨论会文集》，王长钰、赵福安共同撰写的论文《非线性规划问题的稳定性分析与最优值函数的方向可微性》收录其中。

1994 年 4～5 月，在香港中文大学数学系做访问学者。

1995 年 10～11 月，王长钰借参加在香港召开的国际数学规划学术会议之机，接受香港中文大学数学系及香港城市大学数学系的邀请，带领运筹所青年教师对两校进行了学术访问。访问期间，王长钰作学术报告一次，与香港中文大学数学系吴恭孚教授就"最优值函数方向导数"问题进行了深入探讨，并与香港中文大学建立了良好的学术交流关系。

1997 年 4 月 21～24 日，受胡毓达邀请，参加在广州华南理工大学召开的第二届全国决策科学研讨会。

① 《全国最优化学术讨论会会议纪要》，1991 年 5 月 29 日。

图 6-38　王长钰(右)与香港城市大学数学系张建中教授(左)合影(1995 年 11 月)

1998 年 9～11 月,在中国科学院应用数学研究所进行为期一个月的学术访问。其间,王长钰与韩继业合作完成论文"The Stability of The Maximum Entropy Method for Non-smooth Semi-infinite Programmings",于 1999 年 11 月发表于 *Science in China*, *Ser.A*(《中国科学·A 辑》)。

图 6-39　王长钰(左)与日本京都大学福岛雅夫教授(右)
在国际最优化学术会议上的合影(1998 年)

1998年11月，王长钰被香港国际教育交流中心聘请为研究员，聘期3年。同年12月15～18日，王长钰参加在香港城市大学召开的非线性规划与变分不等式国际会议，并再次访问了香港中文大学及香港城市大学的数学系。会议期间，王长钰见到了同来参会的日本好友、京都大学的福岛雅夫教授，并与之合影留念。

2000年5月7～10日，参加在上海大学召开的第一届全国决策科学暨多目标决策研讨会，并当选为中国运筹学会决策科学分会第二届理事会常务理事。

图6-40　王长钰(前排右1)参加全国决策科学暨多目标决策研讨会合影(2000年5月7日)

2000年10～11月，王长钰赴香港理工大学应用数学系进行为期一个月的学术访问，其间与杨晓琪教授进行了合作研究。

七、成就与荣誉

自1988年王长钰就任曲师大运筹所所长至2000年卸任，他先后主持完成了山东省“七五”重点专业“运筹学”与“八五”“九五”山东省重点学科“运筹学与控制论”的建设工作。在“十五”期间，他是山东省强化重点学科“基础数学”中“数学规划”方向的负责人。以上学科建设评估结果皆为优秀。此外，他还是1993～1997年山东省科技奖评审、自然科学基金评审数理组成员，是山东省职称评审数学组成员，1997年还担任数学组组长。

王长钰任职曲师大运筹所所长期间还获得了如下个人荣誉：

1986年4月，荣获由中华全国总工会颁发的“五一”劳动奖章及“全国优秀教育工作者”荣誉称号。

1988年5月，被山东省人民政府授予“山东省劳动模范”称号。

图6-41　王长钰于1988年荣获“山东省劳动模范”证书

1990 年 9 月，被美国传记学会选入美国传记研究院《国际优秀（学术）带头人辞典》，并被聘请为美国传记学会的顾问研究委员会成员。

1991 年 2 月，被中共山东省委、山东省人民政府选拔为第二批“山东省专业技术拔尖人才”。

图 6-42　王长钰获 1991 年“山东省专业技术拔尖人才”荣誉称号证书

图 6-43　王长钰（前 4 排右 10）在山东省第二批省级拔尖人才命名表彰大会上合影

（1991 年 2 月 5 日）

1991 年 7 月，为表彰王长钰同志为我国高等教育事业发展作出的突出贡献，国务院向王长钰颁发政府特殊津贴，金额为每月 100 元。与王长钰同时获得国务院政府特殊津贴的还有激光所的李国华，二人是曲阜师范大学最早荣获国务院政府特殊津贴的专家，为此学校还特别召开座谈会，向二人表示祝贺，并号召全校师生向两位专家学习。

图 6-44　学校召开座谈会祝贺王长钰(右)与李国华(左)荣获国务院政府特殊津贴合影
(1991 年 12 月 18 日)

1991 年 9 月，因在“科教兴鲁”中成绩显著，荣获山东省教委、山东省科委、山东省计划委员会、山东省经济委员会、山东省人事局授予的“山东省高等学校先进科技工作者”称号。

1991 年 9 月，在王长钰工作的第三十个年头，荣获由山东省教育委员会颁发的“从教三十年”教师荣誉证书。

1993 年 6 月 26 日，曲阜师范大学召开“两优一先”表彰大会，王长钰被中共曲阜师范大学委员会授予“优秀共产党员”称号。

1993 年 12 月，荣获曾宪梓教育基金会颁发的“高等师范院校教师奖”二等奖，并获奖金二万元港币。

1995 年 9 月 8 日，受邀到北京人民大会堂参加 1995 年教师节表彰活动，并与党和国家领导人合影。

1995 年 9 月，王长钰一家被山东省教育委员会、中国教育工会山东省委员会、山东省中小学幼儿教师奖励基金会授予“山东省优秀教育世家”荣誉称号。

1996 年 3 月，被中国科学院应用数学研究所聘请为兼职研究员，同年 7 月被中国科学院应用数学研究所聘请为博士生导师，是曲阜师范大学第一位获得博导资格的专家。1998 年，王长钰招收首批博士研究生。

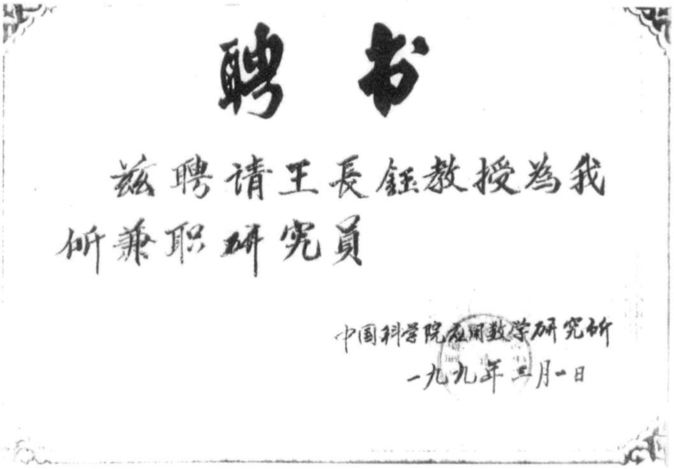
聘书

兹聘请王長钰教授為我所兼职研究員

中国科学院应用数学研究所
一九九年三月一日

图 6-45　中国科学院应用数学研究所兼职研究员聘书复印件（1996 年 3 月）

1997 年 8 月，再次被中共山东省委、山东省人民政府选拔为“山东省专业技术拔尖人才”。

1997 年 11 月，在中共山东省委高校工委、山东省教育委员会组织的第二届山东高校“十大优秀教师”评选中荣获提名奖。

1998 年 2 月至 2010 年 5 月，受邀担任美国《数学评论》杂志特邀评论员。

1998 年 9 月，被大连理工大学研究生院聘请为大连理工大学博士生导师、兼职教授。

在科研领域，王长钰也荣获诸多奖项，比较重要的有：

1991 年 7 月，科研项目“非线性规划的算法与最优化理论研究”获得国家教育委员会颁发的科学技术进步三等奖。

1993年9月，主持的项目“坚持‘教学、科研、生产三结合’，出人才、出效益、出成果”获得国家教育委员会颁发的1993年高等学校优秀教学成果二等奖。

1999年1月，主持的科研项目“最优化理论算法及其应用研究”获得教育部颁发的科学技术进步二等奖。

2000年7月，论文《农村产业结构布局优化的数学模型及其稳定性分析》经全国统计科研优秀成果评选奖励委员会评定，授予第五届全国统计科研优秀成果二等奖。

2002年2月，主持的科研项目“最优化方法及其应用研究”由中国高校科学技术奖励委员会评定，被授予2001年度中国高校科学技术奖二等奖。

此外，王长钰还多次荣获山东省人民政府、山东省教育厅、山东省教育委员会、山东省统计局授予的科技进步奖。

第七章　老骥伏枥　志在千里

退休后的王长钰并没有闲散下来，相反，没有了行政事务的干扰，王长钰将自己的全部精力放在了科研上，发表论文、参编著作、申请项目、培养学生、交流学术，他的生活以科研为中心，丰富又充实。夕阳无限好，黄昏亦光华，辛勤的劳动收获了满满的荣誉。在王长钰生命的最后阶段，虽罹患癌症，却仍抱病科研不辍，其坚毅精神令人敬佩又感动。王长钰一生躬身垂范，将毕生精力奉献给了运筹学研究。

2000 年，已是花甲之年的王长钰不再担任运筹学研究所所长职务，改任运筹学研究所名誉所长。同时，这一年也是王长钰从教的第 40 年，曲阜师范大学向他颁发了从教 40 年荣誉证书。2003 年 5 月，王长钰被学校聘为“教学科研关键岗位”。2005 年 1 月，王长钰正式从工作岗位退休。学校特地在运筹与管理学院举行荣休座谈会，学校党委书记宋焕新、校长田德全出席座谈会并讲话，希望王长钰退休后仍能继续关心、支持学校的发展，做好“教育的守望者”，用智慧和热忱为学校事业发展建言献策，同时也要求学院的领导和老师用心用情做好王长钰的服务工作，多途径、多渠道地关心、支持他的退休生活。

王长钰虽然离开了自己兢兢业业、奉献将近半个世纪的工作岗位，但他依然笔耕不辍，勤奋工作，退而不休。王长钰自 2000 年起不再担任行政职务后，在国内外著名刊物上发表论文 60 余篇，申请主持并完成国家级项目4 项，参与项目 3 项。王长钰已年逾花甲，仍取得了如此丰硕的科研成果，其中的辛劳可想而知。王长钰主持的国家级科研项目如下：

2001 年 9 月，完成教育部科研项目“最优化理论方法及其应用”。

2002 年 1 月至 2004 年 12 月，主持并完成国家自然科学基金项目“半无限规划的对偶理论与算法研究”。

2006 年 1 月至 2008 年 12 月，主持并完成国家自然科学基金项目“广义半无限规划的理论与算法研究”。

2010 年 1 月至 2012 年 12 月，主持并完成国家自然科学基金项目“非线性增广 Lagrangian 函数的理论、方法及其应用研究”。

在培养学生方面，自 2000 年以后，王长钰共培养博士研究生 6 人、硕士研究生 14 人，具体招生情况如下表所示：

表 7-1　王长钰 2000 年后的研究生招生情况

时间	博士研究生	硕士研究生
2000 年	李群	杜守强、陈元媛
2001 年	孙清滢、连淑君、宇振盛	刘茜
2002 年	—	刘丙状
2003 年	李梅霞	许修花、周金川、李忠豪
2004 年	赵文玲	张祖华
2005 年	—	张海燕、刘芳
2006 年	—	马骋、刘卫艾
2008 年	—	姜亭亭、张玉环

2003 年、2004 年，王长钰连续两年被评为“曲阜师范大学优秀硕士研究生指导教师”。

王长钰还参编了 4 部专著：

2001 年 1 月，国家“九五”重点出版项目《现代数学手册・经济数学》由华中科技大学出版社出版发行，书中第七篇“非线性规划”部分由王长钰、王宜举共同执笔完成。

2002 年，浙江大学出版系列丛书“运筹・优化・决策”，由王长钰执笔的《选址问题》为丛书首批出版的5部图书之一。

2006年11月，由胡毓达主编的“优化与决策”丛书，由上海世纪出版股份有限公司、上海科学技术出版社出版发行，王长钰为编委之一。

2010年11月，韩继业、俞建共同主编的《越民义与中国运筹学》由贵州大学出版社出版发行，王长钰为编委之一。

这一时期，王长钰频繁参加国内外的学术交流活动，除了继续积极投身于中国运筹学会及其分会数学规划会的各项活动外，他还多次与香港学者杨晓琪、杨新民、张建中等进行合作研究，甚至远赴香港开展学术交流。

2001年6月15日至18日，参加在贵阳召开的2001年全国数学规划及运筹学研讨会。

2001年10月至2002年1月，在香港城市大学数学系做访问学者，与该校数学系主任张建中教授进行合作研究。

2002年5月26日至29日，参加在温州举办的第二届全国决策科学暨多目标决策研讨会并在会上作报告。

2002年10月至2003年1月，在香港城市大学数学系做访问学者，与张建中教授合作进行“变分不等式中外梯度—牛顿方法”的研究。

2002年12月19日至22日，王长钰参加了在上海大学新校区召开的第四届全国数学规划大会暨国际数学规划会议(ICMP2002)。来自海外的数十位专家和国内30多所高校及科研单位的70多位专家学者与会。开幕式上，中国运筹学会名誉理事长越民义和中国数学规划学会理事长韩继业分别作了发言，16位专家作了大会报告，50多位学者作了分组报告，会议论文集由上海大学出版社出版。

图 7-1　王长钰(前 3 排左 2)参加第四届全国数学规划大会暨国际数学规划会议合影
(2002 年 12 月 19 日)

2003 年 9 月 1 日至 11 月 30 日,被香港城市大学聘任为高级副研究员,并在香港城市大学进行为期三个月的访学,其间与张建中教授继续合作进行“变分不等式中外梯度—牛顿方法”的研究。

2004 年 4 月 15 日至 6 月 14 日,在香港理工大学进行为期两个月的访学,其间与杨晓琪教授进行“非线性增广 Lagrangian 对偶问题的零对偶间隙性质”的研究。

2004 年 5 月 20 日,王长钰参加在杭州召开的中国运筹学会常务理事会。

2004 年 10 月 17 日至 19 日,王长钰参加在青岛召开的中国运筹学会第七届全国代表大会暨学术交流会,在会上他主持了运筹学应用奖报告会,并当选为中国运筹学会常务理事。

2004 年 12 月至 2005 年 4 月,在香港城市大学做访问学者,与张建中教授做“求解广义 Nash 对策的 Nash 平衡”的研究。

2005 年 9 月 26 日至 11 月 25 日,在香港中文大学系统工程与管理学院与李端教授合作研究 2 个月,并在香港中文大学讨论班上作报告《广义半无限极大极小规划的一阶最优性条件》(与博士生李梅霞共同完成)。

2005 年 12 月至 2006 年 3 月,在美国得克萨斯州探亲期间,应邀在得克萨斯州立大学数学系访问三天并作学术报告。2006 年 2 月应邀赴西弗吉尼亚大学数学系访问一周并作学术报告。

图 7-2　王长钰在美国得克萨斯州立大学奥斯汀分校图书馆留影(2005 年 12 月)

2006 年 4 月 23 日至 24 日,参加在广西大学召开的中国运筹学会数学规划分会代表会议暨第六届学术会议,参会论文《广义半无限极大极小规划的一阶最优性条件》收录于大会论文集《2006 年中国运筹学会数学规划分会代表会议暨第六届学术会议论文集》。

2006 年 5 月 3 日至 28 日,在台湾"中山大学"理学院与姚任之教授进行合作研究。

2006 年 12 月,在重庆师范大学运筹与控制重点实验室与杨新民教授合作研究 1 个月。

2007 年 7 月,参加在延边大学召开的国际最优化学术会议并作大会报告。

2007 年 10 月 25 日至 30 日,参加中国运筹学会组织的赴台湾"东华大学"2007 年台湾作业研究学术研讨会。

2008 年 8 月 1 日至 9 月 30 日,在香港理工大学应用数学系与杨晓琪教授合作研究 2 个月。

2008 年 10 月，参加在南京召开的中国运筹学会全国代表大会，为时 4 天。

2010 年 10 月至 12 月，在美国得克萨斯州立大学做访问学者，并与贾兴德教授进行合作研究。

2012 年 2 月 10 日至 25 日，与杨新民、杨晓琪在重庆师范大学合作研究半个月。

2012 年 4 月 20 日至 24 日，以名誉理事身份参加在杭州举办的第九届全国数学规划学术会议。

2012 年 4 月 25 日至 28 日，应邀赴苏州大学数学学院访问 3 天，并作学术报告。

2013 年 2 月 3 日至 6 日，在青岛大学理学院与香港理工大学应用数学系杨晓琪教授讨论修改论文。

2014 年 11 月 25 日至 28 日，在重庆参加第一届向量优化理论方法与应用数学研讨会，并在开幕式上致辞。

2014 年 12 月 11 日至 20 日，在淄博与山东理工大学理学院赵文玲教授讨论与合作研究 10 天。

2015 年 4 月 26 日至 29 日，在美国得克萨斯州立大学数学系访问 4 天，并作学术报告。

2016 年 12 月 2 日至 4 日，参加由曲阜师范大学、山东省运筹学学会联合发起，在曲阜师范大学曲阜校区召开的国际最优化理论及其应用研讨会。

王长钰以其广博的学识、坚实的功底、严谨的作风、娴熟的技巧，以及许多开创性的工作令人敬服。他更是将其一生奉献给了曲阜师范大学的教学、科研工作，为学校赢得了荣誉，提高了学校的知名度。为表彰王长钰长期以来对学校作出的卓越贡献，2010 年，王长钰荣获曲阜师范大学孔子教育基金会终身成就奖。

2015 年，王长钰确诊肺癌。由于年事已高，家人担心知道病情会增加他的思想负担，便一直没有将实情告知。包括王长钰的夫人李遂华在内，家人一开始都没敢告知她真相，担心王长钰和老伴年龄大，经受不住打击，只有小儿子王众和学生张玉忠了解实情。但在治疗过程中，王长钰还是隐约猜到了自己的病况。面对病魔，王长钰并未一蹶不振而放弃科研，相反，已是78岁高龄的他不仅没有选择颐养天年，反而更加以“时不我待”的紧迫感重投科研工作，奋战在科研前线。王长钰的至交好友王焕新曾劝他说：快八十岁了，该休息的时候就要休息，不要太拼命。可王长钰却说：“只要思维能够干，我就尽量干。”[①]

2016年底，王长钰虽仍卧病在床，但经过手术的他身体状况略有好转。正值澳大利亚学者张家普[②]应曲阜师范大学管理学院邀请到日照进行学术交流，病重的王长钰依然心系科研，写信给他，邀请他进行合作研究，信中写道：

> 您在应用方面成果显著。我想与您合作，在优化理论方面为您提供些理论成果，论文当然以您领先，我只是提供给您一些理论与方法，论文以应用为主。待我的病稍好些后，还要请您来曲阜与我做详细介绍应用方面取得的成果，以便写成论文或汇总成书面文字。这都与您商量后决定。您来曲阜，一切我都安排好，不用您来操心，您只要通知我在这以后那(哪)个阶段有空闲可来曲阜。[③]

2016年12月2日至4日，曲阜师范大学与山东省运筹学会共同发起组织的国际最优化理论及其应用研讨会在曲师大曲阜校区召开。正值王长钰八十华诞(虚岁)，晚宴上，曲阜师范大学校长张洪海教授、副校长夏云杰教授以及参会的一百多位专家学者纷纷向王长钰表达祝贺。2017年6月，《运筹学学报》出版专刊庆祝王长钰八十大寿，越民义、韩继业、于英川、胡旭东、杨新民等十余位知名专家学者发来贺词。

---

① 王焕新访谈，2020年10月31日，博山。资料存于采集工程数据库。

② 张家普，1971年出生，本科、硕士均毕业于曲阜师范大学，硕士研究生导师为王长钰。2004年在澳大利亚巴拉瑞特大学获得博士学位，2006年为澳大利亚联邦科学与工业研究组织研究科学家。

③ 王长钰给张家普的信草稿，2017年12月1日。资料存于采集工程数据库。

“莫道桑榆晚，为霞尚满天。”王长钰晚年将全部精力放在科研上，其一生都奉献给了自己热爱的运筹学研究，他以扎实的数学功底、严谨的治学风格，数十年来一以贯之的对运筹学的探索精神，给运筹学界以影响与启迪。

第八章　学术贡献　钻之弥坚

王长钰的主要研究领域为运筹学,他在我国运筹学界具有举足轻重的地位。多年来,王长钰在最优化的理论与算法及应用、运筹学应用等领域作出了杰出的贡献,在国际上也产生了重要影响。长期以来,王长钰对研究工作始终兢兢业业、严肃认真,在国内外著名学术刊物上发表研究论文154篇,参编著作6部,取得了丰硕的研究成果。

一、解决工厂选址问题中的收敛性问题

19世纪下半叶,随着资本主义经济的发展,第二次工业革命蓬勃兴起,人类进入了电气时代。铁路运输、能源、电信以及城市的飞速发展,为工厂的建立提供了更多的便利,如何布局工厂成为急需解决的问题。1909年,德国经济学家、社会学家阿尔佛雷德·韦伯(Alfred Weber)出版了《工业区位论》一书,在书中韦伯提出了第一个工厂选址问题:某地有给定的若干个仓库,每个仓库的其他相关因素可以换算成一个权重表示,求一建造工厂的合适地点,使工厂到每个仓库的距离与权重乘积的总和最小,则这个工厂的地址是最经济、便利的。针对这个问题,韦伯虽给出了完整模型,是一个特殊不可微规划问题,即著名的"Fermet-Weber最优场址"问题,却始终没有给出有效的算法来解决这一问题。直到1937年,德国数学家维斯费尔德(E. Wieszfeld)才第一次给出了一个算法,但是在近40年的时间里这个算法是否收敛不能确定。1974年,美国著名运筹学家H.W.库恩

发表了他对维斯费尔德算法收敛的研究结果，他不仅指出了这个算法有收敛性，而且给出了一个具有收敛性的有效算法，可以求出该问题的近似解。[①] 几乎与库恩同时，王长钰在《破与立》(自然科学版)1975年第2期上发表了论文《用迭代法求道路不固定的最优场址的收敛性及收敛速度的估计》，他在文中指出：本文主要研究了 $\min\sum_{i=1}^{n} c_i\|x-a_i\|$ 型最优场址模型的维斯费尔德算法的收敛性及敛速估计问题，维斯费尔德对这一问题给出一种计算比较简单的迭代法，但并未证明它的收敛性。本文指出这种迭代法实际上就是最速下降法，证明了它的收敛性，估计了收敛速度的阶，并对方法本身作了补充，使其适用于在迭代过程中遇到不可微点的情况，最后证明以上结果完全可以推广到希尔伯特空间中去。[②] 对比库恩的成果，王长钰采用了不同的证明收敛性的方法，比库恩的结果更深入的是，王长钰详细证明了算法的收敛速率：当算法收敛到一个可微点时，算法是线性收敛的；当算法收敛到一个不可微点时，算法是按调和级数收敛的。[③] 同时，对维斯费尔德迭代式中 $x=a_i$ 的情况进行了改进。王长钰的这一研究成果，首次解决了 Chandrasekaran-Tamir 关于场址算法收敛性的猜想，即证明了库恩原算法的局部收敛性[④]，这个结果被国际权威性刊物 *Operations Research* 与 *Siam Journal On Optimization* 多次引用，在国内外产生了广泛影响。

1978年4月，王长钰在《应用数学学报》第2期上发表论文《在闭凸集上求 $\min\sum_{i=1}^{n} c_i\|x-a_i\|$ 型最优场址》，论文将 $\min\sum_{i=1}^{n} c_i\|x-a_i\|$ 型最优场址问题的 Wieszfeld 算法推广到带约束(闭凸约束)的情形，同时证明了

---

① 参见越民义：《最小网络》，上海科技出版社2006年版，第5页。

② 参见王长钰：《用迭代法求道路不固定的最优场址的收敛性及收敛速度的估计》，《破与立》(自然科学版)1975年第2期。

③ 参见张玉忠：《洙泗泱泱　先圣之乡　黉宫巍巍　后学之标——庆祝王长钰教授八十华诞》，《运筹学学报》2017年第2期。

④ 曲阜师范大学数学系"运筹学与控制论"专业《申请博士学位授予权学科、专业简况表》，1997年，第5页。

算法的收敛性(在迭代点列$x_k \neq a_i$的情形)。[①]

“Fermet-Weber 最优场址”问题是典型的非光滑最优化问题,对它的研究不仅有重要的理论意义,还具有重大的应用价值。随着空间技术的高速发展,王长钰在最优场址方面的研究也在不断向前推进。1997 年,王长钰与高乘云、时贞军合作在 *Computational Optimization and Applications* 上发表论文“An Algorithm for Continuous Type Optimal Location Problem”。1999 年,王长钰与学生张立平合作在 *Systems Science and Mathematical Sciences* 上发表论文“An Algorithm for Continuous Type Optimal Spherical Facility Location Problem”。这两篇论文基于“Fermet-Weber 最优场址”问题,先后将离散型场址问题推广到连续型和球面上,并且给出了快速收敛的有效算法,尤其特别深入地研究了“Fermet-Weber 最优场址”问题的另一种推广型,即 $\min\sum\|A_i x - a_i\|$ 型,给出求解此问题的具有二次收敛的光滑 Newton 方法。进一步作为这种推广型的一个重要的应用,王长钰成功地运用光滑 Newton 方法解决了著名的 Euclidean 设施定位问题和在给定拓扑下的斯坦纳最小树问题,数值试验的结果表明该方法是很有效的。[②]

王长钰是国内最早开始研究著名的“Fermet-Weber 最优场址”问题的数学家,他在研究中取得了一系列首创性的成果,他的这些研究成果当时在国内外均产生了较大的影响。

二、解决非线性管网算法的收敛性问题[③]

1978 年,王长钰在《应用数学学报》上发表论文《非线性管道网络中的

---

① 王长钰:《在闭凸集上求 $\min\sum_{i=1}^{n} c_i\|x-a_i\|$ 型最优场址》,《应用数学学报》1978 年第 2 期。

② 王长钰主持项目“最优化方法及其应用研究”《中国高校自然科学奖推荐书》,2001 年。

③ 参见王长钰主持项目“非线性规划的算法与最优化理论研究”《山东省科学技术进步奖申报书》,1991 年,第 2 页;王长钰:《非线性管道网络中的线性逼近法的收敛性及推广》,《应用数学学报》1978 年第 4 期。

线性逼近法的收敛性及推广》。论文研究了非线性管道网络(煤气管道、自来水管道、井下通风管道等)的压力平衡计算中出现的一类非线性方程组的问题,给出了线性逼近法的较为一般的迭代形式:当其中的参数矩阵分别取两种对角形时,就得出了两个简单的迭代程序,其中的一个即为近年来国内某些单位在实际中使用的方法之一;另一个适用的范围较前者更广。同时,文章中还证明了它们的收敛性,且在某些条件的限制下对上个迭代程序的收敛速度也作了估计。

对于该问题,美国数学家D. J.伍德与C. O. A.查尔斯较早提示了一种线性逼近法,用以求解方程组,国内外若干实际应用部门均采用此方法,效果良好,但方法的收敛性未得到解决。该文利用非线性规划的方法证明了这种逼近法的收敛性,同时加以改进和推广,使它能求解更具一般性的方程组,使算法可适用于复杂管网的情形,最后还进一步估计了方法的收敛速度,获得了线性收敛的结果,首次解决了D. J.伍德与C. O. A.查尔斯等人对非线性管网算法的收敛性问题。论文发表之后,引起国内许多专家的注意,结论先后被应用到天然气、井下通风网络的压力平衡计算以及管道网络的最优化设计中去。

三、解决数学规划中的退化性问题[①]

数学规划中的约束集的退化是一种很难处理的性质,它给问题的求解带来许多麻烦,因此多年来一直是数学规划的一个理论上和计算上的研究课题。对于退化的线性规划,国际上虽已有数种有效的解决方法,但是对退化的非线性规划,如何有效地处理退化性以及如何设计具有全局性的算法,国内外文献中则很少涉及,仅在20世纪80年代初期由R. W.科特尔(R. W. Cottle)等人发表了解退化的凸二次规划的一种算法。

王长钰最早建立了一种新的单纯形转轴运算,构造了一种具有收敛性的可行方向算法,成功地解决了退化的带一般纯属约束的最优化问题。

① 参见王长钰主持项目“非线性规划的算法与最优化理论研究”《山东省科学技术进步奖申报书》,1991年,第3页。

1982 年，王长钰在《数学学报》发表论文《非线性规划的一个可行方向方法》，将 Frank-Wolfe 的线性逼近法与单纯形算法进行了巧妙的结合，首次给出了一个线性约束非线性规划问题的具有全局收敛性的算法，能有效地处理约束集退化的情形，是对 Frank-Wolfe 方法的改进，这引起运筹学界不小的反响。

四、"L-W" 算法

王长钰最早对约束集退化的非线性规划设计出一种有效算法。

1981 年，王长钰在《应用数学学报》上发表论文《一个新的转轴法与 Levitin-Polyak 梯度投影法的简化及其收敛特征》，对线性约束非线性规划问题给出了 Levitin-Polyak 梯度投影算法的两个改进程序：改进程序之一利用越-韩转轴实现了明显的简单迭代，将这一简单迭代用于运价时伪凸函数的运输问题，便获得了一个简单算法；改进程序之二则深入地讨论了它的收敛性质，得到了一个深刻的收敛特性，即问题的最优解存在的充要条件是迭代点列为有界，而且此时不论最优解唯一与否，迭代点列总是(整存)收敛于某一最优解，此外还获得了线性收敛的敛速估计。

1982 年，王长钰在《科学通报》上发表论文《关于一个改进的既约梯度法的收敛性质》，改进了越-韩的既约梯度法，证明了改进算法具有如下深刻的收敛性质：(1) $\lim\limits_{k\to\infty} f(x_k)=\inf\limits_{x\in k} f(x)$，当 $\{x_k\}$ 有一聚点 x^* 时，x^* 就是问题(P)的最优解，故它是聚点收敛性定理的推广；(2) 当 $f(x)$ 是拟凸或伪凸函数时，迭代点列 $\{x_k\}$ 收敛于(P)的最优解 x^* 的充分与必要条件是越-韩转轴运算具有"有限次"性质，首次给出了一个具有全局收敛性解退化非线性规划的有效算法，这个结果被认为是非常新颖的。1983 年，王长钰在《科学通报》发表论文《一个改进的既约梯度法收敛性质的推广》，对前述论文又进行了推广。[①] 王长钰的这一算法被学界誉为"王氏算法"。

---

① 参见王长钰：《一个改进的既约梯度法收敛性质的推广》，《科学通报》1983 年第 15 期。

1991 年，著名数学家堵丁柱[①]在其运筹学专著 *Convergence Theory of Feasible Direction Methods*[②] 一书中，将王长钰的上述两项结论编入第六章第五节中，与美国运筹学家龙伯格(Luenberger)的算法并称为“L-W”算法。

五、突破凸对偶规划理论研究范围

20 世纪 80 年代中期，在 Rockafellar 凸对偶理论影响下，许多学者在一些广义凸或其他某些特殊类型的非凸对偶规划方面取得了若干重要结果。王长钰与人合作，利用建立的极限定理，突破了 Rockafellar、Flacks、Pollatschck、Borwein、Passy 以及 Jahn 等人广义凸对偶理论的范围，对一般非线性规划建立了它的对偶规划的最优性条件和存在性定理，同时他们所建立的极限定理加以推广后，还是研究最优值函数微分理论的一个有力工具。

1988 年，王长钰与周惠山合作在《科学通报》上发表论文《一个极限定理与非线性对偶规划的最优判别及存在性》，论文中针对一般非线性规划，给出了它的对偶规划(Lagrange 型)的最优性条件(充要条件)与存在性定理。他们首先建立了一个带扰动参数的“示性函数”，证明了一条极限定理，即示性函数随其扰动参数而单调趋向对偶规划的目标函数(是一个最优值函数)的方向导数，由这一定理给出了最优性条件，此外，借由“示性函数”还建立了对偶规划的存在性定理以及与原规划可行解的关系。通过引进“示性函数”，王长钰突破了 Fletcher、Rockafellar 等人关于凸对偶规划的理论研究范围，第一次对一般对偶规划建立最优解存在性定理与判别定

① 堵丁柱，世界著名数学家，攻克了斯坦纳比难题。堵丁柱于 1949 年出生在齐齐哈尔市，1978 年在东北重型机械学院(今燕山大学)计算机系学习，1982 年获中国科学院硕士学位，1985 年获美国加利福尼亚大学圣巴巴拉分校博士学位。1987 年任中国科学院应用数学所教授。现任得克萨斯大学达拉斯分校(UTD)计算机系教授及西安交通大学教授，是美国自然科学基金委计算机理论的项目主管。他的研究方向包括组合优化、计算机网络和计算理论。

② *Convergence Theory of Feasible Direction Methods* 即《可行方向算法收敛性理论》，纽约科学出版社(有限公司)和科学出版社(北京)，1991 年。

理，这为进一步发展非凸对偶规划理论打下了良好的基础。[①] 1989 年，王长钰与赵庆祯合作的论文《关于非线性对偶规划的存在性定理》发表在《数学年刊 · A 辑》(中文版)第 6 期上，该文是王长钰与赵庆祯于 1986 年合作论文《关于非线性对偶规划的存在性定理》[②]的继续与深入，文章引入了 γ-不增函数、歧性函数等概念，建立了若干非凸的对偶规划的存在性定理以及非凸的数学规划的对偶定理，这些结果推广并加强了 Geoffrion、Wolfe 以及 A. Ben-Tal 诸人的相应结果。[③]

1997 年，王长钰、张玉忠、周惠山的论文《示性函数与非凸对偶规划解的存在性定理》发表在《数学年刊 · A 辑》(中文版)1997 年第 3 期上，论文通过建立的示性函数，证明了非凸对偶规划问题最优解的存在性定理与判别定理，并得出了若干有用的推论，为进一步构造有效的对偶拉格朗日算法提供了理论依据，黄力人与吴恭孚教授在《中国科学》上证实了这一成果。[④] 2000 年，王长钰与修乃华合作，进一步撰写学术论文"Convergence of the Gradient Projection Method for Generalized Convex Minimization"，在 *Computational Optimization and Applications* 上发表，又利用这一成果突破了 Rockafellar 凸对偶规划的研究范围，首次在非凸规划中建立了对偶定理。[⑤]

---

① 曲阜师范大学数学系"运筹学与控制论"专业《申请博士学位授予权学科、专业简况表》，1997 年，第 5 页。

② 发表于《曲阜师范大学学报》(自然科学版)1986 年第 1 期。

③ 参见张庆水、刘品：《1964～1990 年发表的论文摘要及获厅局级以上的科研成果》，1991 年，内部资料，第 15 页；王长钰主持项目"非线性规划的算法与最优化理论研究"《山东省科学技术进步奖申报书》，1991 年，第 3 页；王长钰、赵庆祯：《关于非线性对偶规划的存在性定理》，《数学年刊 · A 辑》(中文版)1989 年第 6 期。

④ 参见王长钰、张玉忠、周惠山：《示性函数与非凸对偶规划解的存在性定理》，《数学年刊 · A 辑》(中文版)1997 年第 3 期。

⑤ 参见王长钰、张玉忠、周惠山：《示性函数与非凸对偶规划解的存在性定理》，《数学年刊 · A 辑》(中文版)1997 年第 3 期。

六、为数学规划的微分稳定性提供新方法[①]

1989年，王长钰与周惠山、管梅谷合作，在 *Acta Mathematica Applicatae Sinica*（*English Series*）上发表论文“Unification and Extensions of Some Stability Theorems in Mathematical Programming”。文章引入了“N型函数类”，将Dantzig、Hogan等人的数学规划的稳定性定理进行了统一与实质性扩充，之后在非常广泛的条件下，给出了最优值函数的Dini方向导数的结构表达式，证明了半无限规划的极大熵方法的稳定性与强稳定性，首次揭示了极大熵函数的优良渐进性态。这一结果为进一步研究数学规划的微分稳定性提供了新的方法和手段。

七、运筹学应用方面研究成果

1990年，王长钰与章志敏、赵庆祯合作的论文“Application of Operations Research in Agriculture Decision Making”发表在 *Annals of Operations Research* 上，这篇应用型论文综合介绍了运筹学用于农、林、畜牧、渔业领域的应用、经验体会，其中包括了聚类分析方法、制定中长期规划的模糊规划、测验引入期望方差比等两种选择最优决策准则，对指导农业最优布局、提高生产效率具有很强的指导意义。

1991年，王长钰与赵庆祯、章志敏等人合作的论文“Application of Operations Research in the Optimization of Agricultural Production”在 *Operations Research* 上发表，得到主编的充分肯定。

1991年，王长钰与赵庆祯、章志敏合作的论文《运筹学运用于农业的研究》在《运筹学杂志》第1期上发表，介绍了曲师大运筹学研究所在农业应用领域中的工作。文章介绍了通过综合应用多种运筹学模型及利用计

---

① 曲阜师范大学数学系“运筹学与控制论”专业《申请博士学位授予权学科、专业简况表》，1997年，第5页；曲阜师范大学数学系“应用数学”专业《申请博士学位授予权学科、专业简况表》，2002年，第11页。

算机处理海量数据，建立起农业生产的合理结构，加强对农业的科学管理，提高了整个农业系统的效益。另外，文章还介绍了农业运输问题、场站问题等的研究。这是继20世纪80年代“长清模式”后，中丹合作项目中运筹学在农业领域应用研究的继续。[①]

1994年，王长钰与赵庆祯、章志敏、张庆水等合作的应用论文“The Application of Operations Research to the Management of Agriculture in Changqing and Tancheng County”发表在 *Communications of Operations Research Society of Japan* 上，对长清县和郯城县应用运筹学方法，通过构造数学模型，创造性地构建了线性规划—对策论模型，在全县建立了农林牧副渔业优化结构布局并取得了明显社会经济效益进行了系统介绍。

1994年，王长钰与时贞军合作的论文《洗煤过程控制中的最优控制模型及求解方法》收入《复杂巨系统理论·方法·应用——中国系统工程学会第八届年会论文集》中。文章对洗煤过程中，为提高选煤质量，如何调节进入洗煤机的水流量而实现矿浆密度的最优控制进行了研究。[②]

八、最优值函数方向导数研究

鉴于最优值函数的方向导数在最优化理论与算法中的重要作用，在国内，王长钰研究团队最早开始对其进行了研究。当时国际上的有关文献都是在函数对其参数的最优解集非空甚至紧致的条件下研究最优值函数的方向导数，这就在很大程度上限制了它的作用的发挥。[③]

1994年，王长钰与赵福安合作构造了一种示性函数，利用极限交换理论彻底克服了最优解集非空的局限，并在很一般的条件下建立了最优值函

① 参见赵庆祯、章志敏、王长钰：《运筹学运用于农业的研究》，《运筹学杂志》1991年第1期。

② 时贞军、王长钰：《洗煤过程控制中的最优控制模型及求解方法》，中国系统工程学会编：《复杂巨系统理论·方法·应用——中国系统工程学会第八届年会论文集》，科学技术文献出版社1994年版，第619～622页。

③ 王长钰主持项目“最优化方法及其应用研究”《中国高校自然科学奖推荐书》，2001年。

数方向导数的存在性定理与结构表达式，二人将上述成果撰写成论文“Directional Derivatives of Optimal Value Functions in Mathematical Programming”发表在 *Journal of Optimization Theory and Applications* 上。同年，王长钰与赵福安合作的论文“Optimal Value Functions in Mathematical Programming and Convergence for Gradient Projection Method”发表在 *Systems Science and Mathematical Sciences* 上，进一步利用这一成果证明了在一般闭凸集上梯度投影算法若干优良的收敛性质，实质性地改进了Camalai 与 Moré 等人的成果，建立了精确罚函数存在的充要条件。这两篇文章发展了由 Rockafell、Ben-Tal 以及 Correa 等人研究的最优值函数的微分理论，首次在一般条件下(包括最优解集为空集时)给出了最优值函数方向导数的原函数的极限表达式，并且得出了一系列有价值的推论。这些结果已开始受到国际同行的重视。

九、证明 FR 方法在广义 Armijo 线搜索下的全局收敛性

王长钰与张玉忠合作，最早证明了 FR 方法在广义 Armijo 线搜索下的全局收敛性，这是王长钰在 20 世纪 90 年代的重要研究成果。

共轭梯度法是一种行之有效的无约束最优化方法，然而其适用范围有很大的局限性，即要求目标函数的梯度必须是 Lipschitz 连续，必须在大 Wolfe 或强 Wolfe 搜索下进行。为了突破这种局限，王长钰首先改进了一个关于无穷级数的 Abel 定理，然后利用改进的 Abel 定理克服了 Lipschitz 连续的限制，首次在简单的 Armijo 搜索下证明了共轭的全局收敛性。[①] 1998 年，他与张玉忠合作的论文《s-相关 GFR 共轭梯度方法的全局收敛性》发表在《科学通报》上。文章建立了 s-相关 GFR 共轭梯度法，其中参数 β_k 对于 Fletcher-Reeves 参数 β_k^{FR} 的相关比，给出了两种($s=1,2$)不同的上界估计，证明了两个一般性收敛性定理，由这两个定理分别推出了在若干种步长的选择策略下，s-相关 GFR 方法的全局收敛性，其中有几种步长策

① 王长钰主持项目“最优化方法及其应用研究”《中国高校自然科学奖推荐书》，2001 年。

略的使用在共轭梯度法的研究文献中尚属首次。这一成果在《中国科学》上曾被戴彧虹[①]与袁亚湘[②]教授引用。王长钰与张玉忠建立的在 Armijo 搜索下的非线性共轭梯度法的收敛性定理还被编入戴彧虹、袁亚湘主编的《非线性共轭梯度法》一书(上海科技出版社 2000 年版)中,书中指出这是在 Armijo 搜索下最早给出的全局收敛性定理,给予了首创性的评价。[③]

十、建立增广拉格朗日零对偶间隙定理

2003 年,王长钰与杨晓琪、杨新民合作的论文"Nonlinear Lagrange Duality Theorems and Penalty Function Methods in Continuous Optimization"发表于 *Journal of Global Optimization*,文中利用广义非线性拉格朗日函数,提出了一个求解约束优化问题的通用对偶程序,包括一类具有显式结构的一般对偶规划,在非常一般的假设下证明了具有零对偶间隙的对偶定理,并给出了几个重要的推论,其中包括一些已知的结果。他们还利用对偶函数作为罚函数,证明了罚函数的一系列近似最优解收敛于原优化问题的最优解。该文中,王长钰与杨晓琪、杨新民合作建立的增广拉格朗日零对偶间隙定理,作为增广拉格朗日对偶理论的一个方面的开创性定理被编入 A.M.鲁比诺和杨晓琪的专著 *Lagrangian-type Functions in Constrained Non-convex Optimization* 中。

---

① 戴彧虹,1992 年毕业于北京理工大学,数学家,中国科学院数学与系统科学研究院研究员、博士生导师,2017 年获得第十六届陈省身数学奖,主要从事计算数学、应用数学、运筹学的研究。

② 袁亚湘,1960 年出生于湖南省郴州市资兴市,数学家,中国科学院院士、发展中国家科学院院士、巴西科学院通讯院士、美国工业与应用数学会会士、美国数学学会首届会士。现为中国科学院数学与系统科学研究院研究员、中国数学会理事长、国际工业与应用数学联合会主席、全国政协常委、中国科协副主席。长期从事计算数学、应用数学、运筹学等领域的研究工作,在非线性规划方面的研究成果被国际上命名为"袁氏引理"。

③ 参见张玉忠:《洙泗泱泱　先圣之乡　黉宫巍巍　后学之标——庆祝王长钰教授八十华诞》,《运筹学学报》2017 年第 2 期。

十一、建立非线性增广拉格朗日函数与对偶理论

2013年,王长钰与杨晓琪、杨新民合作的论文“Nonlinear Augmented Lagrangian and Duality Theory”发表于 *Mathematics of Operations Research*,文章给出了一个非线性增广拉格朗日对偶问题的统一框架,研究了扩展实值函数极小化的原问题非线性增广罚函数,其所建立的框架比过去的框架更具普遍性,并建立了零对偶间隙性质的充要条件,证明了精确罚函数的存在性。2013年,*Mathematics of Operations Research* 的评审专家评价称:文章中的证明方法“非常具有独创性”,并且断言“它将必然为增广拉格朗日和精确罚理论开辟多种应用途径”。2017年,王长钰与刘茜、屈彪合作的论文“Global Saddle Points of Nonlinear Augmented Lagrangian Functions”中,利用这种新颖方法建立了非线性增广拉格朗日全局鞍点存在的充分与必要条件,是自1974年洛克菲勒对增广拉格朗日给出全局鞍点存在的充分条件以来,第一次给出了它的充分与必要条件,初次印证了上述专家的评价。

十二、建立SFP新的牛顿投影算法

2017年,王长钰与屈彪、修乃华合作的论文“Analysis on Newton Projection Method for the Split Feasibility Problem”发表于 *Computational Optimization and Applications*。文章基于分裂可行性问题(SFP)的一个价值函数,提出了一种求解该问题的新的牛顿投影算法,并分析了该方法的收敛性。评审专家对该文的评价为:自非光滑SFP提出以来的30年间,首次给出了求解SFP的具有超线性收敛的有效算法,是SFP研究的一项重大进展。

第九章　勤奋敬业　薪火传承

王长钰自1961年毕业留校任助教起，从事教育事业近半个世纪，为国家培养数学人才是他科研之外的另一工作重心。多年来，他在科研工作上兢兢业业、勤奋严谨，坚持运筹学研究不辍，取得了一大批重要科研成果，在国内外享有盛誉；他在教育事业上也辛勤耕耘，一贯坚持以“育人”为中心，培养了一大批优秀的教学科研人才。

一、工作严谨　纪律严明

王长钰工作作风严谨，无论是在科研、教学，还是在管理工作中都严格要求自己。他在工作中兢兢业业，是出了名的“拼命三郎”。正是这种严谨细致、勤奋敬业的精神，造就了他“独上高楼，望尽天涯路”的治学境界。

搞学术研究，王长钰对自己的要求异常严格。他撰写的论文，总是把来龙去脉交代得很清楚，使人明白研究的问题是什么，出自什么考虑，关键在哪里，要用到什么方法和工具，而且每一篇论文他都会验算、修改多次，直至叙述准确、语言精练。对于一个问题的研究，他总要经过深思熟虑之后才与人进行交流，他的老朋友韩继业曾这样评价他：“他研究一个问题，是非常的深入、认真，而且工作能力很强，他只要研究一个问题，总要做出很好的研究成果，才跟别人进行交谈。所以他一般跟别人讨论的时候，就已经有很好的基础。”[1]治学严谨的王长钰对所指导研究生的学术态度要求同样很严格，在解题过程中不允许学生有丝毫的马虎大意，不管是谁因为不认真犯了错误，他批评起来都丝毫不留情面。

王长钰的严谨作风还体现在授课中，他总是一丝不苟地对理论问题进行系统、严密的论证，随时注意引导、鼓励学生养成严密的逻辑思维。据赵庆祯回忆，“王长钰老师上课讲题，思虑周到，一般是考虑到哪个地方就写到哪个地方，如果一个地方推下不去了，就会停下来，说我们再考虑考虑，再继续思考一下”[2]。

做事认真是王长钰立身治学的一大重要品质。对于学生论文，王长钰必会仔细阅读。“他肯定是从头到尾仔仔细细地给你看的，甚至我们平常自己写文章的时候没有发现的一些小错误，王老师都会给你指出来。因为刚开始接触英文文章，比方说有好多作者的名字，不熟悉的话，中间可能会缺一个字母，我们自己根本都发现不了，但是王老师给你审文章的时候，就会看得很仔细，他会给你指出来，这也是我觉得王老师治学严谨的一个表现。”[3]

这种认真还体现在他的字上。“举个很简单的例子，就是王老师写字，他写字不像咱们这样写连笔，每一笔、每一划他都写得特别认真，通过这个字就可以看出来他做事的那种风格，踏踏实实，这一点我觉得很值得我们学习。”[4]在收集王长钰资料的过程中，有不少他留下的论文草稿的手稿，即便是草稿，王长钰也都写得工工整整，条理清晰，一丝不苟。

---

① 韩继业访谈，2020 年 1 月 15 日，北京。资料存于采集工程数据库。

② 赵庆祯访谈，2020 年 9 月 26 日，济南。资料存于采集工程数据库。

③ 连淑君访谈，2020 年 10 月 24 日，日照。资料存于采集工程数据库。

④ 屈彪访谈，2020 年 10 月 24 日，日照。资料存于采集工程数据库。

图 9-1　王长钰讲课留影(1990 年)

在管理工作方面,王长钰也同样做到严格要求,对就是对,错就是错,从不掩饰,无论是教师还是学生犯的错误他都毫不留情面,该处理的就坚决处理。在王长钰担任运筹所所长期间,对纪律的管理相当严格,曾有一位老师有半年多不参加所里的学习、科研等各项活动,也不向所里请假,王长钰等所领导多次与其谈话无果,后依据学校纪律规定,勒令其自动离职。还有一位研究生,也是这样的情况:不上课、不做科研,学校及研究所的活动一律不参加,经研究所领导、老师多番谈话后教育无果,最后也被开除学籍。

二、勤奋敬业　学界楷模

对自己挚爱的运筹学研究和教育事业,王长钰可谓是“衣带渐宽终不悔”,他在运筹学研究领域辛勤耕耘了六十载,对运筹学的热爱和痴迷达到了常人难以想象的程度,运筹学是他生命中最重要的组成部分,做研究工作几乎就是他的全部生活内容。王长钰经常对他的学生说:“做学术研究,对我来说就像惯性一样,如果停下来的话,我会觉得不习惯。”①

同事们佩服王长钰的钻研、拼搏精神,称他是典型的“拼命三郎”。曾

① 屈彪访谈,2020 年 10 月 24 日,日照。资料存于采集工程数据库。

与他共事过的赵庆祯这样评价道："他对工作是一丝不苟、兢兢业业，一工作起来就没有白黑，拼命地工作，这是他最大的特点。他工作或者研究学术问题，有时候通宵不睡觉，白天、黑夜的连续工作，我很敬佩他的工作精神。"①与王长钰有深厚师生情谊的越民义先生也评价他"很用功"。

钻研学术问题，王长钰一向是坚持与执着。学生们问起他"成功的秘诀"时，他说："我只是比别人更执着一些而已。"六十多年来，在他的时间表里没有休息与工作的界限。王长钰几乎从未在晚上十二点钟以前睡过觉，经常工作到凌晨四五点，最终这也导致他患上了失眠和神经衰弱症。"即使躺在床上，也睡不着觉，只好盯着天花板，思考白天没有解决的问题，一有新的思路就开灯把它记下来，有时等到入睡时天也就快亮了……"②王长钰的爱人李遂华老师说："老王这个人成天就是一门心思看书，想问题。有时饭做好了，叫他吃，他光答应就是不动，到头来不知道叫他干啥。吃着饭也是心不在焉，有时忽然放下筷子跑进书房，把吃饭的事就给忘了。晚上，躺在床上脑子也不会闲着，一会儿起来写啊算啊的，非得我逼着他休息不行。有时我身体不舒服，让他帮助做饭，你猜怎么着，切棵葱他得放在案板上剁来剁去老半天，他倒是卖力认真地干，但一看他那又紧张又别扭的模样，我就忍着不让他插手。我也知道他干的那行挺重要，可一看他那没白没黑的拼命劲，我就担心他的身体……"③他的学生屈彪回忆说："给我印象最深的一次，是我读博士期间，因为王老师喜欢晚上做科研工作，那天晚上，我们一起在黑板上讨论一个问题，一直到凌晨两点，而且外面还下着瓢泼大雨，一起回家走在路上的时候，他还在一直跟我讨论这个问题。王长钰老师这种敬业精神真是我们学习的榜样。"④

1992年夏天，王长钰不小心摔了一跤，伤势很严重，需要住院治疗。住院期间，他虽躺在病床上，却怎么也闲不住，还坚持与修乃华合作了一篇论文，后来发表在《计算优化和应用》上。9月初开学后，伤情虽有所好转，

---

① 赵庆祯访谈，2020年9月26日，济南。资料存于采集工程数据库。

② 宋广新：《矢志"运筹"优化人生——记王长钰教授》，《曲阜师大报》2002年10月16日。

③ 胡长春：《闪光的轨迹》，《师魂》编写组编：《师魂》，青岛海洋大学出版社1989年版，第164页。

④ 屈彪访谈，2020年10月24日，日照。资料存于采集工程数据库。

但腿伤未痊愈的他仍坚持为研究生上课。

王长钰研究学问从不分时间、地点与场合，就连出差坐车、住旅馆的工夫他都不放过。坐在车上，人家都是天南地北地聊天，他却在那里闷头思考；出差到异地，人家忙着逛商店，他却蹲在旅馆里看书；晚上一干就是大半夜，知道他习惯的人都不愿和他同住一个房间。据王长钰的高中同学赵增万回忆："和长钰难忘的事很深刻，他是研究学问的，他那种执着的精神，使人难以置信。有一年寒假过春节，我们两三个同学上他家，过年大年初一，和他见见面说说话。结果去了以后，他母亲却说：'长钰刚刚睡觉。'当时天已大亮，我们很奇怪他怎么才刚睡觉，他母亲说他弄了一宿的学问。当时我就觉得不可思议，过春节哪里还有整宿做学问的？可这种事他也不只这一次，也不是偶然的，平时他就是这种执着的态度，让人非常敬佩。"①

搞科研如此，教学方面也是如此。为了讲好每一门课程，王长钰经常备课到深夜，为解决一个关键性问题废寝忘食，通宵达旦。1986 年，他在国外学术访问期间，工作十分繁忙，但他仍经常与研究生、进修生通信，指导他们的论文，还把国际上最新的研究资料提供给他们。他的研究生说："王老师的日历上没有节假日和星期天，他那股子刻苦钻研的精神使我们从心底里钦佩。"②

三、潜心育人　薪火传承

在王长钰的心中，教师是一个崇高的职业，他对教授过、帮助过自己的老师始终怀有感恩之情，对于自己的教育事业，也始终以为国家培养数学人才为己任。王长钰认为自己一生最宝贵的财富就是学生，最宝贵的友谊则是与众多学生建立起来的师生情谊。在几十年的执教生涯中，王长钰甘为人梯，为学生传道授业解惑，展现了其对教育事业的无比忠诚和对学生的无尽关爱。

---

① 赵增万访谈，2020 年 9 月 26 日，济南。资料存于采集工程数据库。

② 郭辰夫：《矢志"运筹"无穷期——记王长钰教授》，阎纯德主编：《华夏师魂》，中国文联出版公司，1994 年，第 229 页。

王长钰 1978 年成为硕士生导师，1996 年成为博士生导师，共培养硕士生 51 人、博士生 9 人。多年来，王长钰先后为研究生讲授凸分析、点到集映像理论与应用、数学规划论、非线性规划算法、非线性规划论、非线性规划的理论与算法等多门课程。

王长钰本人专业基础理论深厚，知识广博，上课时总能由此及彼，在进行深入透彻的讲解的同时引申出很多相关知识点，拓宽学生的知识面。据他的学生，如今已是曲阜师范大学管理学院教授的连淑君回忆，她印象最深的一堂课，是王长钰讲对偶理论的那一节，在讲法卡斯引领这一问题时，她说："当时上学的时候感觉不到王老师讲这一部分的时候有多么清楚、透彻，但是等到自己也给学生上这堂课，讲这个知识点时，才深刻体会到当时老师上课时讲的那些知识，包括延伸出的知识点，有多么深入清晰。"[①]学生屈彪也回忆说，王老师讲课的风格就是很仔细，一丝不苟，每一点都要让学生搞明白。印象最深的一次，是读研究生时老师讲的某一个定理，他从这个定理的证明出发，一一展开，引申出很多内容，让学生们听得特别明白，光讲这个定理就花了三个小时。[②]

图 9-2　王长钰在曲师大硕士学位授予大会上与毕业学生合影（1998 年 7 月）

① 连淑君访谈，2020 年 10 月 24 日，日照。资料存于采集工程数据库。

② 屈彪访谈，2020 年 10 月 24 日，日照。资料存于采集工程数据库。

王长钰授课重视理论基础，强调学生必须打好基础，培养熟练的技巧。他经常对学生们说的一句话是："不怕你底子薄，就怕你不用功。"[①]他为每届研究生设置的课程中，必有基础课和专业基础课，在学生掌握一定理论之后，鼓励他们要敢于将理论联系实践，他说："要大胆实践，在前进中充实你自己。"[②]

在注重基础的同时，王长钰也重视提高学生的能力。在专业课和学位课教学中，他偏重于不断吸收新的研究成果和生产实际中的典型模型，将它们融入课程教学中，充实、改革教学内容和教材，培养学生的独立科研能力，并激发他们的创造力，逐步使教学、科研、生产达到有机结合。他还常把外来的待审稿件交给研究生审查并提出个人意见，借以培养他们的鉴别能力。另外，王长钰还经常敦促学生课余多学些数学方法论以拓展知识面，带学生参加国内外的学术会议，以增长见识，了解学术前沿。

在指导学生过程中，王长钰还非常注重教学的方式方法，强调引导的作用。如在讨论班或研究生论文指导中，他经常指出学生在题设条件、概念运用以及定理论证中的漏洞，以启发他们注意基础理论修养；他注意分析定理产生的背景和论证思路，经常举出正、反两方面的实例，提醒学生注意容易疏忽的情况，不断引导学生对典型定理或习题进行系统分析和总结，让学生独立改进和推广。在这样的启发引导下，许多本科生和研究生发表了有价值的数学研究论文，为以后的教学、科研打下了良好的基础。[③]

瞄准学术前沿，一开始就制定较高的学术追求目标，这也是王长钰培养研究生的法宝之一。王长钰认为，研究生学习阶段在掌握广博知识的基础之上，进入研究阶段就要了解学术发展前沿，掌握最新的研究进展，这样才能做出真正优秀的研究成果。因此，王长钰在给研究生上课时形式不拘一格，完全不会照本宣科，经常找一些国际上最新进展的研究论文给学生讲解，学生从中受益匪浅。

---

① 宋广新：《矢志"运筹" 优化人生——记王长钰教授》，《曲阜师大报》2002年10月16日。

② 连淑君访谈，2020年10月24日，日照。资料存于采集工程数据库。

③ 参见郭辰夫：《矢志"运筹"无穷期——记王长钰教授》，阎纯德主编：《华夏师魂》，中国文联出版公司，1994年，第229页。

在长期的教学过程中，王长钰逐渐摸索出一套独特的育人模式：一年级，让学生们广泛涉猎，寻找自己的兴趣点；二年级以后，组织开设讨论班。王长钰认为："开设讨论班可以拓展思路，在讨论中将解决问题的办法引向深入。"在讨论班上没有师生长幼之分，王长钰最兴奋的就是被自己的学生"扳倒"，如果谁能够提出新见解并能充分论证，他会一连几天给他一张灿烂的笑脸。对于他的学生来说，最幸福的事莫过于此了。"教学相长，此之谓也。"①

在指导硕士和博士研究生过程中，王长钰常以身作则、身体力行，为学生树立榜样，让学生从中有所学习和体会。

学生赵庆祯回忆他在跟随王长钰读硕士时，听说了王长钰本科毕业后自学那汤松的《实变函数论》，并将书中的习题反复做了两遍的事情，深为敬佩。那汤松的《实变函数论》中的习题难度在数学界是众所周知的，王长钰在无人指导的情况下，要独自钻研完成这些习题，需要极大的毅力，但他就是靠着这种刻苦钻研的精神以及对数学的热爱，独立完成了书中的全部习题。为了吃透题目以及培养自己熟练的做题技巧，他还将题目反复做了两遍，这为以后教授学生树立了良好的榜样。赵庆祯决心也要把《实变函数论》完全做完，据他回忆，除去最后一题请教过老师之外，其余全部由自己独立完成，这为他打牢和加深数学功底以及以后的科研工作打下了坚实的基础。

王长钰数学功底深厚，这与他独特的数学研究方式分不开，即对某一篇国际上的高质量论文深入研究并吃透，在此基础上，再进行比当时作者更深入的思考来提升自己。学生张玉忠回忆："老师常常阅读论文，对于很好的论文，特别是国际上非常难的论文，看得纸都断了，再用那个贴纸粘起来，都看得黢黑。""你把人家最难的成果一遍一遍捯饬，捯饬得滚瓜烂熟，比当时的作者思考得更深刻。你想，他不断地学，他这个功底能不深嘛，科研水平能不高嘛！"这种研究方式极大地影响了他的学生。张玉忠说："这个对我影响很大……我研究（的）一个特点是抓住一篇很高深的论文，不断

① 宋广新：《矢志"运筹"　优化人生——记王长钰教授》，《曲阜师大报》2002年10月16日。

地看，看到什么程度，滚瓜烂熟……一直看到把这篇论文能够再推向一个更高的层次，我再推陈出新，思考在这篇论文基础上我又做出来了啥。或者给前面某一篇论文更上一层楼，这是王老师对我的影响。”[①]

王长钰培养学生，还注重从学生的自身特点和兴趣出发，因材施教，指导学生选择研究方向和开展科研工作。张玉忠是王长钰1985年招收的硕士研究生，1988年毕业后留校工作，他是王长钰学生中兼具科研和行政领导才能者。张玉忠回忆：“我一留校就把我当干部使用，刚留下时，我只是二十多岁的小青年，王老师就和我说：‘你替我去开会去。’我说：‘人家那些处级干部会议，我连科级也不是。’王先生说：‘你就去，别管，你说我代表王老师去的。’因为经常代表王老师去学校开会，结识了许多学校的处级领导干部，也跟他们学习了许多管理方面的经验。”[②]但是，运筹所作为一个研究机构，管理固然重要，科研工作才是本底，脱离了科研的管理就好像无根之木般浮在土层之上，只有将根深扎于科研的土壤，才能成长为参天大树。王长钰当然明白这个道理，他也是这样教育学生张玉忠的，“研究所的管理最终还是要回归到科研的道路之上”[③]。1994年，在王长钰的推荐下，张玉忠考取了中国科学院应用数学研究所运筹学与控制论专业的博士研究生，师从越民义、韩继业两位先生。1997年毕业回到曲师大运筹所工作不久，便被任命为副所长。王长钰退休后，张玉忠成为运筹学研究所所长。提到这段经历，张玉忠颇有感触地说：“要说所有的学生里头跟他感情最深、关系最密切的，应该是我，我跟他一起的时间长，甚至说对我的培养都是研究生之后，在工作当中，他对我的影响非常大。”[④]后来王长钰查出癌症，需要住院治疗，从联系医院和诊治医生，到住院照料，张玉忠都时刻陪伴在他身边，2016年王长钰病情好转，庆祝八十大寿的活动也是张玉忠一手组织、主持的。

---

① 张玉忠访谈，2020年10月25日，日照。资料存于采集工程数据库。

② 张玉忠访谈，2020年10月25日，日照。资料存于采集工程数据库。

③ 张玉忠访谈，2020年10月25日，日照。资料存于采集工程数据库。

④ 张玉忠访谈，2020年10月25日，日照。资料存于采集工程数据库。

四、奖掖后学　师生情深

作为一名具有较高学术造诣的教师，王长钰从不盛气凌人、颐指气使，而是一贯坚持在学术面前人人平等，热心奖掖后学。他经常和学生、同事一起讨论学术问题，有时甚至争论得面红耳赤，但如果一旦发现自己错了，他会当即承认并纠正。他为人正直、坦率，对同事、教师、学生总是怀着一颗爱心，始终关心学生、青年教师的道德修养和业务上的成长。张玉忠回忆，他刚留校工作时，自我要求放松，科研松懈，是王老师经常督促他要多读些论文，提高能力，后来还支持他考取中科院的博士研究生。王长钰注意培养青年教师，主动与他们进行科研合作，组织带领青年教师和学生到厂矿企业进行运筹学理论的开拓应用，并让他们独当一面，陈广军、时贞军、冯成进等年轻教师都曾受到过他的提携与帮助。在教学、科研工作中他也从不"留一手"，获得的新资料或考虑到的新课题，都毫无保留地与大家交流。

在王长钰的学术成长过程中，曾受到越民义、韩继业等人的无私帮助，他们这种精神在王长钰身上得到了传承。他对于向自己热心请教的年轻人，即使不是自己的学生，也一视同仁地给予关心、爱护、指导和提携，修乃华就是其中之一。在采访修乃华教授时，他回忆道："1984 年至 1986 年，我在吉林大学读助教进修班，在这期间，对最优化方向比较感兴趣，随后回到河北师范学院工作，也就是现在的河北师范大学。在我读文献的过程当中，发现曲阜师范大学的王长钰教授在最优化方面做了好多工作。我看到这些文章之后，就产生了和王长钰老师联系的念头。于是在 1988 年给王长钰老师写信，表示我想跟他学习，王老师那时候就回信，他说要有机会的话，我就到你们那儿去。在 1989 年 12 月，他和曲阜师范大学的另外一位老师一块儿到当时我的工作单位河北师范学院访问。在访问的时候，王老师给我们讲到关于厂址选址的问题，还有管道网络最优化的一些问题。王老师在讲完课之后，我就问他，如果想在这个方向上做一些工作的话怎么做，王老师就毫无保留地把自己心中想好的一个课题，就是非线性管道网络优化方面的一个问题告诉了我,他说你的课题按照这个方向去做的话,一定会有成果,并且告诉我几篇相关的文章,其中的一篇文章是香港城市大学张建中教授写的。他告诉我课题以后,我就根据这三篇文章和我的一些基础知识,写了一篇非线性管道网络优化的文章,后来于1993年发表在越公(越民义)当时主编的学报《应用数学学报》上。从1990年到1993年刊登出来,大概用了差不多三年的时间,这也是我在学术生涯当中的第一篇文章。这篇文章里饱含着王老师的心血,从这一点可以看出,对我一个从未谋面,也没有任何关系的年轻教师,他表现出了非常的关爱与关心。"[①]

对于王长钰的帮助与提携,修乃华满怀感恩之情地说道:"王老师使我这一生受益,是引路人。我在非线性管道网络方面的研究,就是在王老师指导和精心的培育下,才发表了这篇文章。我跟随王老师进修一年以后,王老师还是一直关心和关爱我。"[②]

古语云:"一日为师,终身为父。"王长钰对待学生也是如此,亦师亦父。他不仅在学业上对学生给予指导,更在生活上给予了极大的关怀和帮助。生活中的王长钰很随和,从不论资排辈,他经常和学生们聊天,包括他自己的经历、学生们如何继续深造、如何为人处事,学生们说:"王先生很亲切,待我们就像对待自己的孩子一样。"[③]在王长钰看来,学生永远是长江后浪推前浪、青出于蓝胜于蓝的一代,他不仅为学生的成长而欣喜,更是不断鼓励、帮助学生超越自己。在长期的教学生涯中,他与学生建立了非常深厚的情谊。

赵庆祯是济南人,王长钰的首届硕士研究生,毕业后留校工作,与王长钰既有师徒之情,又有同事之谊。1990年,赵庆祯出于家庭原因想要调整工作回济南,以便照顾年迈的父母,恰巧当时山东师范大学成立了运筹学研究室,也有意让赵庆祯过去帮助他们发展。赵庆祯心里很清楚,所里很难同意放他走,但他还是硬着头皮找到了王长钰,向他说明了自己的情况,

① 修乃华访谈,2020年1月15日,北京。资料存于采集工程数据库。

② 修乃华访谈,2020年1月15日,北京。资料存于采集工程数据库。

③ 宋广新:《矢志"运筹" 优化人生——记王长钰教授》,《曲阜师大报》2002年10月16日。

二人从晚上七八点钟一直谈到凌晨三四点钟，在校园里面一边走一边谈，走不动了就在中文系联合教室的台阶上坐着谈，互相做对方的思想工作。后来，王长钰考虑多方面因素，最终同意了赵庆祯的请求，还多方协调校内各部门，帮他办理调动手续。这让赵庆祯非常感动，他说："我们这个情谊，我觉得很深厚，不管怎么样，他留你，是对你感情深；后来他放，也是出自对我的关心、爱护。"[①]几十年来，二人除了经常进行合作研究，王长钰几次受邀访学日本，也是和赵庆祯一同前往，可谓情深谊厚。

薛国良是王长钰招收的第二届硕士研究生，也是王长钰学生中取得成就比较高的，他于 1987 年赴美国明尼苏达州大学攻读博士学位。留美期间，薛国良一直与王长钰保持着频繁的书信联系，在收集到的所有信件资料中，薛国良写给王长钰的信件是最多的，书信内容或汇报学习情况，或报告考试成绩与科研成果，或进行学术探讨，甚至生活中的一些小细节，薛国良也会在信中向王长钰倾诉。由此也可以看出二人的亲密关系。

在生活上，王长钰对学生有着慈父般的关爱。20 世纪七八十年代，生活比较艰苦，学习任务又很重，王长钰便经常邀请学生到他家里吃饭，给他们改善生活，补充营养。他的学生都知道博山有一道地方名吃叫"豆腐箱子"，每次去王老师家，师母李遂华都会做给他们吃。据赵庆祯回忆："'豆腐箱子'就是用大块的豆腐，把里头挖空，然后放上肉馅，盖上盖，再去煮、炖，很好吃。"[②]学生屈彪有一次跟王长钰开玩笑说："我喜欢吃肉，要是几天不吃肉就心慌。"老师就记在了心里。以后屈彪每次到他家吃饭，他都跟李老师说："他们喜欢吃肉，小家伙跟我说，他几天不吃肉就心慌。"学生们因此感叹："王老师和李老师对待我们真像自己的父母一样。"[③]

除了关心学生生活，在人生规划方面，王长钰也给予热心指导。学生连淑君研究生毕业后留校工作，据她回忆："当时对于年轻老师来说，没有像现在这样发表文章、评职称的那么大的压力。刚开始毕业也没有想那么多，也没有很明确的职业规划，后来王老师跟我聊天，就说支持我考博，说：

---

① 赵庆祯访谈，2020 年 9 月 26 日，济南。资料存于采集工程数据库。

② 赵庆祯访谈，2020 年 9 月 26 日，济南。资料存于采集工程数据库。

③ 屈彪访谈，2020 年 10 月 24 日，日照。资料存于采集工程数据库。

‘你既然是在高校里工作，就应该要进一步提升自己。’再后来我就读了王老师的博士，我觉得王老师对我的支持还是比较大的，影响也是比较大的。”①

王长钰潜心育人几十载，他的学生遍布国内外，可谓是“桃李遍天下”。赵庆祯是他的第一届研究生，如今是山东省专业技术拔尖人才、山东师范大学计算机系的教授和博士生导师；薛国良是他的第二届研究生，如今已是美国亚利桑那州大学的终身教授、博士生导师；吴士泉是他的第三届研究生，如今是中国科学院和法国巴黎大学的双博士……还有许多学生成了王长钰的同事，成为运筹学学科发展的中坚人才，例如，张玉忠，现任曲阜师范大学运筹学研究院院长；王宜举，现任曲阜师范大学管理学院院长；屈彪，现任曲阜师范大学运筹学研究院副院长；等等。他们团结和睦、学风正派、基础扎实、团结奋进，在运筹学研究中不断取得优异的成绩，为我国运筹学科的发展作出了新的贡献。

① 连淑君访谈，2020 年 10 月 24 日，日照。资料存于采集工程数据库。

第十章　热爱生活　家庭幸福

爱好读书，喜欢喝酒，性格直爽，乐于助人，喜欢和学生聊天讲故事，生活中的王长钰充满了烟火气，这与工作中严肃认真的他截然不同。生活中，王长钰与妻子李遂华二人伉俪情深、相濡以沫，他一心扑在科研上，妻子则鼎力相助、相夫教子，夫妻二人携手共同度过了五十载春秋岁月。

一、博学以文　爱好读书

专业研究之余，王长钰最大的爱好就是读书。同事们经常可以看到王长钰抱着一摞书从图书馆或者文科院系的图书资料室出来。在他家的书房里，靠墙摆放了两大排书橱，一排全部是专业书刊，另一排则是人文、社科类充溢着睿智思想的书籍。王长钰喜欢的书主要有两类，一类是推理小说，他说："读推理小说可以得到放松，同时还能锻炼逻辑思维的缜密、细致。"另一类则是文学著作、马列经典，如《鲁迅全集》《资本论》之类。刚参加工作的几年，王长钰就已将《鲁迅全集》通读一遍，现在恐怕连文科师生也难以企及。王长钰读书不止广博，还很有深度。有一次，他听到几个年轻人在大谈马列，就不动声色地问了两个问题："马克思主义的核心存在于哪一部著作里？《资本论》有没有读过？"闲暇之时，王长钰也会与学生们畅谈曾国藩、张之洞、太平天国、义和团运动等历史人物与事件，其思想深邃、观点犀利清晰，让学生受益良多。[①]

王长钰热爱读书的喜好也影响了他的学生。王宜举回忆说："他喜欢写诗，也喜欢看书，这方面在很大程度上就影响了我。比方说，他经常喜欢看关于曾国藩的书，还有鲁迅的作品。在他的影响下，我也常常抽时间看一下鲁迅的小说，还有曾国藩的家书等，换一下思路，对科研工作也很有帮助。"[②]

博学以文修身。王长钰笑对人生，淡泊名利，对于自己获得的种种荣誉，他这样写道："诸多的头衔也令人看透了一切！"他经常教导他的研究生，不要被眼前的现象迷惑，做学问不是为了名利，而是为了完善自己，服务社会。[③]

二、直爽真诚　古道热肠

日常生活中，王长钰平易随和，简朴低调，不拘小节，也不注重外表打扮，他为人性格直爽，待人真诚热心，这在业界也是出了名的。采访韩继业时，他不无感慨地回忆："我们处了一段时间以后，我觉得王老师是非常直率、诚恳的一个人。他既有学者的风度，又有山东人的直率豪迈。他说话很直，没有丝毫的做作。在1979年，'文化大革命'刚结束不久，山东省在运筹学方面是一直走在国内前面的，由王老师、徐本顺老师、龚为邦老师以及当时的山东师范学院数学系的负责人，共同主持召开了'文化大革命'以后的中国第一次全国运筹学会议。当时大家的工作刚恢复，很多事情没有理顺，参会的人数很少，大概不到一百人，我们就在曲阜孔府里开会。我记得当时正是秋天最热的时候，卫生、生活条件都比较差，所以在开会两三天以后，逐渐有些人开始拉肚子。另外早饭有时候吃一些点心，因为当时没有油，那些蛋糕或者是点心都咬不动。所以王老师就直接找到越先生跟我，建议我们不等会议结束就赶快走。当时越先生得了肠胃炎，发烧拉肚

---

① 宋广新：《矢志"运筹"　优化人生——记王长钰教授》，《曲阜师大报》2002年10月16日。

② 王宜举访谈，2020年10月24日，日照。资料存于采集工程数据库。

③ 宋广新：《矢志"运筹"　优化人生——记王长钰教授》，《曲阜师大报》2002年10月16日。

子很厉害。最后我们买了火车票，王老师就把我们送走了。我从这件事看出来，王老师从不文过饰非，当时条件不好，一点也不隐瞒。”①

对于朋友的所托所求，他也总是尽心尽力，热心帮助。学生薛国良出国留学，想要家属前往陪读，是王长钰帮忙奔走办理各项手续；同学、朋友家的孩子在曲阜师大上学也总是托他照顾，生活学习上都是无微不至……

生活中，王长钰还有一大爱好就是饮酒。王长钰好酒是众所周知的，可是他酒量又不高，酒喝多了对身体不好，为此他的爱人李遂华老师严格限制他饮酒，后来随着年龄增长，王长钰饮酒的次数也减少了很多，但还是会趁李老师不注意，偷偷摸摸地多喝一些，常以此为乐。据学生连淑君回忆：“王老师喜欢喝酒，但是他酒量又不大，后来年纪大了，我们出来一起吃饭，李老师一般都会陪着喝点红酒。他有时候就会偷偷地把杯子伸到后边，让我们从背后给他添一点酒，多喝一点，就好像瞒过了李老师他就很高兴，很天真的感觉。”②

三、相濡以沫　家庭幸福

在王长钰学术成长过程中，他的爱人李遂华老师承担起了家庭重担、在背后默默地支持他，使他能够潜心学术、专心科研。在王长钰夫妇携手走过的相敬如宾、互帮互助的几十载岁月里，善良贤惠的李遂华成了王长钰人生道路和学术研究中不可或缺的人。

李遂华于 1944 年 6 月 3 日出生于四川省遂宁市一个书香门第，自幼聪明伶俐，爱好读书写字，为人勤奋好学，善解人意。其父李裕章早年毕业于北京大学，学习法律，后因母亲（李遂华奶奶）反对，说：“你学法律，动动笔就是要出人命，就是得伤人。”③遂改学税务，就职于四川税务局，曾任局长。李裕章为人善良，任职期间多帮助百姓，后迁回原籍，在博山小学任代课老师，教授英语。李遂华于 1960 年 7 月学校毕业后，考入博山教育局办

---

① 韩继业访谈，2020 年 1 月 15 日，北京。资料存于采集工程数据库。

② 连淑君访谈，2020 年 10 月 24 日，日照。资料存于采集工程数据库。

③ 李一华、李内华访谈，2020 年 10 月 30 日，博山。资料存于采集工程数据库。

的业余师范班学习，成绩优异，毕业后在博山大街小学教学，深受学生欢迎和爱戴。1969 年，王长钰与李遂华在双方家长的撮合下共结连理，几十年来，二人相识、相知、相爱，相互扶持，共同走过了数十载风雨岁月。

李遂华与王长钰结婚后，一个在曲阜任教，一个在博山工作，二人长期分居两地。王长钰工作繁忙，平日没有时间回博山，只在寒暑两假回去小住。1969 年 11 月大儿子王磊出生，1973 年 3 月二儿子王众出生。李遂华在博山赡养公婆、照顾儿女、料理家事，解决了王长钰的后顾之忧，让他可以一心扑在工作上。长期的两地分居，并没有磨灭两人的真挚感情，反而在时间的酝酿下愈发厚重。

1979 年，学校考虑王长钰的家庭情况，同意了其家属调动工作的请求，将李遂华安排在曲阜师范大学附属小学教授语文。李遂华性格温和，教学经验丰富，对待调皮的学生也总能压住火气，谆谆教导，学生们都很喜欢她。李遂华作为知识女性，有自己热爱的工作，但为了家庭，她牺牲了所有的空余时间，全力支持王长钰开展科研。

李遂华调来曲阜后，在生活上给予了王长钰无微不至的关怀。为方便照顾老人，王长钰将母亲也接至曲阜同住。全家人的生活和两个孩子的学业，全压在李遂华的肩上。岁月如梭，人生百味，风雨同行五十载，二人相濡以沫。对于妻子的无私奉献与付出，王长钰既满怀感激之情，又深怀歉疚之意，他总是说自己能够取得今天的成就，大部分的功劳应该归于李遂华，“军功章”应该颁发给妻子。

1987 年，大儿子王磊考入武汉大学应用数学系，如今在美国得克萨斯州奥斯汀市州政府工作。1990 年，二儿子王众考入青岛大学会计系，毕业后在曲阜师范大学工作。

结　语

1956 年，在钱学森、许国志先生的推动下，中国第一个运筹学研究小组在中国科学院力学研究所成立。1957 年，王长钰考入曲阜师范学院数学系，不久之后就接触到了这门新兴学科，并展现出极大的兴趣与天赋。可以说，王长钰的学术成长过程基本上与我国运筹学的发展同步，他的学术成长经历从侧面反映了我国运筹学的兴起、发展历史，具有较高的研究价值和意义。

科学家的成功之路虽各有不同，但他们的成才道路上总有一些共同的品质与特点，诸如不凡的天赋、浓厚的兴趣、不懈的努力、环境的影响等，这些优秀的品质在王长钰身上也同样有所体现。采集小组广泛收集王长钰学术成长过程中的各类资料，并对之加以研究，总结其学术成长特点主要有以下几方面。

一、外部环境影响

对科学家而言，个人自身的资质天赋与不懈努力虽是其取得突出成就的主要因素，但外部环境的影响也是推动他们获得成功的重要原因之一。

王长钰出身于书香世家，祖父和父亲都在当地从事教育工作，门风尚学，自幼家教严格。他的家族亲友亦十分重视教育，姑舅家的表兄妹等均是通过求学之路得到了很好的发展。书香门第、教育世家的熏陶以及家族环境，都对王长钰养成爱好读书的习惯以及立志求学上进产生了重要影响。

20 世纪 50 年代，王长钰相继考入济南育英中学读初中、淄博第一中学读高中。中学时期是学生形成性格、培养意志的关键阶段，在搜集资料过程中，由于年代久远、采访人记忆减退等原因，没有采集到王长钰中学时代重要老师对他的教育、成长方面影响的资料，但这两所学校在当时均为山东省内有名的重点中学，有着良好的校风校训与校规校纪，对少年时期懵懂求学的王长钰养成良好品质、形成良好人格以及以后的学术成长都产生了重要影响。济南育英中学，其深厚的革命传统、强烈的家国情怀与使命担当精神以及爱国、民主、科学的传统精神，对王长钰在科研工作中养成学以致用、长期专研的作风起到了启蒙作用；淄博一中要求治学严谨、学习扎实的校风与求实、进取的学校精神，对王长钰在以后工作中养成勤奋严谨、求实治学的作风有着重要的潜移默化的影响。

1957 年，王长钰考入曲阜师范学院，彼时的曲阜师院是一所刚刚成立两年且校址设立于农村的新学校，校舍简陋、缺电少医、交通不便，艰苦条件可想而知。在这样的困苦环境中，王长钰努力学习、磨炼意志，为他一生从事运筹学研究打下了坚实的专业理论基础，同时也培养了他勤奋朴实的工作与生活作风。曲阜师范学院"学而不厌、诲人不倦"的校训思想与教学、科研、生产劳动三结合的办学方针，对王长钰以后的学术成长影响颇大。王长钰秉承校训思想，勤奋专研、孜孜育人，为国家培养了一大批运筹学人才；他贯彻学校的办学方针，开创"长清模式"，将运筹学应用于工农业生产，为国家 20 世纪八九十年代经济发展作出了贡献。

从接触运筹学开始，王长钰的学术发展就与我国运筹学发展密不可分，与国家经济发展建设休戚相关。新中国成立之初，百废待举，为能用科学方法计划、组织管理生产以推动国家工农业更快地发展，运筹学被引入我国，并很快应用到农业、交通运输等行业中指导生产实践。党的十一届三中全会以后，国家实行改革开放，全面发展经济搞建设，运筹学也进入了大发展时期。从王长钰大学时代起参编《公社数学》、完成第一篇科研论文，到解决水库溢洪道挑流鼻坎最优尺寸问题，再到开创"长清模式"，王长钰的学术成长与国家经济发展要求密切相关。可以说，国家发展经济的要求推动了运筹学的发展，运筹学的科研成果又进一步促进了经济的发展，王长钰的工作经历从一个侧面反映了我国运筹学的兴起与发展历程。

二、刻苦努力 自学成才

王长钰本科毕业，没有读过硕士、博士，也没有名牌高校的资源，更没有国外留学经历，是地地道道的靠着自身努力成长起来的本土科学家，他的成功离不开个人的刻苦自学与不懈钻研。王长钰 1957 年入学时，曲阜师院刚成立两年，学术底蕴自谈不上深厚，虽有校方领导多方奔走、努力发展，但毕竟位于小县城的农村，环境相对闭塞，难以获及前沿的学术信息。在这样的学术环境下，王长钰要想在学术研究上有所成就，唯有靠自己下苦功，多钻研。为了丰富知识储备，他借阅了大量的课外学习资料，包括学术期刊、数学专著以及部分俄文资料等。在资料采集过程中，所收集到的王长钰本科期间做的数学笔记本就有十本之多，上面记满了数学摘抄与解题思路；为了打牢基础、提高能力，王长钰利用课余时间将难度极大的那汤松著的《实变函数论》上的课后习题反复做了两遍；下放济宁交通局生产实践期间，他利用休息时间，积极思考，依据实践数据完成了自己的第一篇科研论文，该论文先后在全国第二届数学代表大会和第一届全国运筹学现场会上进行了宣读，被选为国内在运筹学理论发展方面有较大成果的四篇论文之一，引起了广泛重视；“文化大革命”期间，当别人都在忙着喊口号、搞运动的时候，他却躲入宿舍，潜心研究，深入农村，开展实践应用。1972 年，王长钰与他人合作完成的《用“优选法”选择连续挑流鼻坎的最优尺寸》一文在 1976 年的国际运筹学会议上得到同行专家的肯定，被认为是为优选法开辟了新的应用途径。

十年磨一剑，多年的潜心钻研，使得王长钰在运筹学领域的研究达到相当深度，其思想深度甚至让当时代表中国数学研究最高水平的中国科学院数学研究所的同行都感到吃惊。党的十一届三中全会召开后，科学界迎来了春天。长期不懈的钻研积累，让王长钰也迎来了科研成果的大爆发，这一时期，王长钰发表论文 20 余篇，其中多篇达到了国际先进水平。

三、运筹学应用实践

数学是一门比较抽象的学科，在数学研究中，大部分研究者也都是注重理论研究，应用研究相对较少，而运筹学则是数学学科中应用性很强的一个分支。作为著名的运筹学家，王长钰在学术成长过程中最大的特点，就是将运筹学原理应用于社会实践，转化为实际的生产力，助推国家经济发展。

这一特点从王长钰大学时代刚接触运筹学时便开始展现，王长钰的第一篇学术论文就是基于济宁交通局社会实践的数据而完成的。20 世纪 70 年代，王长钰还多次被派往曲阜及周边县市的农村应用线性规划方法解决农作物优化布局等问题。

王长钰在将运筹学应用于社会实践的过程中，最著名的当属“长清模式”在全国的推广。党的十一届三中全会以来，国家实行改革开放政策，经济建设成为党和国家的工作重心。农业生产作为国民经济的基础，只有大力恢复和加快发展，才能尽快提高全国人民的生活水平；而加强农业生产管理的科学性，构建科学的农业管理结构，无疑会对农业生产的发展起到积极的推动作用。1982 年，王长钰开始与长清县政府合作，应用运筹学系统工程指导全县的农牧业生产，其中涉及各行业的调配，大量数据的收集和处理、计算，以及众多的模型设计等，内容繁杂，具有极大的挑战性，不论是在国内还是国际上，从无先例。王长钰率领团队，长期奔走于田间地头，克服重重困难，综合应用线性规划、对策论与决策分析和模糊聚类分析等方法，借助大型计算机，建立了简明实用的数学模型，确立了指导农牧业生产的最优方案，取得了显著的社会经济效益和农业生态效益。1983 年秋至 1985 年秋，长清县在遇到大旱的年景下，种植业与畜牧业产值分别提高 14% 和 80%；1985 年与 1981 年相比，长清县农牧业共增加收入 1481.67 万元。

王长钰应用系统工程指导农牧业生产的研究为全国农业系统工程的应用提供了很有参考价值的经验和方法，被专家誉为“长清模式”。在王长钰的带领下，曲阜师范大学运筹学研究所开始在农业生产中大力推广应用运筹学，助力国家农业经济发展，走出了一条属于自己的特色发展之路。北到内蒙古巴盟的“长胜”实验区，西至青海互助土族自治县，南到贵州铜仁地区，“长清模式”在全国范围内的多个市县进行推广，在20世纪80年代推动国家农业经济发展方面作出了突出贡献。

农业领域之外，20世纪90年代，随着改革开放持续深入推进，王长钰又带领运筹所与山东省七五生建煤矿、兖州矿务局兴隆庄煤矿等单位开展项目合作，进一步扩展运筹学应用领域，为曲阜师范大学运筹学研究所在社会发展大潮流中找到了新的发展方向。

四、实践应用推进理论创新

理论是应用的基础，脱离了理论研究的应用也无法走得深入长远。王长钰深知这一点，因而在对运筹学进行社会实践应用的同时，更加重视理论的研究，尤其是在数学规划、最优化理论及算法等方面，王长钰取得了令人瞩目的科研成果。

1975年5月，王长钰发表论文《用迭代法求道路不固定的最优场址的收敛性及收敛速度的估计》，证明了E. 维斯菲尔德关于最优场址算法的收敛性，并首次估算了收敛速度，第一次解决了S. 钱德拉塞卡和C. 塔米尔关于场址算法收敛性的猜想，被国际权威性刊物*Operations Research*与*Siam Journal on Optimization*多次引用，在国内外产生了广泛影响。1978年8月，王长钰发表论文《非线性管道网络中的线性逼近法的收敛性及推广》，首次解决了D. J.伍德与C. O. A.查尔斯等人对非线性管网算法的收敛性问题，引起国内许多专家的注意，结论先后被应用到天然气、井下通风网络的压力平衡计算以及管道网络的最优化设计中。1982年，王长钰首次给出了一个具有全局收敛性解一般非线性规划的有效算法，引起不小的反响。1982年，王长钰的论文《关于一个改进的既约梯度法的收敛性质》给出了一个具有全局收敛的算法，该算法于1991年被著名数学家堵丁柱编入其运筹学专著《可行方向算法收敛性理论》中，将该算法与美国运筹学家D. G. 龙伯格的算法并称为“L-W算法”。1998年7月，与张玉忠合作的论文《s-相关 GFR 共轭梯度方法的全局收敛性》发表，文中建立的在 Armijo 搜索下的非线性共轭梯度法的收敛性定理被编入戴彧虹、袁亚湘主编的《非线性共轭梯度法》一书中，并给予了首创性的评价。2003 年 12 月，王长钰与杨晓琪、杨新民合作建立的增广拉格朗日零对偶间隙定理被编入专著 *Lagrangian-type Functions in Constrained Non-convex Optimization* 中。2013 年，王长钰与杨晓琪、杨新民合作建立非线性增广拉格朗日函数与对偶理论。2017 年，王长钰与刘茜、屈彪合作的论文“Global Saddle Points of Nonlinear Augmented Lagrangian Functions”利用这种新颖方法建立的非线性增广拉格朗日全局鞍点存在的充分与必要条件，是自 1974 年 R. T. 洛克菲勒对增广拉格朗日给出全局鞍点存在的充分条件以来，第一次给出了它的充分与必要条件。同年，王长钰与屈彪、修乃华建立基于分裂可行性问题（SFP）的新的牛顿投影算法，首次给出了求解 SFP 的具有超线性收敛的有效算法，是 SFP 研究的一项重大进展。

王长钰在运筹学理论研究上可谓是硕果累累，理论研究与实践应用并重，是他学术成长过程中的又一大特点。

五、科学精神与人格魅力

王长钰在工作中勤奋敬业，治学严谨细致，堪称师生学习的楷模。对于学术问题的钻研，王长钰一向执着。五十多年来，在王长钰的时间表里没有休息与工作的界限，他抓住出差坐车、住旅馆等一切可以用的时间来思考问题、研究学问。为了研究问题，他甚至可以通宵不睡觉，白天、黑夜地连续工作，获得了“拼命三郎”的美誉，同事、学生们都很佩服他这种拼搏钻研的精神。王长钰在工作中一丝不苟、作风朴实，在五十余年的教学与科研工作中，他追求真理、兢兢业业，坚持运筹学研究不辍，取得了一大批科研成果，在国内外享有盛誉。

王长钰热心后学，无私育人，始终以为国家培养数学人才为己任。对拜入自己门下的学生，王长钰除了在学术研究上尽心教导，在生活与人生规划方面亦给予关怀，指点迷津，帮助他们确立自己的人生发展方向；对新入职的青年教师，他不吝指导，帮助他们确立选题项目，交流经验与最新学术资料，拓宽眼界；他经常和学生、同事一起讨论学术问题，在单位形成了良好的学术氛围；对向自己热心求学的外校青年才俊，王长钰也一视同仁，给予他们关心、爱护、指导和提携。王长钰甘为人梯，在传道授业解惑中为国家培养了一大批优秀的科学研究人才，也为曲阜师范大学运筹学发展奠定了坚实的基础。

王长钰潜心研究、淡泊名利、无私奉献，在研究成果和荣誉面前，从不居功，总是谦让，尤其在他的晚年，更是如此。在与学生一起完成的论文中，王长钰总是将学生的名字放在前面，将自己放在后面或是不署名，他这种淡泊名利的作风，赢得了同事和学生的由衷钦佩。王长钰曾长期担任运筹学研究所领导的职务，资料采集过程中，无论在行政事务还是学术研究上，受访者对王长钰都给予了正面的评价。作为一名身兼行政职务的数学家，王长钰把握住了学术研究与行政业务的平衡，将科学精神与人文素养有机统一，不仅取得了令人瞩目的学术成就，而且以其独特的人格魅力影响他人与后辈，为我们留下了宝贵的精神财富。

王长钰一生躬身垂范，值得我们永远学习与缅怀。

附　录

一、王长钰年表

1937 年　1 岁

12 月，出生于今山东省淄博市博山区。父亲王宜荣，母亲赵增珠。

1946 年　10 岁

7 月，在淄博市博山区西专村进德小学读小学一年级。

1947 年　11 岁

7 月，在淄博市博山区西冶街武庙小学读二、三年级。

1949 年　13 岁

3 月，在淄博市博山区税务街北阁小学读四年级。

1950 年　14 岁

7 月，在淄博市博山区赵家林矿业小学读五、六年级，直至小学毕业。小学阶段成为少年先锋队员。

1952 年　16 岁

3 月，考入济南育英中学读初中。

1954 年　18 岁

8 月，考入淄博第一中学读高中。

1957 年　21 岁

6 月，于淄博第一中学高中毕业。

9 月，以总分 327 分的高考成绩被曲阜师范学院数学系录取为四年制本科生，学号为 570293。

1958 年　22 岁

冬，参加龚为邦老师首次在数学系 1957 级开设的“线性规划”课。

1959 年　23 岁

下半年，在龚为邦老师的带队下，到济宁交通局蹲点实习，搞“运筹学应用于运输方面”的试验课题。

完成首篇学术论文《一类极大、极小的问题》。

1960 年　24 岁

4 月，参与《公社数学》的系统化整理汇编。

同月，被曲阜师范学院党委评为“先进工作者”。

5 月 4 日，毛泽东主席视察在济南珍珠泉礼堂举行的山东省科技展览时，翻阅并赞扬了曲阜师范学院数学系师生编著的《公社数学》。

7 月，作为曲阜师范学院学生代表参加在山东济南召开的全国运筹学现场会议，在大会上宣读论文《一类极大、极小的问题》，引起广泛重视。

11 月，被曲阜师范学院数学系党总支评为“三结合积极分子”。

1961 年　25 岁

5 月 1 日至 28 日，在济宁一中实习。

8 月，从曲阜师范学院数学系本科毕业并留校任教，职务为数学系助教。

1962 年　26 岁

3 月 2 日，加入中国共产主义青年团。

1964 年　28 岁

托同事徐本顺等人从济南带回许国志的《非线性规划》讲稿一本，并进行认真学习。

1965 年　29 岁

通过学校干部鉴定考核，工资定为教行 17 级，每月领取 51.5 元。

1969 年　33 岁

与李遂华在博山结婚。

11 月，长子王磊出生。

1970 年　34 岁

7 月 29 日，根据《山东省高等学校布局和专业调整方案》，山东大学文科南迁曲阜，与曲阜师范学院合并组建山东大学，原曲阜师范学院取消建制。

11 月 22 日，新组建的山东大学召开成立大会，在数学系任教。

1971 年　35 岁

下半年，与邵品琮在泗水县泉林公社贺庄水库开展挑流鼻坎的最优设计和坝坡的稳定分析等课题研究。

1972 年　36 岁

在《数学的实践与认识》第 2 期发表与邵品琮合作的论文《用“优选法”选择连续挑流鼻坎的最优尺寸》。

1973 年　37 岁

3 月，次子王众出生。

1974 年　38 岁

2 月 4 日，恢复原山东大学和曲阜师范学院建制，其在数学系任教。

秋，接待前来讲学的中国科学院数学研究所专家越民义、徐光煇。

1975 年　39 岁

发表学术论文 1 篇。

1977 年　41 岁

10 月下旬，邀请中国科学院数学研究所越民义、韩继业等专家来曲阜师范学院数学系开办专题讲座。

同月，获曲阜师范学院“先进工作者”荣誉称号。

1978 年　42 岁

5 月，由助教晋升为曲阜师范学院数学系讲师。

8 月，荣获山东省科学技术进步三等奖。

数学系运筹学与控制论专业开始招收硕士研究生，其成为首届硕士研究生导师之一，赵庆祯、周惠山为其首届学生。

1979 年　43 岁

3 月，论文《在闭凸集上求 $\min\sum_{i=1}^{n} c_i\|x-a_i\|$ 型最优场址》《非线性管

道网络中的线性逼近法的收敛性及推广》荣获山东省科委优秀科技成果三等奖。

6 月,曲阜师范学院成立运筹学研究室,成为研究室成员之一。

10 月,由讲师晋升为曲阜师范学院数学系副教授。

1980 年　44 岁

4 月 22 日至 26 日,与曲阜师范学院院长赵紫生等参加在山东济南召开的中国数学会运筹学会成立暨第一届代表大会。

1981 年　45 岁

1981 年至 1985 年,主持中科院基金委项目“运筹学研究”。

论文《一个混合型转轴方法及应用》中阐述的“具有混合转轴的可行方向法”被收录入当年的《自然科学年鉴》。

1982 年　46 岁

2 月至 7 月,开设研究生课程“凸分析”。

10 月 16 日至 21 日,参加在武汉华中工学院召开的全国最优化理论及应用学术交流会。

同月,论文《一个新的转轴法与 L-P 方法的简化及其收敛性特征》《非线性规划的一个可行方向方法》荣获曲阜师范学院科学研究成果奖。

秋,中国数学会运筹学会主办的第一个学术性刊物《运筹学杂志》创刊,被聘请为编委。

12 月 8 日至 9 日,接待来曲阜进行学术交流的丹麦国家科学顾问、丹麦技术大学学者阿恩·詹森(Arne Jensen),由于研究领域的一致性,双方互相确定了学术交流的关系,中丹合作项目“系统科学及其在农业中的应用”研究开始。

1982 年至 1984 年,主持与济南市人民政府农业区划办公室、长清县农业委员会合作进行的山东省科委研究项目“系统工程在长清县农牧业最优结构布局中的应用”,在项目中承担数学模型的设计、构造及数据处理的任务。

1982 年至 1984 年，主持科研项目“最优化算法的收敛性研究”。

1982 年至 1985 年，主持科研项目“一类由生成函数构成的可行方向算法”。

是年，开始与济南市农业委员会合作，对济南市农村畜禽业进行结构调整。

1983 年　47 岁

3 月至 7 月，开设研究生课程“点到集映像理论与应用”。

4 月，被曲阜师范学院函授部聘请为曲阜师范学院高师函授数学专业分析函数兼职教师。

5 月 24 日，论文《一个新的转轴法与 Lerіein-Polyak 梯度投影法的简化及其收敛特征》荣获山东省科学技术协会自然科学优秀学术论文奖。

6 月，山东省数学会运筹学分会在济南成立，被聘为副理事长。

9 月至 12 月，开设研究生课程“数学规划论”。

10 月，主持科研项目“历城县最优畜群结构探讨”。

12 月 3 日，参加编写讲义《农业系统工程》，执笔部分为“对策论与决策分析”。

年底，任曲阜师范学院运筹研究所副所长。

是年，完成“系统工程在农牧业最优结构布局中的应用”研究。

1984 年　48 岁

2 月至 6 月，开设研究生课程“数学规划论”。

4 月 18 日至 22 日，接待访问曲阜师范学院数学系的瑞典林雪平大学技术学院数学系运筹学专家杰恩斯博士夫妇。

5 月 9 日至 14 日，参加在上海科技大学召开的运筹学会第二届大会暨学术讨论会，当选为中国运筹学会第二届理事会理事。

5 月 26 日至 6 月 1 日，筹备组织召开全国数学规划学术报告会。

8 月至次年 2 月，与淄博市农业区划委员会、桓台县农业规划委员会合作，共同进行省级科研项目“系统工程在桓台县农牧水产业最优结构布局中的应用”的研究工作。

9 月，接待再次访问曲阜师范大学的丹麦国家科学顾问、丹麦技术大学学者阿恩·詹森教授。

12 月，参与项目“正交试验设计应用及熵最优化性的研究”荣获山东省优秀科技成果三等奖（第 2 完成人）。

是年，主持的山东省科研项目“系统工程在长清县农牧业最优结构布局中的应用”经专家鉴定通过，并被与会专家誉为“长清模式”。

1985 年　49 岁

1 月 17 日，被山东省农业管理干部学院聘为兼职教授。

7 月，参与山东省科研项目“系统工程在沾化县农村产业最优结构及布局中的应用”，在该项目中承担的主要工作任务为数学模型的设计与构造。

9 月，被安徽机电学院聘请为教授，并承担硕士研究生指导工作。

10 月，参与山东省科研项目“系统工程在潍坊‘三北’农、林、牧、副、渔、盐业生产结构优化中的作用”，在项目中承担的主要工作为数学模型的构造。

同月，论文《运筹学与系统工程的研究和应用》获得学校奖励。

11 月，参与的科研项目“系统工程在桓台县农牧水产业最优结构布局中的应用”获山东省农业区划优秀成果三等奖（第 3 完成人）。

12 月，主持的科研项目“系统工程在农业结构布局中的应用”获山东省教育厅科技进步一等奖。

同月，主持的科研项目“最优化算法的收敛性研究”获山东省教育厅科学技术进步二等奖。

同月，科研成果《系统工程在长清县农牧业最优结构布局中的应用》获全国农业区划委员会颁发的“一九八五年农业区划二等奖科研成果”。该文还获得山东省农业区划委员会科研成果一等奖、山东省科委优秀成果三等奖。

是年，与济南市农业区划办公室合作，开展“运筹学在济南市蔬菜均衡生产中的应用”研究，解决了济南市蔬菜供应问题。

1986 年 50 岁

1 月 27 日至 28 日，参与的山东省科研项目“运用系统工程方法进行山东省农村产业结构最优方案的研究”鉴定会在济南召开，经专家鉴定达到国内先进水平，项目中承担数学模型的设计与构造工作。

同月，参与的山东省科研项目“成效型农村产业动态模型的研究”经专家鉴定达到国内先进水平，在项目中承担数学模型的设计与构造工作。

4 月，获“五一”劳动奖章及“全国优秀教育工作者”荣誉称号。

5 月 16 日至 18 日，邀请中国运筹学会理事长越民义教授来曲阜师范大学讲学。

7 月，被山东师范大学聘请为兼职副教授。

同月 6 日至 7 日，参与的山东省研究课题“长清县农牧业最优结构布局方案的实施研究”，在济南市通过鉴定(第 3 完成人)。

8 月，接待访问曲阜师范大学运筹学研究所的哥本哈根经济和商业管理学院彼得·普鲁赞教授及其助手。

11 月 25 日，加入中国共产党。

同月，参与的山东省科研项目“联合正交试验的实践和统计分析”获山东省教育厅科学技术进步三等奖(第 2 完成人)。

同月，主持的山东省科研项目“一类由生成函数构成的可行方向算法”获得山东省教育厅科学技术进步三等奖。

12 月，参与的科研项目“系统工程在桓台县农牧水产业最优结构布局中的应用”获淄博市科学技术进步二等奖(第 3 完成人)。

同月，由山东省公派到加拿大温哥华西蒙菲莎大学做访问学者。

1986 年至 1990 年，参与国家“七五”重点科研项目“洼涝盐渍土综合利用和综合配套技术”。

1987 年 51 岁

3 月，晋升为教授。

5月3日至7日，中、丹(麦)科学技术合作第二次会议在丹麦举行，在形成的《中丹科技合作第二次会议会谈纪要》中明确曲阜师范大学、山东省济南市人民政府农业区划办公室与丹麦技术大学数学统计和运筹学研究所、哥本哈根经济和商业管理学院计算机和系统科学研究所将进行“系统科学及其在农业中的应用”合作研究。

同月，与学生周惠山前往加拿大卑诗省瓦隆市访问5天，受到当地林牧场场长泰德先生的招待，并就系统工程在林牧方面的应用进行了交流。

7月，前往美国西雅图访问两天并参观华盛顿大学。

11月，参与的山东省科研项目“城郊型农村产业动态模型的研究”获山东省教育厅科学技术进步三等奖(第2完成人)。

12月，参与的科研项目“长清县农牧业最优结构布局方案的实施研究”获曲阜师范大学应用一等奖(第3完成人)。

同月，论文《系统工程在桓台县水产业优化结构中的应用》获曲阜师范大学论文二等奖。

同月，结束加拿大温哥华西蒙菲莎大学学术访问后回国。

1988年　52岁

3月，参与的科研项目“采用系统工程方法进行全省农村产业结构最优方案研究”获山东省农业区划办公室颁发的1987年山东省科学技术进步三等奖。

5月，获“山东省劳动模范”称号。

7月16日，任曲阜师范大学运筹学研究所所长。

同月，成为中国科学技术协会山东省科学技术协会会员。

9月23日至27日，参加在安徽九华山召开的中国数学会运筹学会第三届全国代表大会，并当选为中国运筹学会第三届理事会理事。

10月20日至21日，接待日本京都大学学者茨木俊秀、福岛雅夫的访问。

1989年　53岁

1月，被评为曲阜师范大学学术带头人。

10 月 7 日至 10 日，受河北师范学院修乃华老师邀请，与赵庆祯到河北师范学院数学系参加学术活动并进行专题讲座。

同月 21 日至 25 日，参加在浙江温州大学召开的第三届华东运筹学协作组会议。

12 月，论文《非线性对偶规划与点到集映象族算法的研究》获曲阜师范大学论文一等奖，后获山东省教育委员会科学技术进步论文二等奖。

同月，论文《系统工程在临沭县花生优化栽培技术中的应用》获曲阜师范大学论文二等奖(第 2 完成人)，后获山东省教育委员会科学技术进步三等奖(第 2 完成人)。

1989 年至 1990 年，主持山东省科委研究项目“不可微规划与市场价格的调整”。

1989 年至 1991 年，主持与中科院应用数学所、西安电子科大联合进行的国家科委国土司合作研究项目“国土规划指标体系和综合模型研究”。

是年，荣获由美国传记协会颁发的“国际(学术)优秀带头人”称号。

是年，接待来曲阜师范大学访问的日本关西大学工学部教授三根久等人。

1990 年　54 岁

9 月 27 日，与中国农科院土肥所、山东陵县合作的“七五”重点科研项目《洼涝盐渍土综合利用和综合配套技术》在北京通过国家鉴定，总体研究成果达到国际先进水平。

同月，入选美国传记研究院《国际优秀(学术)带头人辞典》，并被聘请为美国传记学会的顾问研究委员会成员。

同月，主持的科研项目“数学规划的对偶性、稳定性及算法的收敛性研究”申报山东省教育委员会科学技术进步奖，并荣获山东省科学技术进步二等奖。

11 月，参与的科研项目“临沭县花生系统工程应用研究”获山东省农业区划委员会科学技术进步三等奖(第 4 完成人)。

是年，论文《数学规划的对偶性、稳定性及算法的收敛性研究》获曲阜师范大学论文一等奖。

1990年至1992年，主持山东省教委项目“洗煤机矿浆密度计算机最优控制系统”。

1991年　55岁

1月，论文《数学规划的对偶性、稳定性及算法的收敛性研究》获曲阜师范大学应用成果一等奖。

2月，获“山东省专业技术拔尖人才”荣誉称号。

4月11日至24日，参加山东省委举办的党员教授“社会主义若干问题”学习班。

同月27日，参加曲阜师范大学1990年度科研授奖大会并获奖。

5月，参加山东省高校工委举办的为期一个月的党员教授“社会主义理论研讨班”。

同月15日至29日，参加在山东泰安召开的由中科院、曲阜师大、山东矿业学院联合举办的全国最优化学术讨论会议。

6月12日至13日，参加在北京召开的中国运筹学会理事扩大会议，当选为中国运筹学会第四届理事会理事。

7月，享受国务院政府特殊津贴。

同月，主持的科研项目“非线性规划的算法与最优化理论研究”获国家教育委员会科学技术进步三等奖。

同月，与李师正、王品超、杨秋锁共同审校的专著《高等代数的265个反例》出版。

同月，开设研究生课程“非线性规划算法”。

9月，获山东省高校“科教兴鲁”先进科技工作者荣誉称号。

同月，获山东省教育委员会颁发的“从教三十年”教师荣誉证书。

12月，论文《最优化、层次分析、聚类分析方法的研究及其在农业中的应用》获山东省教育委员会科学技术进步论文三等奖(第2完成人)。

同月，主持的科研项目“非线性规划的算法与最优化理论研究”获山东省科委科技进步三等奖。

同月，获曲阜师范大学“先进科研工作者”荣誉称号。

同月，论文《最优化、层次分析、聚类分析(方)法的研究及其在农业中的应用》获曲阜师范大学科学研究成果论文二等奖(第2完成人)。

同月，主持的与中科院应用数学所、西安电子科大合作进行的国家科委国土司合作研究项目“国土规划指标体系和综合模型研究”通过鉴定。

20世纪80年代设计的一个非线性规划新算法及收敛性定理，被编入美国著名数学家堵丁柱编写的专著《可行方向算法收敛性理论》一书中，书中将该算法与美国运筹学家龙伯格教授的算法合称为“Luenber-Wang”算法，简称“L-W”算法，也被学界誉为“王氏算法”。

1992年 56岁

2月，主持国家自然科学基金资助项目“数学规划的理论与算法”，为中丹合作应用开发项目“系统科学与决策支持系统研究”提供主要的计算方法和部分理论依据。

9月，赴日本京都大学、广岛大学等地访学。

10月20日至24日，参加在四川成都电子科技大学召开的中国运筹学会第四届全国代表大会，当选为中国运筹学会第四届理事会理事、学术交流部委员和出版编辑部委员。

11月，被山东省自然科学基金委员会聘请为第二届科学组成员，任期三年。

12月24日，形成中丹科技合作项目“系统科学及其在农业中的应用”成果《运筹学在中国农业管理中的应用》。

同月，论文《数学规划的理论、算法与应用》获山东省教育委员会科学技术进步论文三等奖(第2完成人)。

同月31日，被曲阜师范大学选拔为第二届学科带头人。

是年，被聘为国家自然科学基金委数理部评审员。

1993年 57岁

2月，论文《数学规划的理论、算法与应用》获曲阜师范大学科研论文二等奖(第2完成人)。

3月，颁发中国运筹学会学术交流部委员和出版编辑部委员聘书，任期均为3年。

4月20日至5月10日，由济宁市委组织部组织前往越南河内、海防等地访问考察经贸情况。

6月，被中共曲阜师范大学委员会评为优秀共产党员。

8月10日，主持的山东省科研项目“洗煤机矿浆密度计算机最优控制系统”经专家鉴定通过，并评价为国内首创。

9月，主持的教学项目“坚持‘教学、科研、生产三结合’，出人才、出效益、出成果”获国家教育委员会高等学校优秀教学成果二等奖，同年12月该项目获山东省普通高等学校第三届优秀教学成果一等奖。

10月，陪同中科院许国志、越民义等专家考察桓台县应用系统工程应用情况。

12月，获曾宪梓教育基金会“一九九三年高等师范院校教师奖”二等奖。

1993年至1995年，参与国家自然科学基金项目“最优化决策理论及应用”。

1993年至1994年，主持山东省教委科研项目“设备状态预测与故障诊断及网络优化研究”。

1993年至1994年，参与山东省自然科学基金项目“优化理论及应用”，为项目组第二位成员，为中丹合作应用开发项目“系统科学与决策支持系统研究”提供主要的计算方法和部分理论依据。

1994年　58岁

4月至5月，在香港中文大学数学系做访问学者。

9月至10月，赴日本京都大学做访问学者。

10月，当选为中国运筹学会分会数学规划研究会第一届理事会常务理事。

11月，与兖州矿务局兴隆庄煤矿合作的科研项目“网络优化计算机辅助设计软件系统”通过专家鉴定。

11月12日，主持的山东省教委项目“设备状态预测与故障诊断及网络优化研究”，经专家鉴定通过，被评价为国内首创或国内先进。

1994 年至 1995 年，主持山东省科委项目“设备状态预测与故障诊断计算机网络系统”。

1995 年　59 岁

4 月，接待来曲阜师大访问的日本京都大学学者福岛雅夫及其儿子。

5 月，参加在曲阜召开的山东省第二届运筹学会，当选为山东省运筹学会第二届理事长。

6 月，主持的国家自然科学基金资助项目“数学规划的理论与算法”通过国家自然科学基金委员会核查，准予结题。

7 月，被曲阜师范大学评为“1991～1994 年度骨干教师”。

8 月，接待访问曲阜师范大学的日本京都大学伏见正则教授。

9 月 8 日，受邀前往北京人民大会堂参加 1995 年教师节表彰活动，并与党和国家领导人合影。

同月 19 日，参加江苏片硕士点检查评估会议。

同月，被山东省教育委员会、中国教育工会山东省委员会、山东省中小学幼儿教师奖励基金会授予一九九五年“山东省优秀教育世家”称号。

10 月，聘请为山东省自然科学基金会委员会第三届科学组成员，任期三年。

10月至 11 月，受邀访问香港中文大学数学系及香港城市大学数学系，参加在香港召开的国际数学规划学术会议，与香港中文大学建立学术交流关系。

12 月 26 日，主持的山东省科委项目“设备状态预测与故障诊断计算机网络系统”，经山东省科委鉴定达到国际先进水平。

同月，主持的科研项目“最优值函数的可微性理论及在数学规划中的应用”获山东省教育委员会科学技术进步奖论文(研究报告)类三等奖。

同月，主持的与山东兖州矿务局兴隆庄煤矿合作的科研项目“设备状态预测与综合管理计算机网络系统”完成并通过鉴定。

1996 年　60 岁

3 月，申请国家自然科学基金项目“最优值函数方向可微性理论与最优化算法及应用”，项目时间为 1997 年 1 月至 2000 年 12 月。

同月，被中国科学院应用数学研究所聘请为兼职研究员。

6 月，获曲阜师范大学“科研工作先进个人”荣誉称号。

7 月 23 日，被中国科学院应用数学研究所学位评定委员会聘请为博士生导师。

9 月 16 日至 24 日，受日本东京大学伏见正则教授等邀请，与赵庆祯赴日访学。

同月，被中国运筹学会聘请为《运筹学学报》第一届编辑委员会编委。

10 月 11 日至 14 日，参加在西安电子科技大学召开的中国运筹学会第五届全国代表大会，当选为中国运筹学会第五届理事会常务理事、第五届学会学术交流部副主任。

12 月，论文《非线性规划共轭投影法研究》获山东省教育委员会科学技术进步奖理论成果(论文)类三等奖(第 2 完成人)。

同月，在中国运筹学会第五届全国代表大会上当选为中国运筹学会常务理事。

同月，任曲阜师范大学数学与计算机系副主任。

同月，主持的科研项目“设备状态预测与综合管理计算机网络系统”获山东省教育委员会科学技术进步奖应用科技成果类三等奖。

是年，当选为中国运筹学会分会数学规划研究会第二届理事会理事。

1996 年至 1998 年，主持曲阜师范大学自选科研项目“数学规划的算法研究”。

1996 年至 1998 年，主持山东省科委重点项目“大型机械设备故障诊断与控制系统”。

1996 年至 1998 年，主持山东省教委项目“回采巷道通风系统的优化设计”。

1997 年　61 岁

4 月 21 日至 24 日，接受胡毓达邀请，参加在广州华南理工大学召开的第二届全国决策科学研讨会。

7 月，被中国运筹学会聘请为中国运筹学会学术交流部副主任。

8 月，再次被中共山东省委、山东省人民政府选拔为“山东省专业技术拔尖人才”。

11 月，荣获第二届山东高校“十大优秀教师”提名奖。

12 月，参与的科研项目“图论与最优化问题研究”获山东省科学技术进步二等奖（第 2 完成人）。

同月，参与的科研项目“设备状态预测与洗煤系统控制”（系列项目）获山东省科学技术进步三等奖（第 2 完成人）。

同月 11 日，受《现代科技数学手册》编委会、华中理工大学出版社聘请，为《现代科技数学手册》撰写第五卷第 20 章“非线性规划”。

1997 年至 1999 年，主持山东省自然科学基金“最优化数值摄动算法及其应用研究”。

是年，开设研究生课程“非线性规划的理论与算法”。

1998 年　62 岁

1 月 6 日，参加山东省师专《高等代数试题库》鉴定会。

2 月，担任美国《数学评论》杂志特邀评论员，时间自 1998 年 2 月至 2010 年 5 月。

3 月，申请国家自然科学基金项目“最优值函数的方向可微性理论与约束最优化问题研究”，项目时间为 1999 年 3 月至 2001 年 12 月。

9 月，被大连理工大学研究生院聘请为博士生导师、兼职教授。

同月，招收王宜举为其中科院首届博士研究生，研究方向为“最优化理论”。

9 月至 11 月，在中国科学院应用数学研究所做访问学者。

10 月 16 日，参加在武汉华中师范大学召开的中国运筹学会理事会议暨第三届全国数学规划会议，当选为数学规划研究分会第三届理事会常务理事。

11月，被香港国际教育交流中心聘请为研究员，聘期三年。

12月15日至18日，访问香港中文大学及香港城市大学的数学系，并参加在香港城市大学召开的非线性规划与变分不等式国际会议。

同月，论文《最优化的理论与算法》获山东省教育委员会科学技术进步奖论文类三等奖。

1999年　63岁

1月，主持科研项目“最优化理论算法及其应用研究”获教育部科技进步二等奖。

8月16日至20日，参加在北京友谊宾馆召开的第十五届国际运筹学会联合会(IFORS)大会，与赵庆祯合作的“运筹学在农业管理中的应用”获运筹学进展二等奖(第2完成人)。

2000年　64岁

3月，任运筹学研究所名誉所长。

5月7日至10日，参加在上海大学召开的第一届全国决策科学暨多目标决策研讨会，当选为决策科学分会第二届理事会常务理事。

5月12日至15日，参加在曲阜师范大学召开的山东省运筹学会最优化学术会议暨理事会，当选为山东省运筹学会第三届理事会名誉理事长。

6月，论文《农村产业结构布局优化的数学模型及其稳定性分析》获第三届山东省统计科研优秀成果一等奖。

7月，论文《农村产业结构布局优化的数学模型及其稳定性分析》获第五届全国统计科研优秀成果二等奖。

夏，参加在北京召开的中国运筹学会第五届常务理事扩大会议。

10月，主持的科研项目“非线性规划与组合优化问题研究”获山东省科学技术进步三等奖。

同月10日至12日，参加在湖南省长沙市中南大学召开的中国运筹学会第六届全国代表大会，当选为中国运筹学会第六届理事会常务理事、中国运筹学会应用咨询工作部主任。

10 月至 11 月，在香港理工大学应用数学系做访问学者 1 个月。

12 月，主持的科研项目“最优化方法及其在经济管理中的应用”获山东省教育厅科学技术进步奖理论成果类二等奖。

12 月，参与的科研项目“井下巷道延拓通风系统最优设计”获山东省教育厅科学技术进步奖应用成果类三等奖(第 2 完成人)。

2001 年　65 岁

1 月，参编的国家“九五”重点出版项目《现代数学手册・经济数学》由华中科技大学出版社出版发行，参编内容为第七篇“非线性规划”，与王宜举共同执笔完成。

5 月 26 日，作为特邀专家在山东大学参加博士学位论文答辩。

6 月 15 日至 18 日，参加在贵阳召开的 2001 年全国数学规划及运筹学研讨会。

7 月，首届博士研究生王宜举毕业，毕业论文为《变分不等式问题的投影算法》。

9 月 25 日，主持的科研项目“最优化理论方法及其应用”获教育部科技成果完成者证书。

10 月至次年 1 月，在香港城市大学做访问学者。

12 月，主持的科研项目“决策分析中的优化算法”获山东高等学校优秀科研成果奖自然科学类二等奖。

2002 年　66 岁

1 月，主持国家自然科学基金项目“半无限规划的对偶理论与算法研究”，项目时间为 2002 年 1 月至 2004 年 12 月。

2 月，主持的科研项目“最优化方法及其应用研究”获 2001 年度中国高校科学技术奖二等奖。

5 月 26 日至 29 日，参加在温州举办的第二届全国决策科学暨多目标决策研讨会，并在会上作报告。

10月至次年1月，在香港城市大学数学系做访问学者。

12月19日至22日，参加在上海大学新校区举办的第四届全国数学规划大会暨国际数学规划会议。

同月，参与的科研项目“最优化的新方法在企业、金融管理上的应用”获山东高等学校优秀科研成果奖自然科学类二等奖(第3完成人)。

是年，被聘为《运筹学学报》第二届编委会编委。

是年，编写由浙江大学出版社出版的系列丛书“运筹·优化·决策”之《选址问题》，为丛书首批出版图书之一。

2003年　67岁

5月19日，被曲阜师范大学聘任学校教学科研关键岗位。

6月，被评为“曲阜师范大学优秀硕士研究生指导教师”。

9月1日至11月30日，被香港城市大学聘任为高级副研究员，并在香港城市大学进行为期三个月的访学，其间与张建中教授合作进行“变分不等式中外梯度—牛顿方法”的研究。

12月，参与的科研项目“最优化方法及其在金融管理中的应用”获山东高等学校优秀科研成果奖自然科学类三等奖(第3完成人)。

是年，建立的非线性拉格朗日对偶定理作为基础定理被编入A.M.鲁比诺和杨晓琪编写的专著 *Lagrangian-type Functions in Constrained Non-convex Optimization* 中。

2004年　68岁

4月15日至6月14日，在香港理工大学进行为期两个月的访学，其间与杨晓琪教授进行非线性增广拉格朗日对偶问题的零对偶间隙性质的研究。

5月20日，参加在杭州召开的中国运筹学会常务理事会。

同月22日至25日，参加在浙江大学数学中心召开的由数学规划和图论组合两个专业委员会联合组织的全国组合优化会议。

6 月，被评为“曲阜师范大学优秀硕士研究生指导教师”。

9 月，招收赵文玲为最后一届博士研究生。

10 月 17 日至 19 日，参加在青岛召开的中国运筹学会第七届全国代表大会暨学术交流会，在会上主持了运筹学应用奖报告会，并当选为中国运筹学会常务理事。

12 月至次年 4 月，在香港城市大学做访问学者，其间与张建中教授进行“求解广义 Nash 对策的 Nash 平衡”研究。

2005 年　69 岁

1 月，退休。

9 月 26 日至 11 月 25 日，在香港中文大学系统工程与管理学院与李端教授合作研究两个月。

12 月，前往美国得克萨斯州探亲，其间应邀在得克萨斯州立大学数学系访问三天并作学术报告。

是年，主持的国家自然科学基金项目“半无限规划的对偶理论与算法研究”通过国家自然科学基金委员会专家评审通过并结题。

2006 年　70 岁

2 月，应邀赴西弗吉尼亚大学数学系访问一周并作学术报告。

3 月，结束美国得克萨斯州探亲回国。

4 月 23 日至 24 日，参加中国运筹学会数学规划分会代表会议暨第六届学术会议。

5 月 3 日至 28 日，在台湾“中山大学”理学院与姚任之教授合作研究一个月。

7 月 28 日，参加管理科学最优化技术国际讲习班。

12 月，在重庆师大运筹与控制重点实验室与杨新民教授合作研究一个月。

2006 年至 2008 年，主持国家自然科学基金项目“广义半无限规划的理论与算法研究”。

2007 年　71 岁

1 月，参与的科研项目“变分不等式与互补问题的非内点和投影算法研究”获教育部自然科学类二等奖(第 4 完成人)。

6 月，被聘请为 2007 年度广西壮族自治区人民政府科学技术进步奖励委员会基础理论专业评审组成员。

7 月，参加在延边大学召开的国际最优化学术会议，并作大会报告。

10 月 25 日至 30 日，参加中国运筹学会组织的在台湾“东华大学”召开的 2007 年台湾作业研究学术研讨会。

2008 年　72 岁

8 月 1 日至 9 月 30 日，在香港理工大学应用数学系与杨晓琪教授合作研究两个月。

9 月，招收姜亭亭、张玉环 2 人为最后一届硕士研究生。

10 月，参加在南京召开的中国运筹学会全国代表大会。

2009 年　73 岁

5 月 20 日，在曲阜师范大学参加曲阜师院数学系 1957 级同学聚会。

7 月，停招博士研究生。

2010 年　74 岁

10 月至 12 月，赴美国得克萨斯州立大学做访问学者。

11 月，《越民义与中国运筹学》由贵州大学出版社出版发行，为编委之一。

2010 年至 2012 年，主持国家自然科学基金项目“非线性增广 Lagrangian 函数的理论、方法及其应用研究”。

是年，获曲阜师范大学孔子教育基金会终身成就奖。

2011 年　75 岁

是年，发表学术论文 4 篇。

2012 年　76 岁

2 月 10 日至 25 日，与香港学者杨新民、杨晓琪在重庆师大合作研究半个月。

4 月 20 日至 24 日，以名誉理事身份参加在杭州举办的第九届全国数学规划学术会议。

4 月 25 日至 28 日，应邀赴苏州大学数学学院访问，并作学术报告。

7 月，停招硕士研究生。

2013 年　77 岁

2 月 3 日至 6 日，在青岛大学理学院与香港理工大学应用数学系杨晓琪教授讨论修改论文。

2014 年　78 岁

11 月 25 日至 28 日，在重庆参加第一届向量优化理论方法与应用数学研讨会，并在开幕式上致辞。

12 月 11 日至 20 日，在淄博与山东理工大学理学院赵文玲教授讨论与合作研究 10 天。

2015 年　79 岁

4 月 26 日至 29 日，在得克萨斯州立大学数学系访问 4 天，并作学术报告。

2016 年　80 岁

12 月 2 日至 4 日，参加在曲阜师范大学曲阜校区召开的国际最优化理论及其应用研讨会。

2017 年　81 岁

是年，发表学术论文 3 篇。

2018年　82岁

3月26日，于山东省济南千佛山医院去世。

3月29日，在曲阜市殡仪馆举行遗体告别仪式。

二、王长钰主要论著

[1]朱锦芳、王长钰：《求二元凸函极值的一种迭代法》，《曲阜师范学院学报》(自然版)1964年第1期。

[2]王长钰、邵品琮：《用"优选法"选择连续挑流鼻坎的最优尺寸》，《数学的实践与认识》1972年第2期。

[3]王长钰：《用迭代法求道路不固定的最优场址的收敛性及收敛速度的估计》，《破与立》(自然科学版)1975年第2期。

[4]章志敏、王长钰：《具有交互效应的正交设计的优良性》，《曲阜师院学报》(自然科学版)1978年第2期。

[5]王长钰：《在闭凸集上求 $\min\sum_{i=1}^{n} c_i\|x-a_i\|$ 型最优场址》，《应用数学学报》1978年第2期。

[6]王长钰：《一类凸对偶规划与运价为凸函数的运输问题》，《曲阜师院学报》(自然科学版)1978年第3期。

[7]王长钰：《非线性管道网络中的线性逼近法的收敛性及推广》，《应用数学学报》1978年第4期。

[8]王长钰：《关于非线性管网中的线性逼近法》，《曲阜师院学报》(自然科学版)1979年第1期。

[9]王长钰：《关于非线性规划中含有等约束的鞍点定理》，《曲阜师院学报》(自然科学版)1979年第2期。

[10]王长钰：《一个混合型转轴方法及应用》，《曲阜师范学院学报(运筹学专刊)》1980年第4期。

[11]王长钰：《一个超线性收敛的既约梯度算法》，《运筹学会议论文

集》,1980 年。

[12]王长钰:《一个新的转轴法与 Levitin-Polyak 梯度投影法的简化及其收敛特征》,《应用数学学报》1981 年第 1 期。

[13]王长钰:《非线性规划的一个可行方向方法》,《数学学报》1982 年第 1 期。

[14]王长钰:《关于一个改进的既约梯度法的收敛性质》,《科学通报》1982 年第 17 期。

[15]王长钰:《一个改进的既约梯度法某些收敛性的推广》,《曲阜师院学报》(自然科学版)1983 年第 1 期。

[16]Wang Changyu, "On Convergence Property of An Improved Reduced Gradient Method", *Chinese Science Bulletin*, 1983(5), pp.577-582.

[17]王长钰:《一个改进的既约梯度法收敛性质的推广》,《科学通报》1983 年第 15 期。

[18]章志敏、王长钰:《正交设计的熵最优性》,《运筹学杂志》1983 年第 2 期。

[19]王长钰:《Hilbert 空间中一个最优化问题》,《科学通报》1984 年第 12 期。

[20]徐新明、王长钰、赵庆祯等:《历城县最优畜群结构探讨》,《曲阜师院学报》(自然科学版)1984 年第 4 期。

[21]章志敏、王长钰:《联合正交试验的实践和统计分析》,《农业系统科学与综合研究》1985 年第 1 期。

[22]王长钰、赵庆祯、章志敏等:《系统工程在长清县农牧业最优结构布局中的应用》,《系统工程理论与实践》1985 年第 1 期。

[23]王长钰:《一类由生成函数构成的可行方向算法》,《应用数学学报》1985 年第 2 期。

[24]王长钰、赵庆祯:《关于非线性对偶规划的存在性定理》,《曲阜师范大学学报》(自然科学版)1986 年第 1 期。

[25]章志敏、王长钰、张庆水:《聚类分析与桓台县水产业结构布局优化模型》,《曲阜师范大学学报》(自然科学版)1986 年第 1 期。

[26]王长钰:《Hilbert 空间中的一个最优化问题》,《曲阜师范大学学报》(自然科学版)1987 年第 2 期。

[27]王长钰:《点到集映象族算法的弱收敛性》,《科学通报》1988 年第 10 期。

[28]王长钰、陈广军:《闭点到集映象的若干性质》,《运筹学杂志》1988 年第 1 期。

[29]王长钰、周惠山:《一个极限定理与非线性对偶规划的最优判别及存在性》,《科学通报》1988 年第 16 期。

[30]Wang Changyu, Zhou Huishan,"One Limit Theorem, Optimal Criterion and Existence Theorem of The Dual Nonlinear Program", *Chinese Science Bulletin*, 1989(2), pp.95-99.

[31] Wang Changyu, Zhou Huishan, Guan Meigu, "Unification and Extensions of Some Stability Theorems in Mathematical Programming", *Acta Mathematicae Applicatae Sinica (English Series)*, 1989(2), pp.97-104.

[32]王长钰、赵庆祯:《关于非线性对偶规划的存在性定理》,《数学年刊·A 辑》(中文版)1989 年第 6 期。

[33]Chen Guangjun, Wang Changyu, Zhou Huishan,"Continuousization of the Family of Point-to-Set Maps and Its Applications", *Mathematical Analysis and Applications*, 1990(2), pp.420-442.

[34]Zhang Zhimin, Wang Changyu, Zhao Qingzhen,"Application of Operations Research in Agriculture Decision Making", *Annals of Operations Research*, 1990(24), pp.299-307.

[35] Zhao Qingzhen, Wang Changyu, Zhang Zhimin, et al, "The Application of Operations Research in the Optimization of Agricultural Production", *Operations Research*, 1991(2), pp.194-205.

[36]王长钰、薛国良:《拟凸函数局部极小的整体性质》,《应用数学与计算数学学报》1991 年第 1 期。

[37]赵庆祯、章志敏、王长钰:《运筹学运用于农业的研究》,《运筹学杂志》1991 年第 1 期。

[38]赵福安、王长钰:《非线性规划问题的灵敏度分析和稳定性分析》,《运筹学杂志》1991 年第 1 期。

[39]王长钰、赵福安:《最优值函数的方向导数》,《数学进展》1993 年第 3 期。

[40] Wang Changyu, Zhao Qingzhen, Zhang Zhimin, et al, "The Application of Operations Research to the Management of Agriculture in Changqing County and Tancheng County", *Communications of Operations Research Society of Japan*, 1994(1), pp.13-15.

[41] Wang Changyu, Zhao Fuan, "Optimal Value Functions in Mathematical Programming and Convergence for Gradient Projection Method", *Systems Science and Mathematical Sciences*, 1994(3), pp.261-269.

[42]王长钰、陈广军:《关于 Chandrasekaran-Tamir 猜想的几个结果》,《科学通报》1994 年第 15 期。

[43] Wang Changyu, Zhao Fuan, "Directional Derivatives of Optimal Value Functions in Mathematical Programming", *Journal of Optimization Theory and Applications*, 1994(2), pp.397-404.

[44]时贞军、王长钰:《洗煤过程控制中的最优控制模型及求解方法》,《复杂巨系统理论·方法·应用——中国系统工程学会第八届学术年会论文集》,1994 年。

[45] Wang Changyu, Chen Guangjun, "On Several Results of Chandrasekaran-Tamir Conjecture", *Chinese Science Bulletin*, 1994(21), pp.1774-1778.

[46] Wang Changyu, Zhou Huishan, "A Family of Inequalities for Intersecting Antichain of Subsets of an n-set", *European Journal of Combinatorics*, 1996(1), pp.89-96.

[47] Wang Changyu, Gao Chengyun, Shi Zhenjun, "An Algorithm for Continuous Type Optimal Location Problem", *Computational Optimization and Applications*, 1997(2), pp.239-253.

[48]王长钰、时贞军:《最优场址问题的研究进展》,《数学进展》1997

年第 2 期。

[49]王长钰、张玉忠、周惠山:《示性函数与非凸对偶规划解的存在性定理》,《数学年刊·A 辑》(中文版)1997 年第 3 期。

[50]周广路、王长钰、孙清滢:《Banach 空间中对偶规划的存在性定理》,《数学进展》1997 年第 3 期。

[51]张玉忠、周广路、王长钰:《非线性规划中凝聚函数法的稳定性》,《运筹学学报》1997 年第 1 期。

[52]高乘云、王长钰:《在闭凸集上连续型多场址的最优选择》,《运筹学学报》1997 年第 2 期。

[53]王长钰、赵福安、周惠山:《特征函数与非凸对偶规划问题的存在性定理》,《菏泽师专学报》1998 年第 2 期。

[54]周广路、王长钰、孙清滢:《半无限极大极小问题的全局收敛方法》,《运筹学学报》1998 年第 2 期。

[55]王长钰、张玉忠:《*s*-相关 GFR 共轭梯度方法的全局收敛性》,《科学通报》1998 年第 13 期。

[56] Wang Changyu, Zhang Yuzhong, "Global Convergence Properties of *s*-reted Conjugate Gradient Methods", *Chinese Science Bulletin*, 1998(23), pp.1959-1965.

[57]周广路、王长钰、张玉忠:《半无限规划问题的一个有效解法》,《计算数学》1999 年第 1 期。

[58]张菊亮、王长钰:《一类新的共轭投影梯度算法》,《运筹学学报》1999 年第 2 期。

[59]王长钰、韩继业:《非光滑半无限规划极大熵方法的稳定性》,《中国科学(A 辑)》1999 年第 7 期。

[60]Zhang Liping, Wang Changyu, "An Algorithm for Continuous Type Optimal Spherical Facility Location Problem", *Systems Science and Mathematical Sciences*, 1999(3), pp.210-215.

[61]Meng Linghe, Shi Zhenjun, Wang Changyu, "A Convergent Algorithm for Continuously Optimal Location Problem", *Journal of*

Systems Science and Systems Engineering, 1999(3), pp.378-384.

[62]赵庆祯、王长钰、仇永平:《农村产业结构布局优化的数学模型及其稳定性分析》,《经济数学》1999 年第 3 期。

[63] Wang Changyu, Han Jiye, "The Stability of the Maximum Entropy Method for Nonsmooth Semi-infinite Programmings", *Science in China (series A)*, 1999 (11), pp.1129-1136.

[64]修乃华、王长钰:《关于外梯度法的步长规则》,《计算数学》2000 年第 2 期。

[65]张菊亮、王长钰:《一个新的 SQP 方法及其超线性收敛性》,《运筹学学报》2000 年第 2 期。

[66] Wang Changyu, Xiu Naihua, "Convergence of the Gradient Projection Method for Generalized Convex Minimization", *Computational Optimization and Applications*, 2000(2), pp.111-120.

[67]王长钰、韩继业、王磊:《无约束最优化的 Polak-Ribière 和 Hestenes-Stiefel 共轭梯度法的全局收敛性》,《运筹学学报》2000 年第 3 期。

[68] Xiu Naihua, Wang Changyu, Zhang Yuzhong, "Convergence Properties of Projection and Contraction Methods for Variational Inequality Problems", *Applied Mathematics & Optimization*, 2001(43), pp.147-168.

[69] Wang Yiju, Xiu Naihua, Wang Changyu, "A New Version of Extragradient Method for Variational Inequality Problems", *Computers & Mathematics with Applications*, 2001(42), pp.969-979.

[70]王宜举、王长钰:《求解非线性互补问题的一个下降算法》,《运筹学学报》2001 年第 4 期。

[71]王长钰、屈彪:《在一个新步长规则下梯度投影算法的全局收敛性》,《运筹学学报》2002 年第 1 期。

[72]王长钰、屈彪:《互补问题中 Gauss-Newton 方法全局收敛性的推广》,《曲阜师范大学学报》(自然科学版)2002 年第 2 期。

[73] Wang Yiju, Wang Changyu, Xiu Naihua, "A Family of Super-

Memory Gradient Projection Methods for Constrained Optimization", *Optimization*, 2002(6), pp.889-905.

[74]张玉忠、王忠志、王长钰:《分批排序的"转换引理"及其应用》,《系统科学与数学》2002 年第 3 期。

[75]Wang Changyu, Qu Biao, "A New Convergence Result of Gauss-Newton Methods for the Complementarity Problem", *Journal of Systems Science and Systems Engineering*, 2002(4), pp.414-418.

[76]连淑君、王长钰、李吉宝:《共轭梯度法的全局收敛性》,《工程数学学报》2003 年第 1 期。

[77]王长钰、夏尊铨、王宜举:《梯度投影算子的广义陡度引理及其应用》,《数学学报》2003 年第 3 期。

[78]王长钰、陈元媛、杜守强:《Shamanskii 修正牛顿法的全局收敛性》,《曲阜师范大学学报》(自然科学版)2003 年第 2 期。

[79]王长钰、屈彪:《通过广义 D-间隙函数求解变分不等式问题的全局收敛性的推广》,《工程数学学报》2003 年第 2 期。

[80]连淑君、王长钰:《共轭下降法的全局收敛性》,《运筹学学报》2003 年第 3 期。

[81]王长钰、屈彪:《通过广义 D-间隙函数求解变分不等式问题的全局收敛性和误差界估计》,《计算数学》2003 年第 4 期。

[82] Zhang Jianzhong, Wang Changyu, Xiu Naihua, "The Dual Gap Function for Variational Inequalities", *Applied Mathematics & Optimization*, 2003(2), pp.129-148.

[83] Wang Changyu, Yang Xiaoqi, Yang Xinmin, "Nonlinear Lagrange Duality Theorems and Penalty Function Methods in Continuous Optimization", *Global Optimization*, 2003(4), pp.473-484.

[84]Qu Biao, Wang changyu, Zhang Jianzhong, "Convergence and Error Bound of a Method for Solving Variational Inequality Problems via the Generalized D-gap Function", *Optimization Theory and Applications*, 2003 (3), pp.535-552.

[85]Yu Zhensheng, Wang Changyu, Yu Jiguo, "Combining Trust Region and Linesearch Algorithm for Equality Constrained Optimization", *Journal of Applied Mathematics and Informatics*, 2004(14), pp.123-136.

[86]宇振盛、王长钰:《凸约束优化问题的带记忆模型信赖域算法》,《应用数学》2004 年第 2 期。

[87] Lian Shujun, Wang Changyu, "The DY Conjugate Gradient Method With Armijo-type Line Searches", *Journal of Systems Science and Information*, 2004(2), pp.279-287.

[88]王长钰、屈彪:《求解互补问题的 Gauss-Newton 方法的全局收敛性》,《数学进展》2004 年第 3 期。

[89]Wang Changyu, Du Shouqiang, Chen Yuanyuan, "Global Convergence Properties of Three-Term Conjugate Gradient Method with New-Type Line Search", *Journal of Systems Science and Complexity*, 2004(3), pp.412-420.

[90] Wang Yiju, Zhou Houchun, Wang Changyu, "A Regularization Newton Method for Mixed Complementarity Problems", *Acta Mathematica Scientia*, 2004(3), pp.376-384.

[91]王长钰、杨晓琪、杨新民:《非紧致集上的最优值函数与广义半无限极大极小规划》,《中国科学(A 辑:数学)》2004 年第 4 期。

[92]连淑君、王长钰:《在 Armijo 型线搜索下共轭下降法的收敛性》,《工程数学学报》2005 年第 1 期。

[93] Wang Changyu, Yang Xiaoqi, Yang Xinmin, "Optimal Value Functions of Generalized Semi-infinite Min-max Programming on a Noncompact Set", *Science in China Mathematics (Series A)*, 2005(2), pp.261-276.

[94] Wang Changyu, Li Meixia, "Convergence Property of the Fletcher-reenes Conjugate Gradient Method with Errors", *Journal of Industrial and Management Optimization*, 2005(2), pp.193-200.

[95] Lian Shujun, Wang Changyu, Li Zhonghao, "Convergence Properties of the FR and PRP Methods with Armijo-type Line Searches", *Journal of Systems Science and Information*, 2005(3), pp.527-534.

[96]Li Meixia Wang Changyu, "Convergence Property of Gradient-Type Methods with Non-monotone Line Search in the Presence of Perturbations", *Applied Mathematics and Computation*, 2006(2), pp.854-868.

[97]王长钰:《广义半无限极大极小规划的一阶最优性条件》,《2006 年中国运筹学会数学规划分会代表会议暨第六届学术会议论文集》,2006 年。

[98] Wang Changyu, Chen Yuanyuan, Du Shouqiang, "Further Insight into the Shamanskii Modification of Newton Method", *Applied Mathematics and Computation*, 2006(1), pp.46-52.

[99]Wang Changyu, Lian Shujun, "Global Convergence Properties of the Two New Dependent Fletcher-Reeves Conjugate Gradient Methods", *Applied Mathematics and Computation*, 2006(2), pp.920-931.

[100]Lian Shujun, Wang Changyu, Cao Lixia, "Convergence Properties of the Dependent PRP Conjugate Gradient Methods", *Systems Science & Complexity*, 2006(2), pp.288-296.

[101]王长钰、宇振盛:《求解非线性系统的有效集信赖域方法》,《数学物理学报》2006 年第 2 期。

[102]Sun Qingying, Wang Changyu, Shi Zhenjun, "Global Convergence of a Modified Gradient Projection Method for Convex Constrained Problems", *Acta Mathematicae Applicatae Sinica (English Series)*, 2006(2), pp.227-242.

[103]Wang Changyu, Liu Qian, "Convergence Properties of Inexact Projected Gradient Methods", *Optimization*, 2006(3), pp.301-310.

[104]Liu Qian, Wang Changyu, Yang Xinmin, "On the Convergence of a New Hybrid Projection Algorithm", *Systems Science & Complexity*, 2006(3), pp.423-430.

[105]张利霞、张新珍、王长钰:《解单调变分不等式的一种算法》,《曲阜师范大学学报》(自然科学版)2006 年第 3 期。

[106]屈彪、王长钰、张树霞:《一种求解非线性互补问题的方法及其收敛性》,《计算数学》2006 年第 3 期。

[107]李梅霞、王长钰:《线搜索下带误差项的 Dai-Yuan 共轭梯度算

法》,《工程数学学报》2006 年第 5 期。

[108]张祖华、时贞军、王长钰:《一种新的记忆梯度法及其收敛性》,《经济数学》2006 年第 4 期。

[109]Zhao Wenling, Wang Changyu, "Value Functions and Error Bounds of Trust Region Methods", *Journal of Applied Mathematics and Computing*, 2007(1-2), pp.245-259.

[110]连淑君、王长钰:《在 Armijo 型线搜索下共轭梯度法簇的全局收敛性》,《应用数学》2007 年第 1 期。

[111]Xiu Naihua, Wang Changyu, Kong Lingchen, "A Note on the Gradient Projection Method with Exact Stepsize Rule", *Journal of Computational Mathematics*, 2007(2), pp.221-230.

[112]刘丙状、王长钰:《一类 Lagrangian 对偶问题的零对偶间隙性质及其最优路径的收敛性》,《运筹学学报》2007 年第 1 期。

[113]王长钰、李梅霞:《带误差项的下降算法的收敛性》,《数学进展》2007 年第 2 期。

[114]Wang Changyu, Li Meixia, "Global Convergence of the Dai-Yuan Conjugate Gradient Method with Perturbations", *Journal of Systems Science & Complexity*, 2007(3), pp.416-428.

[115]孙清滢、谷亚丽、王长钰:《一个新的带误差项的记忆梯度算法》,《工程数学学报》2007 年第 5 期。

[116]刘芳、王长钰:《指数型增广拉格朗日函数在广义半无限规划中的应用》,《经济数学》2007 年第 4 期。

[117]赵文玲、王长钰:《约束最优化问题中投影梯度的全局误差界及其应用》,《运筹学学报》2007 年第 4 期。

[118]赵文玲、王长钰:《约束最优化问题中一个全局误差界及其应用》,《工程数学学报》2007 年第 6 期。

[119]刘芳、王长钰:《通过转化来求解广义半无限极大极小规划问题》,《重庆师范大学学报》(自然科学版)2008 年第 1 期。

[120]Ceng Luchuan, Wang Changyu, Yao Jenchih, "Strong Convergence

Theorems by a Relaxed Extragradient Method for a General System of Variational Inequalities", *Mathematical Methods of Operations Research*, 2008 (3), pp.375-390.

［121］张海燕、王长钰:《精确步长搜索下的梯度投影算法的收敛性与有限终止性》,《曲阜师范大学学报》(自然科学版)2008 年第 2 期。

［122］李梅霞、刘茜、王长钰:《带扰动项的 FR 共轭梯度法》,《运筹学学报》2008 年第 2 期。

［123］孙清滢、崔彬、王长钰:《新非单调线搜索规则的 Lampariello 修正对角稀疏拟牛顿算法》,《计算数学》2008 年第 3 期。

［124］Zhou Jinchuan, Wang Changyu, "A Note on Finite Termination of Iterative Algorithms in Mathematical Programming", *Operations Research Letters*, 2008(6), pp.715-717.

［125］Ma Cheng, Wang Changyu, "A Nonsmooth Levenberg-Marquardt Method for Solving Semi-infinite Programming Problems", *Journal of Computational and Applied Mathematics*, 2009(2), pp.633-642.

［126］Zang Haiyan, Liu Fang, Wang Changyu, "Solving a Class of Generalized Semi-infinite Programming via Augmented Lagrangians", *Journal of Applied Mathematics and Informatics*, 2009(1), pp.365-374.

［127］刘卫艾、王长钰:《一类广义半无限规划问题的光滑牛顿算法》,《经济数学》2009 第 1 期。

［128］Wang Changyu, Li Duan, "Unified Theory of Augmented Lagrangian Methods for Constrained Global Optimization", *Journal of Global Optimization*, 2009(3), pp.433-458.

［129］周金川、王长钰、刘丙状、李梅霞:《广义半无限规划新的最优性条件》,《运筹学学报》2009 年第 1 期。

［130］刘茜、李梅霞、王长钰:《带扰动项的梯度法与混合投影法的收敛性分析》,《数学学报》2009 年第 2 期。

［131］马骋、阴志民、王长钰:《解决非线性互补问题非光滑牛顿算法的全局收敛以及局部收敛性分析》,《曲阜师范大学学报》(自然科学版)2009

年第 2 期。

[132] Wang Changyu, Zhou Jinchuan, Xu Xiuhua, "Saddle Points Theory of Two Classes of Augmented Lagrangians and Its Applications to Generalized Semi-infinite Programming", *Applied Mathematics and Optimization*, 2009(3), pp.413-434.

[133] Zhou Jinchuan, Wang Changyu, Xiu Naihua, "First-order Optimality Conditions for Convex Semi-infinite Min-max Programming with Noncompact Sets", *Journal of Industrial and Management Optimization*, 2009(4), pp.851-866.

[134]姜亭亭、王长钰:《精确罚函数的一个性质》,《曲阜师范大学学报》(自然科学版)2011 年第 1 期。

[135]张玉环、王长钰:《一类新的罚函数与罚算法》,《运筹学学报》2011 年第 1 期。

[136]赵培忻、赵庆祯、王长钰:《综合集成方法在农业生产结构优化中的应用》,《系统工程理论与实践》2011 年第 S1 期。

[137]Wang Changyu, Zhang Haiyan, Liu Fang, "Global Convergence of a Class of Smooth Penalty Methods for Semi-infinite Programming", *Journal of Systems Science & Complexity*, 2011(4), pp.769-783.

[138] Liu Bingzhuang, Wang Changyu, Zhao Wenling, "On the Convergence of a Smooth Penalty Algorithm without Computing Global Solutions", *Journal of Applied Mathmatics*, 2012, pp.1-12.

[139] Zhou Jinchuan, Wang Changyu, "New Characterizations of Weak Sharp Minima", *Optimization Letters*, 2012(8), pp.1773-1785.

[140]Zhou Jinchuan, Xiu Naihua, Wang Changyu, "Saddle Point and Exact Penalty Representation for Generalized Proximal Lagrangians", *Journal of Global Optimization*, 2012(4), pp.669-687.

[141]Liu Qian, Wang Changyu, "An Augmented Lagrangian Algorithm for Solving Semiinfinite Programming", *Journal of Applied Mathmatics*, 2012, pp.1-11.

[142] Liu Wei'ai, Wang Changyu, "A Smoothing Levenberg-marquardt Method for Generalized Semi-infinite Programming", *Computational & Applied Mathematics*, 2013(1), pp.89-105.

[143]Liu Qian, Wang Changyu, Yang Xinmin, "On the Convergence of a Smoothed Penalty Algorithm for Semi-infinite Programming", *Mathematical Methods of Operations Research*, 2013(2), pp.203-220.

[144] Wang Changyu, Zhao Wenling, Zhou Jinchuan, "Global Convergence and Finite Termination of a Class of Smooth Penalty Function Algorithms", *Optimization Methods & Software*, 2013(1), pp.1-25.

[145]Wang Changyu, Liu Qian, Ma Cheng, "Smoothing SQP Algorithm for Semismooth Equations with Box Constraints", *Computational Optimization and Applications*, 2013(2), pp.399-425.

[146]Wang Changyu, Yang Xiaoqi, Yang Xinmin, "Nonlinear Augmented Lagrangian and Duality Theory", *Mathematics of Operations Research*, 2013(4), pp.740-760.

[147]Wang Changyu, Ma Cheng, Zhou Jinchuan, "A New Class of Exact Penalty Functions and Penalty Algorithms", *Journal of Global Optimization*, 2014(1), pp.51-73.

[148]王长钰、赵文玲:《约束优化问题的一类光滑罚算法的全局收敛特性》,《运筹学学报》2015 年第 3 期。

[149]Qu Biao, Wang Changyu, Xiu Naihua, "Analysis on Newton Projection Method for the Split Feasibility Problem", *Computational Optimization and Applications*, 2017(1), pp.175-199.

[150]Wang Changyu, Liu Qian, Qu Biao, "Global Saddle Points of Nonlinear Augmented Lagrangian Functions", *Journal of Global Optimization*, 2017(1), pp.125-146.

[151]Li Meixia, Wang Changyu, Qu Biao, "Non-convex Semi-infinite Min-max Optimization with Noncompact Sets", *Journal of Industrial and Management Optimization*, 2017(4), pp.1859-1881.

[152]Zhao Wenling, Wang Changyu, Gu Yajing, "On the Convergence of s-dependent GFR Conjugate Gradient Method for Unconstrained optimization", *Numerical Algorithms*, 2018(3), pp.721-738.

参考文献

一、论著类

(清)富申修,田士麟撰:《博山县志》,清乾隆刻本。

曲阜师范大学科研处:《曲师大科技成果获奖项目汇编(1955～1989)》,1990年,内部资料。

《曲阜师范大学大事记1955～1995》编写组:《曲阜师范大学大事记1955～1995》,1995年,内部资料。

《曲阜师范大学史(1955～2005)》编写组编:《曲阜师范大学史(1955～2005)》,山东教育出版社2005年版。

《师魂》编写组编:《师魂》,青岛海洋大学出版社1989年版。

戴彧虹、袁亚湘:《非线性共轭梯度法》,上海科学技术出版社2000年版。

[苏联]那汤松:《实变函数论》,徐瑞云译,人民教育出版社1960年版。

全国最优化学术讨论会会议纪要,1991年5月29日。

阎纯德主编:《华夏师魂》,中国文联出版公司,1994年。

张顺清主编:《曲园往事》,金城出版社2020年版。

郑重:《校庆中的回忆》,2014年,内部资料。

Du Dingzhu, *Convergence Theory of Feasible Direction Methods*, Science Press, 1991.

[日]若山邦紘:《APORS诸国的OR事例》,《运筹学通讯(日本)》1994年第1期。

《科学民主确定开发"三北"方案》,《大众日报》1986年9月27日。

初学导:《毛主席审阅〈公社数学〉》,《曲阜师大报》2015年10月8日。

樊飞、刘启华:《运筹学发展的历史回顾》,《南京工业大学学报》(社会科学版)2003年第1期。

高宝庆:《科学制定最优规划方案 按规划合理调整与开发》,《大众日报》1986年6月8日。

胡晓东、袁亚湘、章祥荪:《运筹学发展的回顾与展望》,《中国科学院院刊》2012年第2期。

贾建舟:《不凭经验办事 要靠科学决策》,《人民日报》1986年8月17日。

李贞寅、何荣德:《改变旧领导方式 靠科学指挥生产》,《大众日报》1985年1月20日。

刘健:《数学的灵光——曲阜师范大学运筹学研究所推广农业系统工程的事迹》,《大众日报》1986年3月15日。

毛致存:《长清县运用系统工程选择出农牧业最优结构》,《内参选编》1985年第2期。

宁光强:《长清县靠科学做决策效益惊人》,《中国青年报》1985年1月8日。

宋广新:《矢志"运筹" 优化人生——记王长钰教授》,《曲阜师大报》2002年10月16日。

张玉忠:《洙泗泱泱 先圣之乡 黉宫巍巍 后学之标——庆祝王长钰教授八十华诞》,《运筹学学报》2017年第2期。

章志敏:《从田间调查到国际合作》,《曲阜师大报》2010年11月16日。

二、档案资料

《曲阜师范学院数学系运筹学研究室助教刘健行群英会发言稿》，曲阜师范大学档案馆藏。

《七八级运筹学专业研究生周惠山论文及答辩审查意见》，曲阜师范大学档案馆藏。

《七八级运筹学专业研究生赵庆祯毕业论文、答辩审查意见》，曲阜师范大学档案馆藏。

《运筹学在中国农业管理中的应用》，曲阜师范大学档案馆藏。

《长清县农业区划委员会、长清县农业委员会开具的证明信》，1992 年 12 月 9 日，曲阜师范大学档案馆藏。

《济南市农业委员会开具的证明信》，1990 年 6 月 19 日，曲阜师范大学档案馆藏。

山东省农业区划委员会办公室：《农业系统工程》，1983 年，内部印行。

《桓台农业规划委员会出具的证明材料》，1991 年 12 月 9 日，曲阜师范大学档案馆藏。

《郯城县人民政府、郯城县农业区划委员会出具的证明材料"郯城县农业区划办公室与曲师大运筹所关于合作项目的效益统计"》，1991 年 12 月，曲阜师范大学档案馆藏。

《济南市农业委员会出具的证明信》，1992 年 12 月 9 日，曲阜师范大学档案馆藏。

《陵县人民政府出具的证明信》，1991 年 12 月 17 日，曲阜师范大学档案馆藏。

《茌平县人民政府、茌平县计划委员会出具的证明》，1991 年 11 月 20 日，曲阜师范大学档案馆藏。

《滨州地区农业区划委员会办公室出具的证明》，1992 年 11 月 30 日，曲阜师范大学档案馆藏。

《王长钰入党转正报告》，曲阜师范大学人事处档案室藏。

《“洗煤厂矿浆密度计算机控制系统”科学技术成果鉴定证书》，1993年，曲阜师范大学档案馆藏。

《“网络优化技术计算机辅助设计系统”科学技术成果鉴定书》，1994年，曲阜师范大学档案馆藏。

《“设备状态预测与综合管理计算机网络系统”鉴定报告》，1995年，曲阜师范大学档案馆藏。

《“设备状态预测与综合管理计算机网络系统”用户报告》，1995年，曲阜师范大学档案馆藏。

《“设备状态预测与综合管理计算机网络系统”科技成果鉴定证书》，1995年，曲阜师范大学档案馆藏。

三、口述访谈

王焕新口述

韩继业口述

赵庆祯口述

连淑君口述

屈彪口述

张玉忠口述

修乃华口述

张庆水口述

赵增万口述

王宜举口述

（资料存于采集工程数据库）

四、信件资料

《越民义来信》，1977年9月14日。

《越民义来信》，1978年4月5日。

《越民义回信》,1983 年 4 月 4 日。

《赵庆祯来信》,1987 年 3 月 22 日。

《王长钰加拿大访学期间给母亲的信》,1987 年 6 月 1 日。

《王长钰加拿大访学期间给母亲的信》,1987 年 8 月 12 日。

《韩继业来信》,1988 年 7 月 6 日。

《日本关西大学三根久来信》,1989 年 9 月 25 日。

《修乃华来信》,1989 年 10 月 30 日。

《日本伏见正则来信》,1995 年 9 月 5 日。

《王长钰给张家普的信(草稿手稿)》,2017 年 12 月 1 日。

(资料存于采集工程数据库)

五、手稿资料

王长钰学习笔记手稿,1957 年 8 月。

王长钰:《〈运筹学与控制论〉学科介绍》,1996 年。

王长钰:《系统工程在长清县农、牧业最优结构布局中的应用——曲阜师范大学运筹学研究所重大科技成果》,2000 年。

王长钰:《越民义先生九十大寿祝寿稿》,2010 年 7 月。

张庆水:《曲阜师范大学运筹学研究历史的简要介绍》,2019 年。

(资料存于采集工程数据库)

后　记

2019年6月，王长钰学术成长资料采集项目由山东省科协正式立项，项目小组在离退休工作处处长石会学同志的领导下，紧锣密鼓地开始了各项工作。王长钰教授已于2018年3月26日去世，这使我们开展采集工作十分被动；王长钰教授的夫人李遂华老师也在项目立项后不久到美国探亲，给采集工作带来了不便。后因疫情影响，采集工作一度中断，项目进行遭遇到了极大的困难。尽管如此，项目小组成员仍通力合作、各展其能、坚持不懈、迎难而上，最终圆满完成了王长钰教授学术成长资料采集工程中的各项工作。

李遂华老师和蔼可亲，在她前往美国探亲之前，笔者曾与石处长前往家中探望，并就项目情况进行了简要介绍与说明。李老师非常支持该项目，直言有任何需要就尽管提出。随后李老师出国，便将协助工作交予其次子王众老师。2019年10月，经与李遂华老师和王众老师沟通并征得同意后，采集小组于29日前往其家中采集资料。此次采集收获颇丰，采集到了王长钰老师生前大量的学术论文、获奖证书、书籍、信件、照片、手稿等资料原件。随后，采集小组对这些资料进行了认真系统的整理、编目、归档、研究。在整理、翻阅研究资料过程中，我们发现还有一些王长钰老师的重要工作、重要成果、重要事项等资料收集得并不全面，或根据项目要求应该收集而没有收集到的资料等情况，于是在2021年1月8日、3月18日，在王众老师的协助下，又两次到王长钰老师家中进行了有针对性的补充收集工作。整个过程，王众老师都全程陪同，耐心细致地帮我们翻找资料。受疫情影响，李遂华老师滞留美国近三年不得回国，但她十分关心项目进程，时常通过越洋电话询问进度情况。对李遂华老师和王众老师给予项目工作的鼎力支持与关心，采集小组表示衷心感谢。

由于王长钰教授已于2018年去世，在口述访谈资料采集过程中，我们只能对他的亲朋师友开展间接访谈工作。感谢(以采访时间为序)张庆水、章志敏、越民义、韩继业、修乃华、徐大川、李绍庭、赵增万、赵庆祯、连淑君、屈彪、王宜举、张玉忠、王焕新、李一华、李内华、徐本顺、李遂华、王众、隋娜、王培礼等王长钰生前的同事、同学、好友、亲属和学生接受访谈，并提供了诸多重要资料。

另外，还要特别感谢曲阜师范大学运筹学研究所所长张玉忠教授、副所长屈彪教授以及山东师范大学赵庆祯教授，他们作为王长钰教授的学生、同事和同行，在本书完成后，对书稿内容进行了认真的审稿与指正。

在资料收集过程中，我们还得到了许多单位和热心人士的大力帮助。曲阜师范大学人事处张士花老师在对王长钰人事档案资料的采集过程中给予了很大的帮助与便利；博山区西冶街小学、博山区实验小学、济南育英中学、淄博一中的相关领导和负责老师，在收集王长钰大学前学生时代的档案、资料过程中给予了很多帮助和便利；曲阜师范大学运筹学研究所以及管理学院的领导和老师，在收集王长钰大学时代和工作期间的资料过程中给予了大力的帮助与支持；李绍强教授、退休教师瞿红及其父亲瞿铭凯教授在采集照片资料工作中给予了很多帮助与支持，曲阜师范大学图书馆的赵霞老师对报道资料的采集给予了大力帮助，淄博市周村区教体局的工作人员在对相关档案资料内容核实方面给予了大力帮助，在此一并予以感谢。

感谢山东省科学技术协会的专家和工作人员在资料采集和传记撰写过程中提出的宝贵意见，以及山东农业大学李燕教授与刘观浦教授的细心指导和帮助。

回顾王长钰教授的学术成长资料采集工作，心中无限感慨。我们追随王长钰教授的成长足迹，在不断采集资料过程中，他在学术上的每一个发展历程、人生的每一次重要转折以及成长成才过程中的点点滴滴，甚至音容笑貌，都逐步清晰起来。本书为科学家学术传记，尽可能客观地陈述王长钰教授生前经历，坚持论从史出的核心要旨。由于笔者学识浅薄，水平有限，书中难免有疏漏之处，还望方家多予指正。

是以为记。

丰 湘

2022 年 10 月